CB014194

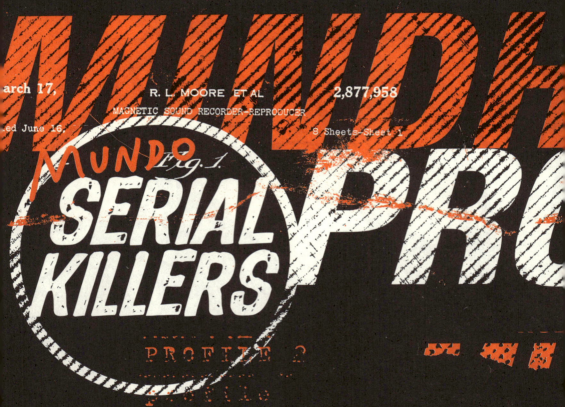

CRIME SCENE
DARKSIDE

I HAVE LIVED IN A MONSTER
Text Copyright © 1997 by Robert K. Ressler
and Tom Shachtman/ Published by arrangement
with St. Martin's Press. All rights reserved.

Tradução para a língua portuguesa
© Alexandre Boide, 2021

Diretor Editorial
Christiano Menezes

Diretor Comercial
Chico de Assis

Diretor de Novos Negócios
Marcel Souto Maior

Diretor de MKT e Operações
Mike Ribera

Diretora de Estratégia Editorial
Raquel Moritz

Gerente Comercial
Fernando Madeira

Gerente de Marca
Arthur Moraes

Gerente Editorial
Bruno Dorigatti

Capa e Projeto Gráfico
Retina 78

Coordenador de Arte
Eldon Oliveira

Coordenador de Diagramação
Sergio Chaves

Designer Assistente
Jefferson Cortinove

Preparação
Isadora Torres
Iriz Medeiros
Retina Conteúdo

Revisão
Talita Grass
Retina Conteúdo

Finalização
Sandro Tagliamento

Impressão e Acabamento
Gráfica Geográfica

DADOS INTERNACIONAIS DE CATALOGAÇÃO NA PUBLICAÇÃO (CIP)
Angélica Ilacqua CRB-8/7057

Ressler, Robert K.
  Mindhunter profile 2 : nas entranhas do monstro / Robert
K. Ressler, Tom Shachtman ; tradução de Alexandre Boide.
— Rio de Janeiro : DarkSide Books, 2021.
352 p.

ISBN: 978-65-5598-103-2
Título original: I Have Lived In a Monster

1. Assassinos em série 2. Investigação criminal I. Título II.
Shachtman, Tom III. Shachtman, Tom IV. Boide, Alexandre

21-2010   CDD 363.259523

Índice para catálogo sistemático:
1. Assassinos em série

[2021, 2024]
Todos os direitos desta edição reservados à
DarkSide® *Entretenimento* LTDA.
Rua General Roca, 935/504 — Tijuca
20521-071 — Rio de Janeiro — RJ — Brasil
www.darksidebooks.com

ROBERT K. RESSLER E TOM SHACHTMAN

MINDHUNTER PROFILE 2

MUNDO SERIAL KILLERS

TRADUZIDO POR ALEXANDRE BOIDE

ROBERT K. RESSLER E TOM SHACHTMAN

CRIME SCENE
DARKSIDE

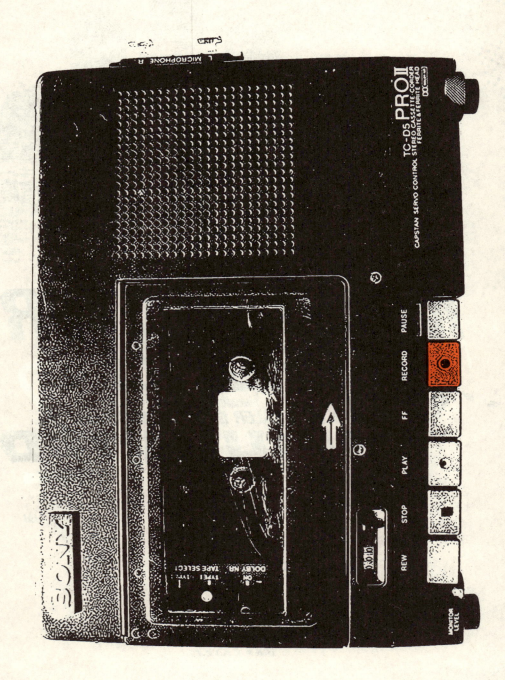

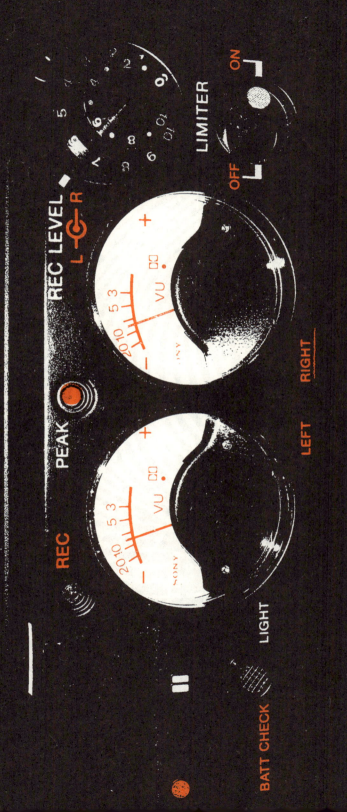

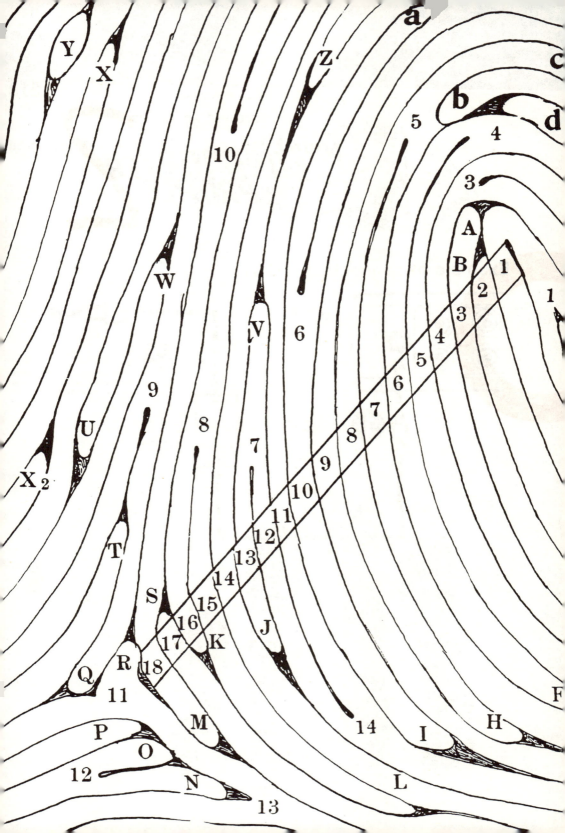

MUNDO
MINDHUNTER PROFILE 2
ROBERT K. RESSLER E TOM SHACHTMAN
SERIAL KILLERS

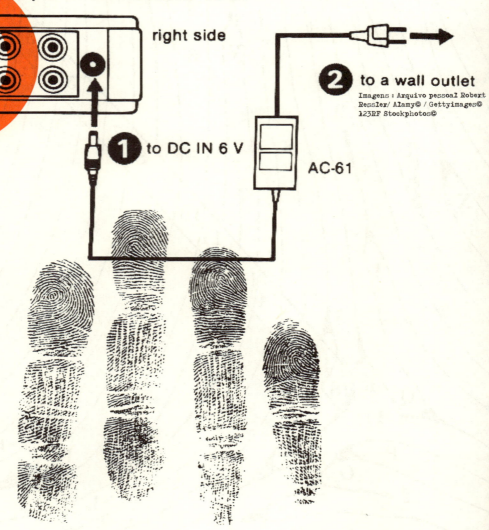

Imagens: Arquivo pessoal Robert Ressler/ Alamy© / Gettyimages© 123RF Stockphotos©

SUMÁRIO

AGRADECIMENTOS .14	06. CARNE HUMANA .166
INTRODUÇÃO .19	07. MAIS DO CANIBAL .198
01. CORPOS NO RIO .26	08. REINO UNIDO .228
02. LÁ NO VIETNÃ .46	09. ÁFRICA DO SUL .262
03. TIRO DE MAGNUM .74	10. TERROR NO METRÔ .302
04. SERIAL KILLERS .96	ÍNDICE REMISSIVO .336
05. PALHAÇO MORTAL .126	

AGRADECIMENTOS

Este livro surgiu como um desdobramento do trabalho que realizei por dezesseis anos na Unidade de Ciência Comportamental do FBI. Assim como dei o devido crédito às pessoas que me inspiraram a escrever meu primeiro livro, Mindhunter Profile, gostaria de fazer um reconhecimento similar aos que me ofereceram inspiração e ajuda na elaboração desta obra.

Conversei com muitas pessoas em minhas viagens resolvendo casos e conduzindo investigações em lugares distantes. Thomas Müller, chefe do Serviço de Psicologia Criminal do Ministério do Interior da Áustria, foi alguém muito próximo e me ajudou a realizar meu trabalho em vários continentes. Micki Pistorius, também psicóloga criminal e coordenadora do Serviço de Psicologia da Polícia da África do Sul, colaborou comigo em diversos casos em sua jurisdição. George Fivaz, comissário da Polícia da África do Sul, o tenente-general Wouter Grové, o general S. Britz, o coronel Fisel Carter e os capitães Frans Van Niekerk, Johan Kotzel e Vynel Viljown também foram muito prestativos durante minhas visitas ao país, e foi um prazer trabalhar com todos eles. Carlo Schippers, do Serviço de Inteligência Criminal da Holanda; Ron MacKay, da Polícia Montada Real do Canadá; Bronwyn Killmier, da Polícia do Sul da Austrália; Phill Pyke, Ann Davies, Gary Copson e Simon Wells, da Nova Scotland Yard e da Faculdade Nacional do Crime, estabelecida em 1995 na Bramshill House, na Inglaterra; e Kenneth John e John Bassett, também da Nova Scotland Yard, me ajudaram muitíssimas vezes ao longo dos anos. Masayuki Tamura, psicólogo e chefe do Departamento de Ambiente Social do Instituto Nacional de Pesquisa da Ciência Policial de Tóquio, no Japão, também merece um agradecimento aqui.

Craig Bowley trabalhou de forma incansável comigo na pesquisa para a entrevista com John Wayne Gacy e me ajudou muitas vezes em meu trabalho. Yuko Yasunaga, da Produção Y, me abriu muitas portas no Oriente e me forneceu uma assistência fundamental em assuntos de negócios. Tom Mori, Mel Berger e Bob Katz são meus agentes, e me ajudaram a publicar meus livros e materiais relacionados desde que me aposentei do FBI.

Entre os profissionais do ramo médico, psiquiátrico e campos correlatos que eu gostaria de mencionar estão o dr. Derrick Pounder, chefe do Departamento de Patologia Forense da Universidade de Dundee, na Escócia; o dr. Robert Simon, do Programa de Psiquiatria e Legislação da Universidade Georgetown; o dr. Park Elliot Dietz, do Grupo de Avaliação de Ameaças; e os drs. Ann e Allen Burgess da Universidade da Pensilvânia e da Universidade Northeastern. Também gostaria de estender meus agradecimentos a Gavin de Becker e sua equipe pela assistência prestada em tempos passados e a Roy Hazelwood, do Academy Group.

Por fim, gostaria de agradecer a meus amigos e colegas, tanto os de dentro como os de fora da força policial, que me ajudaram durante a escrita deste livro: Joe Conley, Bob Taubert, Ray Pierce, John E. Grant, Vernon Geberth, Robert Keppel, Bob Scigalski e John Dunn. E Jon e Meredith Beckett; Jim e Mary Kent; Harlan e Sharon Lenius; Jeffrey Snyder; meus amigos escritores Ann Rule, Mary Higgins Clark e Steve Michaud; e, claro, meu coautor, Tom Shachtman. Por fim, meu muito obrigado a minha esposa Helen, a minhas filhas Allison e Betsy e a meu filho, o tenente Aaron R. Ressler, da Força Aérea dos Estados Unidos.

José Martí "vivi no monstro e conheço

JOSÉ
Viví en
le conozco

MARTÍ

"Vivi no monstro e conheço as suas entranhas"

— JOSÉ MARTÍ

el monstruo y las entrañas

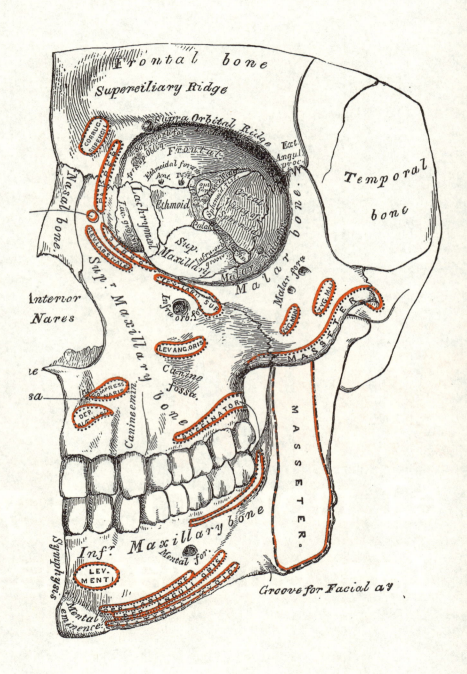

INTRODUÇÃO

Na mente dos monstros

Quando me aposentei da Unidade de Ciência Comportamental do FBI, em 1990, não pretendia sentar numa cadeira de balanço e levar uma vida mansa. E não apenas por ainda ser jovem demais para desperdiçar todo meu tempo aperfeiçoando as tacadas no campo de golfe. Na verdade, depois de passar mais de vinte anos me aprimorando como investigador, elaborador de perfis psicológicos e perito em crimes de homicídio, estava ansioso para colocar em prática essas habilidades fora do âmbito do FBI, e para aprender ainda mais sobre minha especialidade. No FBI, além de atuar como investigador, eu dava aulas; e, como todo professor que aspira à excelência bem sabe, aprendi muito com o processo de ensinar, não só pelo contato com meus alunos, mas também pela necessidade de estar sempre pesquisando para transmitir os conhecimentos mais atuais. Por isso, continuo a investigar e a aprender.

Eu queria ter a oportunidade de fazer outras coisas também. Apesar de o FBI ter me proporcionado a chance de participar da resolução de casos importantíssimos, o fato de eu ser agente federal limitava minha esfera de ação. Por exemplo, seria inviável para mim transmitir um parecer de especialista em um julgamento como testemunha da defesa, e não da promotoria. Depois que saí do FBI, porém, pude fazer isso no caso de Jeffrey Dahmer. De forma nada surpreendente, recebi críticas de ex-colegas e outros membros de forças policiais por me envolver com a defesa nesse julgamento, assim como em outros casos. No entanto, é possível entender o quanto havia a aprender com Dahmer ao ler os extensos trechos de minha entrevista com ele publicados neste livro.

Enquanto eu estava no FBI, como os leitores de *Mindhunter Profile* já sabem, conduzi, para propósitos de pesquisa, uma série de entrevistas com assassinos presos e condenados; os detalhes e as transcrições desses diálogos permanecem indisponíveis ao público — em parte para preservar a privacidade dos entrevistados e em parte por razões burocráticas. Mas, como profissional autônomo, pude aprofundar o relacionamento estabelecido durante anos de contato com John Wayne Gacy e conduzir uma longa entrevista com ele, cujas partes de maior destaque separei para este livro, com meus comentários a respeito. É uma das últimas entrevistas de por Gacy. Somadas, as conversas com ele e Dahmer proporcionam um vislumbre vívido e arrepiante da mente de um homicida — e revelam também um pouco da técnica que emprego para fazer esses "monstros" falarem de si mesmos e de seus crimes.

Outra forma de obter uma visão privilegiada sobre meus métodos de trabalho é oferecida pelos vários casos em que os criminosos se declaram inocentes por sofrerem de transtorno de estresse pós-traumático, supostamente pela experiência vivida na Guerra do Vietnã; meus muitos anos como supervisor dos detetives da Divisão de Investigação Criminal do Exército dos Estados Unidos foram muito úteis aqui. (Mas já me aposentei do Exército também.) Esses exemplos são parte de um capítulo aqui intitulado como "Lá no Vietnã".

Trabalhando no FBI, eu jamais poderia ter ajudado a família Hattori em seu processo por "homicídio culposo" envolvendo o assassinato de Yoshi, o filho adolescente, na Louisiana, o que tornou possível responsabilizar criminalmente o atirador — que, como O.J. Simpson, havia se declarado "inocente" no tribunal.

O mais importante, talvez, é que seria extremamente improvável que enquanto era agente do FBI eu pudesse pôr meus compromissos de lado e viajar à África do Sul para ajudar a polícia local a resolver uma série de homicídios terríveis. Apesar de não serem casos com grande publicidade, os assassinos presos pela polícia sul-africana, com uma pequena ajuda minha, estão entre os piores da história dos registros criminais. No capítulo sobre esses casos, é possível notar que os atributos da mente homicida ficam evidentes mesmo em uma cultura bem diferente da estado-unidense, que em geral é pensado como o único lugar onde existe o tipo de criminoso que pode ser descrito como assassino em série.

Da mesma forma, minha condição de profissional autônomo me permitiu ajudar, quando possível, em investigações de homicídios no Japão, na Grã-Bretanha e em outros países, em casos que aqui são relatados em diferentes capítulos.

Em resumo, se eu continuasse no FBI, provavelmente não poderia aproveitar as oportunidades que surgiram para mim desde então, como a de me tornar um investigador internacional, cada vez mais acionado por forças policiais de várias partes do mundo para colaborar em alguns dos casos mais intrigantes e misteriosos dos quais um detetive poderia querer participar.

Em determinadas vezes, os casos chegaram às minhas mãos porque eu estava dando uma palestra ou um curso para policiais em algum lugar, e então um detetive local me pediu ajuda. Em outras, como no assassinato de Wimbledon Common, em Londres, eu simplesmente estava lá por razões não relacionadas, e aceitei de bom grado a convocação para o serviço. E houve também as ocasiões, cada vez mais comuns, de ser contatado a princípio pela mídia, que me pedia um comentário sobre uma determinada investigação em andamento.

O caso Nomoto é o exemplo perfeito: uma rede de televisão japonesa perguntou minha opinião sobre evidências que apareceram boiando na baía de Yokohama, querendo saber quem poderia ter amarrado os corpos daquela maneira em particular, e eu respondi. Quando foi ao ar, a informação ajudou a polícia a enfim obter a confissão do médico que havia matado a esposa e os dois filhos.

Às vezes, as aparições na mídia me põem em contato com as autoridades locais, em especial quando há a necessidade de traçar um perfil psicológico — em geral, me recuso a entregar essa ferramenta de investigação nas mãos de um jornal ou canal de televisão antes de passar a informação reservadamente à polícia. Minha intenção é sempre ajudar os policiais, não a imprensa. Apesar de não estar mais no FBI, em meu íntimo vou me considerar um policial até a morte. No capítulo sobre os casos britânicos estão relatadas as dificuldades causadas por esse tipo de escrúpulo e lealdade de minha parte.

Este livro, portanto, é um registro de minha vida profissional desde a saída do FBI, e de minha jornada incessante para dentro da mente dos "monstros" que cometem múltiplos homicídios.

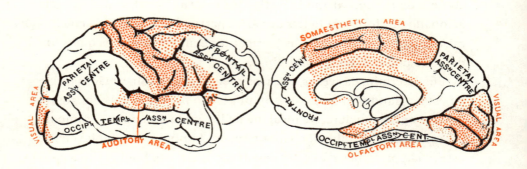

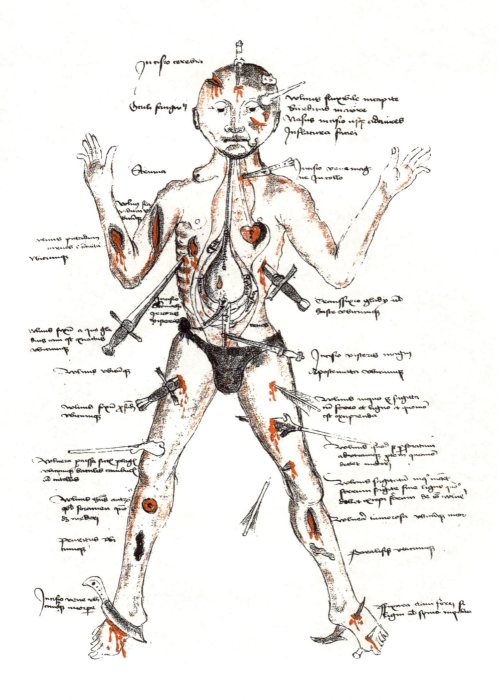

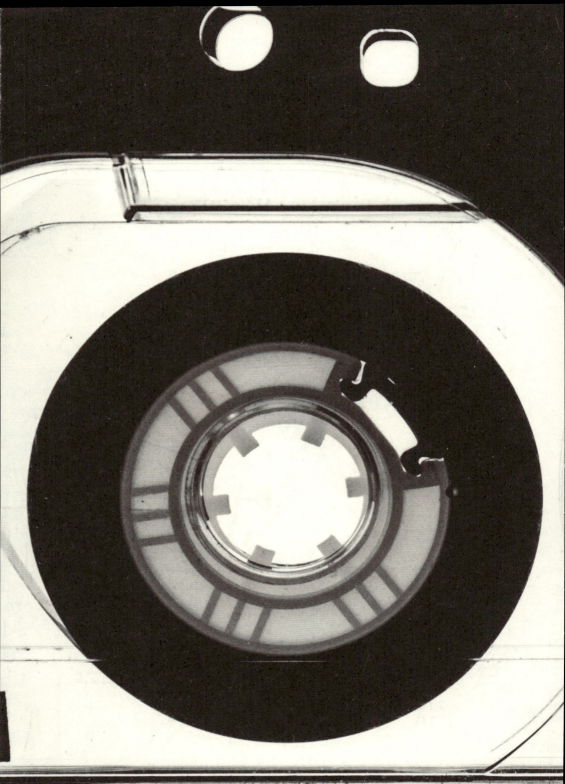

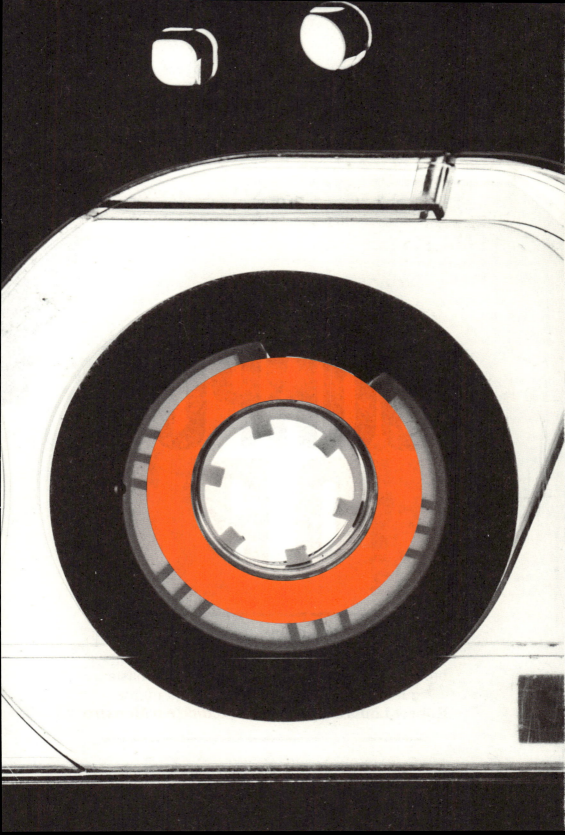

PROFILE 2
profile — 26.

Dr. Iwao Nomoto

CORPOS
NO RIO

O médico, parecia, agora cada vez mais enfurnado no gabinete no laboratório, onde às vezes chegava até a dormir; perdera a alma, havia ficado bastante quieto, não lia; parecia ter algo na mente.
Robert Louis Stevenson, *O Médico e o Monstro*

CAPÍTULO 1

ROBERT K. RESSLER E TOM SHACHTMAN
MINDHUNTER PROFILE 2

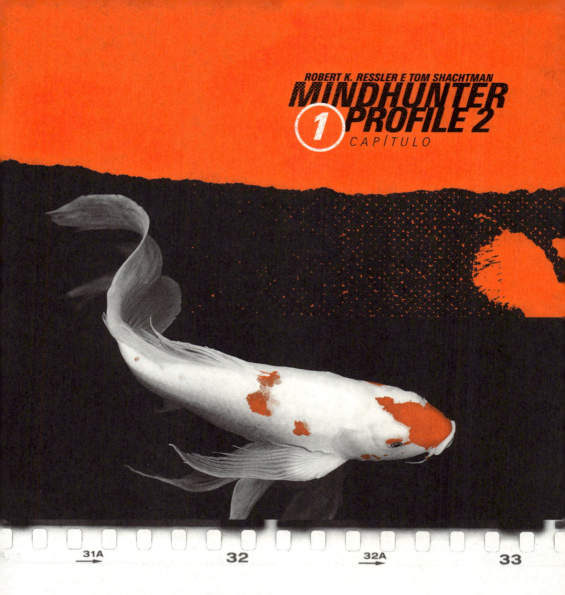

No final de novembro de 1994, uma equipe de TV da Nippon Television (NTV) me ligou para saber se eu aceitaria dar uma entrevista a respeito de um caso de assassinato que vinha causando consternação na opinião pública e entre as autoridades policiais japonesas durante todo aquele mês. Eles queriam um comentário meu sobre o caso, além do perfil psicológico de um ou mais suspeitos.

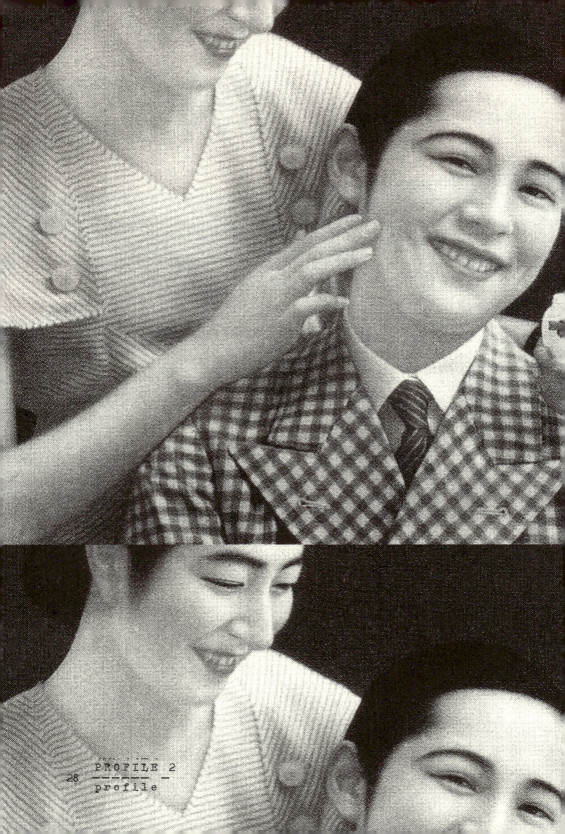

Aceitei o pedido de bom grado, porque tinha passado toda minha carreira tentando compreender a psique dos assassinos. Comecei a pensar no assunto quando era criança, e esse fascínio persistiu durante meus estudos de graduação e pós-graduação na Universidade Estadual de Michigan, meu trabalho na Divisão Criminal do Exército dos Estados Unidos e minha trajetória de vinte anos no FBI. Quando trabalhava no FBI, entrevistei mais de cem assassinos e me tornei um dos principais elaboradores de perfis psicológicos de criminosos na instituição, aplicando meus conhecimentos a centenas de casos até então não resolvidos, muitas vezes conseguindo ajudar as forças policiais locais a identificar suspeitos e levá-los ao tribunal. Como parte de minha tentativa de compreender a atuação dos perpetradores de múltiplos homicídios, em meados de 1970 cunhei o termo *assassino em série*.

Muita gente no Japão me conhecia por meio de meus livros já publicados, em especial o relato autobiográfico *Mindhunter Profile*, e de minhas diversas aparições na TV japonesa. Depois de alguns anos aposentado do FBI, eu ganhava meu sustento dando palestras e trabalhando como perito independente em casos nas esferas cível e criminal — e, de tempos em tempos, era acionado por departamentos de polícia, psicólogos forenses e empresas de mídia do mundo inteiro para prestar assistência em casos que desafiavam as explicações mais simples.

O que eu sabia sobre este caso na época em que a NTV veio conversar comigo, antes que a prisão fosse realizada, era o seguinte:

Em 3 de novembro de 1994, o dr. Iwao Nomoto relatou à polícia que sua mulher e seus dois filhos estavam desaparecidos. Aos 31 anos de idade, Nomoto era um médico conhecido e respeitado em Tsukuba, a cerca de cinquenta quilômetros de Tóquio; Eiko, sua esposa, trabalhava em um laboratório de pesquisas médicas; o casal tinha dois filhos pequenos — um menino e uma menina. O dr. Nomoto era o filho caçula de uma família abastada. Era o segundo marido de Eiko, que antes fora casada com o dono de um restaurante de *ramen*. A casa em que moravam era luxuosa, ficava em um bairro caríssimo, cujas

O major Robert K. Ressler, oficial da Polícia do Exército em Sattahip, na Tailândia, em 1969. O agente supervisor especial Robert K. Ressler na Academia do FBI, onde trabalhou como instrutor e criminologista de 1974 a 1990.

residências são bem distantes umas das outras; as crianças estudavam em uma pré-escola de grande prestígio. Nomoto era considerado bastante jovem para o cargo que ocupava como chefe dos residentes no hospital Howarei; era descrito como um homem "muito calmo e quieto", um médico dedicado e tratado com carinho por seus pacientes. Ele comunicou à polícia que não estava muito preocupado, porque a esposa tinha o costume de visitar os pais com frequência. No entanto, contou aos amigos que a mulher poderia ter fugido com os filhos.

Mais cedo nesse mesmo dia, um saco de lixo branco apareceu boiando nas águas da baía de Yokohama com um cadáver dentro. Era o corpo de uma mulher adulta, que já estava morta fazia alguns dias. Estava amarrada ao redor do abdome, das pernas e do peito com três cordas, cada uma de uma cor diferente. Além disso, estava envolvida em filme plástico com um haltere dentro. Vestia roupas comuns e estava sem sapatos, mas com os pés limpos. O cadáver emergiu à superfície por causa dos gases emitidos pela carne em decomposição, que fizeram o saco boiar, apesar do peso do haltere. Os exames preliminares feitos pela polícia determinaram que a morte fora causada por estrangulamento. A identidade da vítima não foi determinada de imediato, mas, quando o dr. Nomoto reportou o desaparecimento à polícia, a associação foi feita.

Em 7 de novembro, o dr. Nomoto ligou para o laboratório onde a esposa trabalhava e, depois de se identificar, comunicou que ela estava desaparecida fazia uma semana e perguntou quando fora o último dia em que Eiko aparecera para trabalhar. Nesse mesmo dia, outro saco de lixo apareceu boiando, com uma menina morta que parecia ter entre 2 e 4 anos de idade no momento da morte. Assim como no outro caso, o corpo estava embrulhado em filme plástico, amarrado com cordas de várias cores nas mesmas partes do corpo e enrolado junto de um haltere. Mais uma vez, a causa da morte fora estrangulamento.

O segundo cadáver foi identificado como a filha mais nova de Eiko e Iwao, a menina Manami, de 2 anos. A polícia começou a investigar o dr. Nomoto. No entanto, ninguém conseguia acreditar que um médico respeitável, herdeiro de uma família de elite, poderia ter algum envolvimento com o assassinato da mulher e da filha.

Quatro dias depois, um terceiro saco de lixo branco veio à tona na baía de Yokohama. Ele continha o corpo de um menino de 1 ano, Yusaku Nomoto — também embrulhado em filme plástico, amarrado com cordas de várias cores e enrolado junto de um haltere.

Os assassinatos deixaram a opinião pública ao mesmo tempo horrorizada e mobilizadíssima, pois pareciam ser resultado da ação de alguma seita perversa. Os índices de assassinato no Japão são significativamente mais baixos do que os encontrados nos demais países desenvolvidos; portanto, crimes como o assassinato de uma família quase inteira são bem raros. Fazia tempo que nada do tipo acontecia no Japão. Foram levantadas suspeitas de que o crime poderia ter sido um ato de vingança por alguma desavença surgida no âmbito do submundo — talvez algo relacionado ao tráfico de drogas —, ou que os Nomoto foram executados por engano, e que o verdadeiro alvo era outra família.

Por se tratar de um crime relativamente raro, e levando em conta o tradicional respeito dos japoneses pelos membros das classes mais altas, é possível compreender por que a polícia tratou o dr. Nomoto com certa benevolência e só deu início às buscas na residência da família em 18 de novembro, sete dias após a descoberta do último corpo.

Vários dias depois, fui visitado em minha casa pela srta. Yuko Yasunaga e uma equipe de filmagem da NTV, para que eu tecesse avaliações sobre o crime e estabelecesse um perfil psicológico de um ou mais suspeitos de assassinar a família Nomoto.

A srta. Yasunaga me forneceu informações sobre a condição em que os corpos foram encontrados, sobre a questão das cordas coloridas e a maneira como foram amarradas, além de uma cronologia que usei para narrar os acontecimentos que relatei aqui. Todo esse material fora obtido de fontes publicadas, como reportagens de jornais e outros veículos de mídia. Eu não dispunha de nenhum relatório policial, nenhuma autópsia detalhada, nenhuma fotografia da cena do crime, nenhum levantamento a respeito do local onde foram resgatados os corpos nem sobre a residência dos Nomoto, de onde as vítimas haviam sido retiradas. Em geral, não é prudente se arriscar a elaborar um perfil de um possível criminoso sem esse tipo de evidências fundamentais.

Fiquei sabendo que o dr. Nomoto fora interrogado pela polícia, mas não havia sido indiciado pelo crime e, na verdade, nem era considerado um suspeito. Toda a população japonesa, conforme me contou a sra. Yasunaga, estava perplexa com a aparente gratuidade do crime, e intrigada para saber quem poderia tê-lo cometido.

Apesar da quantidade reduzida de informações sobre as quais basear meus comentários, comecei a analisar os elementos disponíveis.

A primeira coisa que me chamou a atenção foi o local onde os corpos foram encontrados e a condição em que foram resgatados. Um investigador deve considerar esse tipo de fato como se fosse, em certo sentido, uma tentativa de comunicação por parte de quem cometeu o crime. Só então o encarregado pela solução do caso pode começar a conjeturar o que aconteceu — e o motivo.

"O que vejo a princípio", declarei, "é que o indivíduo estava muito, muito preocupado em remover os corpos da casa, queria os cadáveres bem longe da residência, do cenário inicial [dos assassinatos], não queria que a polícia os encontrasse, por isso jogou-os na água junto dos pesos. Todos os três no mesmo local. Não queria desová-los em lugares diferentes, e sim se livrar deles depressa, todos no mesmo ponto."

Esse esquema de desova era importante porque revelava algo sobre o estado mental do criminoso. O fato de se livrar dos cadáveres rapidamente, os três de uma vez, foi uma escolha bastante significativa por parte do perpetrador. "A maneira como foram amarrados, com diferentes cordas coloridas dispostas na mesma ordem em cada corpo, me diz que se trata de uma pessoa muito metódica, uma pessoa compulsiva, com a tendência de fazer as coisas sempre da mesma

> **Eu não dispunha de nenhum relatório policial, nenhuma autópsia detalhada, nenhuma fotografia da cena do crime, nenhum levantamento a respeito do local onde foram resgatados os corpos nem sobre a residência dos Nomoto, de onde as vítimas haviam sido retiradas. Em geral, não é prudente se arriscar a elaborar um perfil de um possível criminoso sem esse tipo de evidências fundamentais.**

forma. Ter esse controle sobre a amarração lhe proporcionou um certo conforto psicológico. *Ele* carregou os sacos plásticos. Se [...] as vítimas tivessem sido mortas e deixadas na cena do crime, digamos, mutiladas ou gravemente feridas, isso me diria uma coisa — indicaria se tratar do tipo de personalidade de alguém desorganizado. Mas nesse caso não, [ou seja, é] muito organizado."

==Assassinos organizados sabem o que estão fazendo. Não são mentalmente perturbados, pelo menos não da forma como um leigo enxerga a loucura; pelo contrário, em geral são considerados aptos em termos mentais a reconhecer e compreender suas ações.==

Os corpos estavam limpos, sem nenhum hematoma ou ferimento além das marcas de estrangulamento. Isso me revelava muita coisa a respeito do *modus operandi* do assassino. Possivelmente os homicídios haviam sido cometidos um de cada vez, sem que uma vítima tivesse conhecimento do ocorrido com as outras. Não havia sinais de luta ou tentativa de defesa. Caso uma pessoa estivesse sendo morta enquanto as demais estivessem por perto, haveria vários sinais de

> Que irreal tudo parecia! Que sensação onírica! As casas no outro lado do rio pareciam construídas a partir da escuridão. Podia-se dizer que a prata e as sombras moldaram um novo mundo.
> **Oscar Wilde**, *Crime de Lorde Arthur Savile*

confronto físico, de tentativas de se debater, o que não era o caso. Isso me dizia que o indivíduo detinha controle sobre as vítimas, era provável que elas o conhecessem.

Os membros da equipe de reportagem ficaram intrigados com a ideia de que as vítimas conheciam o assassino, então insistiram nesse aspecto, indo mais a fundo na questão da motivação dos crimes. Não havia razão aparente para aqueles assassinatos. A mulher não fora atacada sexualmente. Nada fora roubado da casa. Isso significava que apenas o criminoso conhecia seus motivos. Era um múltiplo homicídio motivado por causas pessoais. ==Não se tratava de um caso de violência repentina, em um arroubo de passionalidade; foi um crime perpetrado de forma metódica e organizada.==

Observei que o indivíduo estava apavorado; queria se livrar logo dos corpos. Mas enterrar cadáveres leva tempo. Ele teria que abrir três covas, ou colocar todas as vítimas na mesma vala. Seria preciso cavar um buraco profundo, com bem mais do que cinco ou dez centímetros. Um cachorro poderia desenterrá-los, caso estivessem próximos demais da superfície. Apesar de ter matado sem pressa, e depois amarrado e embrulhado os cadáveres, ele queria desová-los com rapidez. E não tinha tempo para enterrá-los como deveria.

O Japão é um país muito populoso. Não dá para estacionar o carro em um acostamento e sair cavando buracos. Quase com certeza alguém veria, sobretudo na área metropolitana de uma grande cidade. Levantei a possibilidade de que ele teria feito tudo à noite, colocado os corpos em um carro ou uma van e, às 2h ou 3h da madrugada, ido até um local onde sabia que não encontraria ninguém. O melhor lugar, nesse caso, era um ponto à beira d'água ao qual ele pudesse chegar dirigindo, arremessar os corpos e seguir seu caminho — essa é uma forma segura de desovar cadáveres com rapidez.

A srta. Yasunaga tocou no assunto da amarração dos corpos, com cordas de várias cores — uma na parte inferior do corpo, uma segunda no meio e uma terceira mais perto da cabeça, na mesma sequência de materiais e cores nos três corpos. Isso deixou o público intrigado, por parecer um sinal de estranha peculiaridade.

"Amarrar os corpos é uma coisa", eu disse diante das câmeras, "mas, ao que parece, isso aconteceu depois das mortes. As mortes foram causadas por estrangulamento. Então por que amarrar as vítimas? Todas da mesma forma? Trata-se de um ritual, de um ritual compulsivo — mais uma vez, é algo que tem algum significado para o criminoso. Por que colocar os corpos em sacos? Não existe nenhuma necessidade disso. Eles poderiam ser facilmente arremessados na água sem os sacos. Isso me diz que provavelmente havia alguma relação pessoal envolvida, que o indivíduo nutria algum sentimento pelas vítimas, não as queria jogadas na água, encharcadas, sendo comidas pelos peixes. É uma tentativa de protegê-las, mesmo depois da morte, uma indicação de que o assassino conhecia as vítimas."

O que eu estava tentando comunicar com a minha explicação, mas sem conseguir articular precisamente naquele momento, era aquilo que no jargão da área é definido como um *passo atrás*. Para mim, as amarras e os sacos plásticos eram indicativos da presença de certo grau de remorso na mente do assassino; ele se dedicou a esses rituais para amenizar seus atos, em uma lamentável tentativa de reparação. William Heirens, o primeiro homicida que estudei, colocava curativos nos ferimentos das pessoas que esfaqueava depois de mortas.

Outros assassinos faziam coisas parecidas. Considerei que o culpado pelo crime contra a sra. Nomoto e seus filhos demonstrava um arrependimento similar.

Outra questão importante era o fato de os corpos terem sido encontrados vestidos. Se o assassino não quisesse que as vítimas fossem identificadas, por que não removera suas roupas? Mais uma vez, na minha opinião, se tratava de uma pista sobre o estado mental do criminoso. "Tirar as roupas das vítimas e desová-las nuas é degradante. Então ele as deixou vestidas. Isso pode indicar que havia certo grau de preocupação — não a ponto de impedir que ele as matasse — mas, mesmo assim, a preocupação é [...] a demonstração psicológica de que em algum momento houve afeto pelas vítimas."

Estávamos chegando perto de identificar o assassino. Observei que o motivo para os assassinatos provavelmente era relacionado à mulher, e não teria nada a ver com as crianças. "É improvável que a pessoa quisesse matar as crianças. As crianças poderiam ser colocadas para brincar do lado de fora ou coisa assim... não é necessário matá-las para assassinar a mãe. A mãe poderia ser morta, levada embora, e as crianças poderiam ser deixadas por conta própria, ou ser criadas pelo pai, que seja. A preocupação com as crianças foi tamanha que o indivíduo sentiu que não queria que elas crescessem sem a mãe, que era melhor mandá-las para o céu ou para outro mundo, despachar todos em vez de deixá-las crescer sem a mãe. É uma preocupação bem estranha, possivelmente um estranho ato de amor... não o tipo de amor que alguém iria querer receber, mas em todo caso havia uma preocupação quanto a essas crianças [não] crescerem sem a mãe."

Reiterei que tudo isso servia como base para concluir que o assassino era íntimo das pessoas mortas. "As vítimas conheciam o criminoso. Não há nenhum sinal de resistência. Quando um desconhecido ataca alguém, em geral há ferimentos que indicam luta, como corte nas mãos, arranhões no local onde a pessoa está tentando se defender do agressor. É muito provável que a mãe e os filhos conhecessem o criminoso. Não estavam com medo dele. Isso permitiu que ele se aproximasse sem causar medo, provavelmente vindo por trás com uma corda, e a morte pode ter sido instantânea. Mesmo nos filhos não há sinal de medo ou resistência, o que é indicativo de que as crianças e a mulher o conheciam."

Em seguida, a srta. Yasunaga me solicitou um perfil psicológico do provável assassino. Minha primeira conclusão foi que se tratava de um japonês, porque a presença de um estrangeiro nas proximidades da residência dos Nomoto teria chamado a atenção dos vizinhos, e também porque, conforme eu comentara antes, as vítimas conheciam o agressor. Também presumi que era um homem, por ser esse o padrão em boa parte de casos assim e porque a força física exigida para executar os homicídios e desovar os corpos daquela maneira estava acima da capacidade da maior parte das mulheres. Além disso, eu acreditava que um único homem matara as três vítimas. Então fiz um resumo das características que observei: "Trata-se de um indivíduo com uma motivação ou razão para matar essa pessoa, mas que só ele conhece. Não foi um crime sexual. Não foi um roubo. Não se trata de um louco psicótico que se imagina em uma missão transmitida por Deus ou alguém agindo motivado por alucinações, porque nesse caso haveria mais desordem, e os corpos seriam encontrados na cena do crime. [Isso] me diz que ==a pessoa é inteligente, organizada, muito compulsiva e cometeu o crime mediante premeditação e planejamento, mas também estava com medo e queria se livrar dos corpos das vítimas com a maior pressa possível.== Idade [...] entre vinte e poucos e trinta e tantos anos. [...] Uma pessoa que já havia estado na casa antes, que foi reconhecida pelas vítimas. E que não provocou medo nelas".

Fiz questão de afirmar que era um crime planejado, não uma ação espontânea. "Deve ter sido planejado por dias ou semanas, porém não muito mais que isso. Não estamos diante de uma ideia que surgiu de repente, mas de um plano colocado em prática. [...] A casa não foi revirada, o que indica que havia maquinação, talvez como reflexo de algum problema mental. Ele não é um psicótico total, mas pode estar entrando em colapso por causa do estresse. O que eu sugiro procurar são sinais de estresse pré-crime: problemas financeiros, problemas conjugais, problemas profissionais — todos esses problemas relacionados ao estresse que podem tornar o juízo de uma pessoa muito, muito falho."

Nesse ponto da entrevista, a srta. Yasunaga me contou que a polí-

> **Deve ter sido planejado por dias ou semanas, porém não muito mais que isso. Não estamos diante de uma ideia que surgiu de repente, mas de um plano colocado em prática. [...] A casa não foi revirada, o que indica que havia maquinação, talvez como reflexo de algum problema mental.**

cia vinha investigando o dr. Nomoto. Minha resposta foi: "Se a polícia considera o marido um suspeito nesse caso, trata-se de uma conclusão bastante lógica. Em casos desse tipo, de homicídios envolvendo uma família, a não ser que haja um bom motivo para *não* investigar o marido, como ele estar a milhares de quilômetros na ocasião, o marido ou companheiro é o primeiro indivíduo a ser investigado. Isso é bastante elementar, por causa do óbvio envolvimento emocional entre marido e mulher, que às vezes chega ao ponto em que amor se transforma em ódio. Do ponto de vista de tudo o que descrevi — a aparente tranquilidade das vítimas e onde foram atacadas pelo assassino —, o marido é um suspeito plausível".

Diante da incredulidade provocada na srta. Yasunaga pela ideia de que um membro da elite pudesse cometer um ato como aquele, conversei um pouco a respeito do caso do juiz Robert Steele, de Cleveland — tema do meu livro *Justice Is Served* [A Justiça foi Feita]. Membro respeitável do judiciário local, Steele contratou figuras espúrias para assassinar sua esposa na cama do casal para que ele ficasse livre e se casasse com outra mulher; foram necessários mais de oito anos de esforços por parte das autoridades para condenar Steele e seus cúmplices pelo crime. Para mim, o caso de Steele e outros do tipo ocorridos nos Estados Unidos eram a prova de que mesmo pessoas que desfrutam de status elevado e boa reputação social podem se envolver em crimes hediondos. Portanto concluí: "O fato de alguém ser um médico, um advogado, um juiz... Os estratos mais elevados da sociedade também produzem comportamentos homicidas, então precisamos investigar o marido primeiro. Se ele for inocente, então precisaremos sair a campo".

Enquanto discutíamos o caso, a informação de que o médico vinha sendo interrogado jogou nova luz sobre as demais evidências. "Não foi muito inteligente [colocar os corpos em sacos], mas acho que isso deve ser levado em conta, considerando a motivação. Se o criminoso de fato tiver nutrido sentimentos por essas pessoas em determinado momento, colocá-las nos sacos, sabendo que os gases seriam liberados — e um médico saberia que os gases seriam liberados —, talvez tenha sido uma tentativa de fazer com que fossem encontradas depois de um tempo [quando os gases elevassem os corpos à superfície] para que pudessem ter um sepultamento apropriado."

Em resumo, concluí que o médico era o principal suspeito do caso, mas alertei à srta. Yasunaga sobre a possibilidade de o assassino ser outro membro da família — talvez um irmão, tio, primo ou até um amigo mais próximo.

Nós trocamos cumprimentos, e a equipe foi embora. Não pensei mais na entrevista, pois era assim que eu encerrava meus dias de trabalho, depois de investigar centenas de casos durante a vida. Após décadas analisando mentes criminosas, sou capaz de repetir

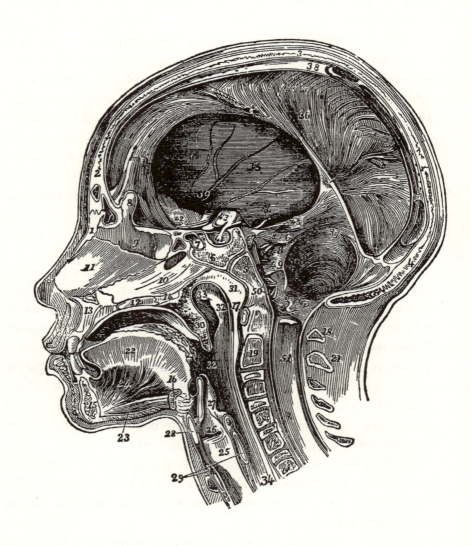

PROFILE 2
profile

40

com propriedade as palavras de José Martí: "Vivi dentro do monstro e conheço as suas entranhas"[1]. O assassinato dos Nomoto pode ter sido um caso excepcional no Japão, porém incidentes parecidos já ocorreram em vários outros lugares e, por ter estudado esses assassinatos, eu sabia reconhecer os elementos em comum entre eles e destacar os pontos mais significativos. Em razão do pouco material disponível, cheguei à conclusão de que tinha feito todo o possível e torci para que pudesse ser útil a fim de que a polícia e o público entendessem a dinâmica psicológica que parecia estar por trás daquele crime terrível.

Nesse mesmo dia, a entrevista foi exibida quase na íntegra em rede nacional no Japão no programa NTV Wide, que tinha uma enorme audiência. O conteúdo foi considerado bastante convincente porque ninguém antes havia proposto razões tão lógicas para suspeitar do dr. Nomoto, nem oferecido uma explicação para os elementos estranhamente ritualísticos do caso, como a questão das cordas coloridas.

No dia seguinte à exibição da entrevista, o dr. Nomoto confessou à polícia que tinha assassinado a mulher e os filhos.
Meu entendimento do que aconteceu foi que a exibição da entrevista permitiu à polícia questionar o dr. Nomoto de forma mais agressiva do que vinha fazendo até então. Em geral, confrontar as pessoas em conversas cara a cara não é uma atitude bem-vista na sociedade japonesa, portanto os policiais vinham abordando Nomoto com mil rodeios, em vez de acusá-lo de forma direta, como investigadores norte-americanos teriam feito. O pensamento lógico exposto na entrevista, em minha opinião, também ajudou Nomoto a explicar ações que poderiam parecer injustificáveis até mesmo para ele, ou que eram de cunho tão pessoal que talvez o médico achasse que ninguém poderia ser capaz de entender.

---

[1] José Julián Martí Pérez (1853-1895) foi um dos líderes da independência de Cuba. A frase foi encontrada em uma carta inacabada escrita ao amigo mexicano Manuel Mercado, um dia antes de Martí ser morto em combate por forças militares espanholas. (N. T.)

Não estou assumindo o crédito por ter desvendado o caso. Os crimes em geral são resolvidos pelos incansáveis membros da linha de frente — os policiais locais —, e não por elaboradores de perfis psicológicos que oferecem opiniões bem embasadas; mesmo assim, fiquei contentíssimo por minhas declarações terem ajudado.

A apuração dos fatos confirmou que os crimes foram cometidos em boa parte da maneira que imaginei. No cerne da confissão de Nomoto estavam as seguintes declarações: "==Eu não queria que meus filhos tivessem uma vida sofrida. Foi muito difícil matar meus filhos.== Usei cordas, halteres e sacos plásticos que tinha em casa. O ponto de desova: como conhecia o local dos meus tempos de universitário, ficou mais fácil. Estava devendo uns 200 mil no banco depois de comprar a casa. A razão para ter desovado os corpos no mar foi tornar difícil determinar a hora da morte".

Essas declarações confirmaram muitas das minhas suposições. Talvez a inferência mais importante e surpreendente que fiz foi com relação ao *motivo* por que as crianças foram mortas: para não crescerem sem mãe. Nomoto acabou confirmando esse tipo de lógica distorcida. No fundo de sua mente, ele sabia que acabaria sendo indiciado por assassinato — pois deixara muitas pistas a respeito de sua identidade —, o que significava que seus filhos cresceriam sem pai nem mãe, e com o conhecimento do fato de que a mãe fora assassinada pelo pai. Isso era inaceitável para ele, que matou as crianças a fim de poupá-las desse destino tão triste. Mais tarde ele teria declarado que "o futuro deles seria terrível sem uma mãe e com um pai criminoso".

Análises posteriores da cena do crime reuniram outras informações que confirmaram ainda mais elementos. Os pés limpos das vítimas, apesar de estarem sem sapatos, mostravam que haviam sido assassinadas dentro de casa e depois levadas de lá. A residência dos Nomoto ficava perto de uma via expressa com acesso fácil a estradas que levavam ao local onde os corpos foram desovados à beira-mar; o tempo de deslocamento entre a casa e o ponto de desova, em um horário de pouco movimento, era estimado em uma hora.

Agora temos elementos suficientes para reconstituir o crime.

Foi na madrugada de 29 de outubro. Na noite anterior, Nomoto e a esposa tiveram uma longa discussão sobre dinheiro e outras questões. O estilo de vida dispendioso, o investimento no imóvel feito por Iwao e o vício em jogos de azar de ambos deixaram a família em apuros financeiros. Tornou-se difícil pagar a mensalidade da escola das crianças e, caso a inadimplência não fosse logo resolvida, o bairro inteiro ficaria sabendo, e eles perderiam seu status. Além disso, Eiko descobrira que o marido tinha várias amantes, havia se comprometido a se casar com uma delas e queria o divórcio. Na véspera do assassinato, ela avisou que exigiria uma compensação polpuda pela separação, o que poderia levar Iwao à ruína. O médico ficou remoendo esses assuntos a noite toda. ==Durante semanas, ciente de que a crise estava prestes a chegar a um ponto culminante, ele vinha pensando em como se livrar da esposa, mas não conseguira criar coragem.== Diante da situação, porém, não parecia ter escolha. Por volta das 3h da manhã, ele foi até Eiko e a estrangulou até a morte.

Depois disso não havia como voltar atrás, mas ele ainda estava inseguro sobre como prosseguir. Acabou decidindo que as crianças não deveriam continuar vivas. Duas horas depois de matar a esposa — ou seja, não imediatamente depois, como aconteceria em um arroubo passional —, ele deu chocolate para o filho de 1 ano de idade e o estrangulou em seguida. Após uma hora, fez o mesmo com a filha, e ligou para o hospital avisando que chegaria atrasado. Em seguida, foi trabalhar, deu expediente em um dia considerado por todos como normal e voltou para casa. Ninguém notou a ausência da esposa e das crianças. Os corpos estavam começando a se degenerar. Em sua estranha tentativa de se redimir, ele executou o ato ritual de amarrar os corpos para que não fossem deformados pelo rigor mortis. Talvez tenha se distraído enquanto isso, pensando que a mulher e os filhos pareciam estar dormindo. Inclusive não aplicou toda sua inteligência à tarefa de embrulhar e desovar os corpos, pois esqueceu que os plásticos e os halteres poderiam ser

facilmente rastreáveis como procedentes de sua residência, e que a análise das fibras de tecido encontradas nos corpos revelaria que as vítimas foram assassinadas em casa.

Incapaz de fazer mais qualquer coisa naquele momento, decidiu visitar o distrito de Shinjuku, em Tóquio, onde contratou os serviços de uma prostituta. Esse ato também serve para revelar uma motivação sexual subjacente aos assassinatos. Ele voltou para casa por volta das 22h.

==Algumas horas depois, à 1h da manhã do dia 31 de outubro, a ideia de ter os corpos dentro de casa se tornou insuportável.== Ele jogou os sacos com os cadáveres no carro e dirigiu por várias estradas importantes até o ponto de desova, local que frequentava na época da faculdade — tempo em que era muito mais feliz, sem o fardo de uma mulher e dois filhos, despesas como o financiamento da casa e a mensalidade da escola, um divórcio iminente e a ruína financeira. Em um último esforço, arremessou os corpos embrulhados com os pesos na água, observou enquanto desapareciam sob a superfície e voltou para casa sozinho, talvez cheio de remorso, mas iludido, ao menos por um tempo, pelo pensamento de que havia resolvido de forma permanente todos os problemas de sua vida.

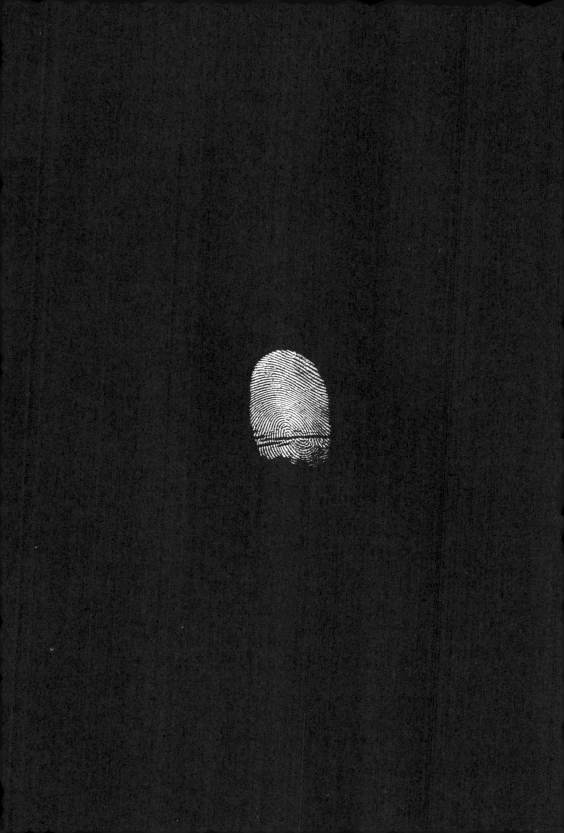

PROFILE 2
profile · 46.

Traumas de guerra

LÁ NO VIETNÃ

"O cansaço e a falta de sono começavam a nos afetar cada vez mais, sem mencionar o stress e também o medo. Já tínhamos visto coisas perturbadoras, inclusive cadáveres."
Emmanuel Guibert, *A Guerra de Alan*

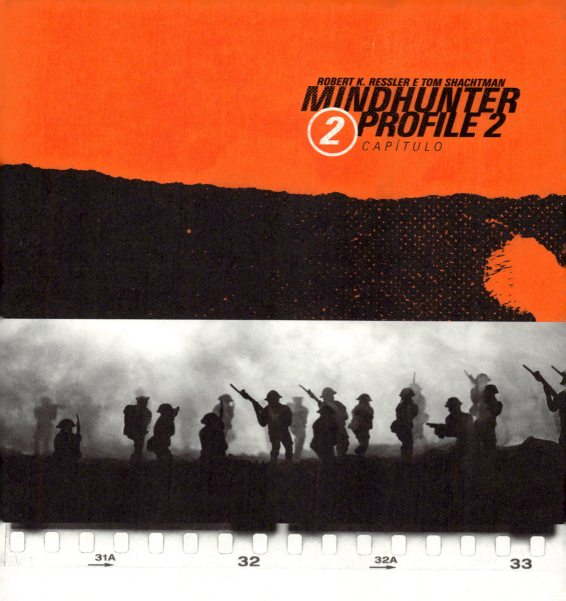

MINDHUNTER PROFILE 2
CAPÍTULO 2

ROBERT K. RESSLER E TOM SHACHTMAN

Este livro é composto principalmente de casos como o do dr. Nomoto, nos quais me vi envolvido desde que me aposentei do FBI, em 1990.

Alguns desses primeiros casos aconteceram nos Estados Unidos, e incluíam toda uma variedade de crimes, desde tráfico de drogas até assassinatos. Vários deles tinham uma coisa em comum: os suspeitos, em algum momento, haviam servido nas Forças Armadas dos Estados Unidos.

Como os leitores de *Mindhunter Profile* devem se lembrar, fui investigador e supervisor dos detetives da Divisão de Investigação Criminal (CID, na sigla em inglês) do Exército dos Estados Unidos antes de entrar para o FBI, e como oficial da reserva colaborei com os militares durante minhas duas décadas como agente federal. Alguns dias antes de me aposentar do Bureau, fui convocado pelo CID para a operação conhecida na época como Escudo do Deserto. O Iraque havia invadido o Kwait, e os Estados Unidos, junto de outras nações, mandaram tropas à região para tentar resolver o problema.

Foram dias intensos no CID; fiz o que fazia havia anos: ensinei técnicas de negociação de libertação de reféns, elaboração de perfis psicológicos de criminosos e outras técnicas de investigação e aplicação da lei. Minha convocação desincumbia dessas tarefas os membros da ativa do CID, que ficavam liberados para servir no Golfo Pérsico — como deve ser, já que os oficiais da reserva do Exército norte-americano existem para cobrir a ausência das tropas regulares.

Ao contrário do clima de diversos conflitos anteriores, o que ouvi dos militares foi entusiasmo para a missão: os Estados Unidos iam honrar seus compromissos e realizar uma boa ação ao mundo se opondo ao tirânico Saddam Hussein. Para muitos oficiais de carreira, a ocasião foi vista como uma oportunidade de se livrar dos resquícios de insatisfação que ainda assombravam os militares norte-americanos, e seus críticos entre os civis, desde a Guerra do Vietnã.

Após um mês de serviço, recebi a oferta para continuar na ativa para a operação que seria rebatizada como Tempestade no Deserto, destinada a empurrar as forças iraquianas de volta para suas fronteiras. Eu concordei em colaborar, se fosse mesmo necessário; mas, como estava ansioso para dar início à minha nova carreira — de criminologista e perito forense independente —, não fui convocado a servir.

Entre meus primeiros casos particulares, houve três em que meu conhecimento sobre assuntos militares me ajudou muito — e todos remetiam ao atoleiro do longo e desastroso envolvimento dos Estados Unidos na Guerra do Vietnã.

MEDALHAS DEMAIS

No primeiro caso, um procurador federal assistente de Albany, no estado de Nova York, procurou minha ajuda para o indiciamento de um acusado de trazer drogas de avião da América do Sul para os Estados Unidos.

Parte da defesa do traficante se baseava no fato de que ele era um condecoradíssimo herói de guerra, que havia feito parte do corpo dos Fuzileiros Navais e do Exército e cumprido dois períodos de serviço no Vietnã, durante um dos quais fora mantido como prisioneiro de guerra por seis meses. Segundo sua alegação, essa temporada no inferno, somada aos acontecimentos do campo de batalha, havia deixado como sequela sintomas de transtorno de estresse pós-traumático (TEPT); ele usaria a doença como a razão por trás dos crimes, e pediria absolvição com base nisso. Havia uma enorme chance de sua argumentação ser aceita pelo tribunal e pelo júri e de que o réu fosse inocentado. O procurador-assistente queria evitar tal desfecho, mas para isso precisava descobrir o que *de verdade* acontecera com o homem durante a guerra. Não era uma tarefa fácil, porque os arquivos militares e o jargão psiquiátrico constituíam um labirinto que só poderia ser percorrido por alguém com a experiência necessária para isso. A essa altura, anos depois da abolição do serviço militar obrigatório nos Estados Unidos, muitos integrantes das instituições responsáveis pela aplicação das leis, inclusive os procuradores federais, jamais tinham servido nas Forças Armadas e eram capazes de inferir bem pouco ou quase nada a partir dos registros militares.

O TEPT é um acréscimo recente à terminologia psiquiátrica; na verdade, o transtorno só foi reconhecido em 1989, quando da publicação da terceira edição do *Manual Diagnóstico e Estatístico de Transtornos Mentais*, conhecido pela sigla DSM-III. Nas duas grandes guerras mundiais, surgiu o que ficou conhecido entre os leigos como "choque de bomba" e entre os profissionais de saúde mental como "neurose de combate", uma doença mental adquirida no campo de batalha em que o indivíduo fica traumatizado demais para continuar funcional. Muitas dispensas das Forças Armadas se deram em razão desse distúrbio, que permanece como um problema muito sério para aqueles que participam de combates armados, testemunham seus horrores e se expõem a tais condições estressantes. Na década de 1950, quando foi publicado o DSM-I, havia um diagnóstico referente ao "distúrbio situacional transitório", que às vezes era usado de modo a abranger o estresse vivido no campo de batalha. Foi a partir dessa definição que foi desenvolvida a descrição do problema que aparentemente se manifestou entre os sobreviventes norte-americanos do conflito no Vietnã e que mais tarde ==ficou conhecido como TEPT — ou, em termos leigos, "a síndrome do Vietnã".==

> **Entre meus primeiros casos como investigador particular houve três em que meu conhecimento sobre assuntos militares me ajudou em grande medida — e todos remetiam ao atoleiro do longo e desastroso envolvimento dos Estados Unidos na Guerra do Vietnã.**

Ao longo dos anos descobri que, apesar de haver gente que de fato sofria de transtorno de estresse pós-traumático — demonstrando dificuldade nas situações cotidianas depois de voltar para casa após se ver à beira da morte ou envolvida em algum outro evento que a traumatizou —, muitos outros supostos casos de TEPT eram pura conversa fiada, uma forma de tirar vantagem da situação. O diagnóstico de TEPT estava na moda em determinados círculos de psiquiatras, em especial os que tratavam de pacientes com várias internações em hospitais militares. Por outro lado, vários outros

profissionais da área, tão qualificados quanto, raramente encontravam casos genuínos da doença. Isso sem contar que os Estados Unidos se envolveram em diversos conflitos violentos no século xx e que, embora tenha havido diagnósticos daquilo que antigamente se chamava de *choque de campo de batalha*, a maioria das pessoas que desenvolveu esse tipo de trauma mais tarde se recuperou e retomou a vida normal. A experiência de lutar no Vietnã pode ter sido tão pior do que combater na Coreia? Ou na Europa e no Pacífico na Segunda Guerra Mundial? Os soldados norte-americanos dos anos 1960 e 1970 eram assim tão mais frágeis do que aqueles que serviram em guerras anteriores?

> Esse é o maior atrativo da guerra, disse Rosewater. Absolutamente todo mundo ganha alguma coisinha.
> **Kurt Vonnegut**, *Matadouro Cinco*

A atenção dispensada pelas Forças Armadas dos Estados Unidos ao estresse no campo de batalha foi até maior no Vietnã do que em guerras anteriores. Os hospitais de campanha eram mais bem equipados, e a evacuação via helicóptero tornou possível tratar os feridos com muito mais rapidez, diminuindo, dessa forma, o estresse da situação como um todo; entre os profissionais da área médica no local do conflito, havia mais consciência da possibilidade de transtornos psiquiátricos derivados do campo de batalha, e o tratamento poderia ser iniciado com rapidez; além disso, os militares em zonas de combate recebiam doses regulares de "R&R" — períodos de dispensa para repouso e recuperação — a fim de aliviar o estresse acumulado que inevitavelmente surge na guerra. Com tudo isso, na verdade, a proporção de homens e mulheres dispensados das Forças Armadas por "choque de bomba" foi menor do que nos conflitos anteriores.

Mesmo assim, nos anos posteriores à Guerra do Vietnã, muitos veteranos relataram sinais de estresse profundo, e diversos deles foram diagnosticados pelos médicos como portadores de TEPT. (O diagnóstico é aplicado principalmente a vítimas de desastres naturais, acidentes automobilísticos e assim por diante. Como escreveu o dr. Robert L. Simon, diretor do Programa de Psiquiatria e Legislação da Faculdade de Medicina da Universidade Georgetown em um livro recente: "Com a indústria dos processos na justiça prosperando, os casos de TEPT explodiram".) Os veteranos de guerra mais afetados pelo TEPT estavam internados nos hospitais. No entanto, com a publicidade criada em torno do diagnóstico, outros que consideravam apresentar sintomas do distúrbio começaram a se manifestar. E houve também aqueles que só se descobriam afetados pelo TEPT depois de cometerem crimes pelos quais foram presos pelas autoridades civis. Os advogados de defesa não demoraram a recorrer a essa "condição médica".

No caso do ex-fuzileiro naval acusado de participação no tráfico de drogas, a defesa argumentou que, enquanto transportava entorpecentes para o país, na verdade ele se via de volta ao Vietnã, pilotando em missões de combate — portanto não poderia ser considerado culpado porque seus atos podiam ser explicados como uma consequência do TEPT.

Quando o gabinete da procuradoria federal examinou os registros militares do homem, os responsáveis por montar a acusação ficaram impressionados com a quantidade de medalhas e condecorações que ele havia recebido — entre elas, a Cruz de Serviço Distinto, duas Estrelas de Prata, o Coração Púrpura e a Cruz Naval. No entanto, o fato de a personalidade do suspeito parecer incongruente com realizações tão notáveis gerou desconfiança.

Comecei minha investigação com contatos e visitas pessoais às diversas seções responsáveis por condecorações no Exército, na Marinha e no Corpo de Fuzileiros Navais. Isso me revelou que, sim, os registros confirmavam o que o homem dissera ao gabinete da procuradoria. Só que não revelavam toda a história.

Foi muito benéfico para a acusação que a procuradoria tenha resolvido investigar os registros mais a fundo porque, embora os arquivos militares norte-americanos sejam uma fonte considerável de informações sobre homens e mulheres que passaram por suas fileiras em algum momento da vida, os registros são mantidos em diversos lugares diferentes, e não são tão simples de decifrar para quem não conhece o sistema. Intermináveis códigos numéricos, designações de especialidades, siglas e abreviações compõem uma linguagem das mais impenetráveis — qualquer que seja o parâmetro de dificuldade para decifrar um jargão, os registros militares estão sempre no topo. Com o tempo e a familiaridade, porém, os arquivos vão se tornando mais compreensíveis, e se torna possível extrair o que há de mais valioso neles. Nesse processo, surge também uma espécie de sexto sentido para descobrir que tipo de informação deve estar em cada lugar, e como interpretar uma eventual lacuna.

==A princípio, em minha investigação sobre o acusado de tráfico de drogas, eu também fiquei impressionado pela quantidade de medalhas reportadas em seu mais recente registro militar.== Cruzes de Serviço Distinto, Cruzes Navais, Estrelas Douradas e Corações Púrpuras não são distribuídos a qualquer um que tenha participado de um combate ou se ferido com fragmentos de explosivos. Aquele era o indivíduo mais condecorado com quem eu havia me deparado na vida. Além disso, ganhara medalhas do Exército, da Marinha e do Corpo de Fuzileiros Navais — o que por si só já parece bastante incomum. Talvez seu caso de TEPT em decorrência do estresse no campo de batalha tivesse algum fundamento.

Por outro lado, além de minha desconfiança instintiva em relação a alegações de TEPT, encontrei alguns problemas nos registros do suposto herói de guerra.

Nesse caso, o pessoal da sede do CID me ajudou tremendamente no processo de obter acesso aos arquivos certos. Ao analisar os formulários obtidos junto aos três braços das Forças Armadas, descobri que o suspeito havia perambulado dentro da estrutura militar durante vários anos, entre 1955 e 1979, servindo por um tempo, dado baixa e depois foi "reinserido", ou seja, realistado em troca de um bônus. Por si sós, essas entradas e saídas constantes já seriam motivo para causar confusão nos registros. A primeira coisa que despertou minha desconfiança, porém, foi a alegação por parte do homem de ter sido mantido em um campo de prisioneiros de guerra no Laos entre 26 de maio e 9 de outubro de 1969. Para confirmar isso, recorri ao CID, que por sua vez me informou desconhecer o fato de o suspeito ter sido prisioneiro de guerra. Além disso, uma organização cidadã chamada Liga Nacional das Famílias de Prisioneiros de Guerra e Mortos em Combate não tinha o nome dele em seus registros. Embora fosse possível que ele tivesse mesmo estado em um campo de prisioneiros, o fato de ter conseguido sair sem que o Exército, a Marinha e os Fuzileiros Navais tomassem conhecimento — e de ninguém de sua família ter acionado a Liga para tentar descobrir seu paradeiro — tornava tudo bastante improvável.

==Sentindo que minha desconfiança estava bem embasada, parti para os registros mais detalhados. Investigando-os mais de perto, com a ajuda dos militares cuja função é criar esses arquivos, eu aprendi um bocado.== A Cruz Naval que o homem alegava ter ganhado, apesar de constar em sua ficha de serviço, não estava no livro de registros de Cruzes Navais mantido pelo Corpo de Condecorações Militares da Marinha; todas as cruzes desse tipo são assinadas pelo presidente do país, e não — segundo a alegação do suspeito — por um oficial de baixa patente. O conjunto de cinco Folhas de Carvalho anexadas ao seu Coração Púrpura também era problemático. Essa medalha (de acordo com a numeração e a documentação existente) havia sido concedida de forma póstuma a outro soldado, mas de algum modo os registros foram alterados para que o acusado por tráfico de drogas tivesse essa condecoração em sua ficha. Um registro mais antigo, datado de 1968 — supostamente depois do primeiro período de serviço do homem no Vietnã —, indicava que ele tinha apenas uma condecoração, a medalha do Exército de Ocupação de Berlim. Isso levantou ainda mais suspeitas, porque essas medalhas foram concedidas no fim da década de 1940, durante o Bloqueio de Berlim, e o suspeito só

entrara nas Forças Armadas em 1955. Além disso, alguns documentos importantes que deveriam estar no arquivo de um homem com tantos anos de serviço não foram encontrados.

Ao lado dos responsáveis pelos registros, descobri que em algum momento em sua carreira militar, perto da última e definitiva baixa, o acusado conseguira acesso à própria ficha quando trabalhava como escriturário. Obviamente aproveitara a oportunidade para incluir mais condecorações do que aquelas de fato recebidas durante o tempo de serviço. Ele também tentou mudar seu tempo de alistamento a fim de conseguir uma aposentadoria antecipada — uma contravenção que as Forças Armadas assumiram a responsabilidade de investigar —, e, manipulando a papelada, acrescentou uma fileira de medalhas ao próprio peito. Para piorar as coisas, algumas dessas condecorações pertenciam originalmente a jovens corajosos que haviam dado a vida para ganhá-las.

Apresentadas no tribunal, essas provas serviram para minar as alegações de TEPT. Minha capacidade de leitura do jargão militar, aliada à descoberta de que não se tratava de um herói de guerra, foi um elemento crucial para a acusação. Impedido de usar sua suposta experiência no Vietnã como justificativa, o homem foi condenado a uma longa sentença de prisão por tráfico de drogas.

O ATIRADOR DE ELITE
QUE MATOU UM POLICIAL

Por volta das 3h da manhã de 23 de setembro de 1986, o ex-militar do Exército William Reaves estava chamando um táxi numa cabine telefônica na Flórida. Sua movimentação chamou a atenção do assistente de xerife Richard Raczkoski, que foi questioná-lo. Durante a abordagem, uma arma caiu da bermuda de Reaves. Ambos se agacharam para apanhá-la. Reaves foi mais rápido e atirou no policial, que morreu. Pouco depois, Reaves foi detido e indiciado por homicídio de oficial da lei. Investigações posteriores comprovaram que ele estava sob efeito de crack quando cometeu o assassinato, havia acabado de "descolar" mais droga e estava esperando o táxi buscá-lo para ir vendê-la a outros usuários. O acusado tinha passagem na polícia por assaltos à mão armada e parecia ser um criminoso contumaz.

No fim de 1991, quando fui acionado para atuar no caso, o réu estava prestes a ser julgado pela segunda vez, a fim de determinar sua sentença. O primeiro julgamento havia sido em 1987. Com base no que acontecera nessa ocasião, o procurador estadual assistente encarregado do caso, Richard A. Barlow, considerou provável que a defesa de Reaves fosse alegar que ele fora um herói de guerra no Vietnã, e que não poderia receber pena de morte pelo assassinato do policial por motivo de insanidade temporária causada pelo transtorno do estresse pós-traumático. O que se esperava era que a defesa argumentasse que, durante a altercação física para recuperar a arma, Reaves sofrera um *flashback* que o transportara de volta ao conflito no Vietnã e matara Raczkoski por reflexo, imaginando que estava sendo atacado por um inimigo vietnamita.

Tratava-se de mais um desdobramento do longo, complicado e lamentável histórico do envolvimento dos Estados Unidos na Guerra do Vietnã: os ex-combatentes estavam tentando usar suas

experiências nas Forças Armadas para se eximir do prejuízo que causaram à sociedade mais tarde. Isso não aconteceu depois da Segunda Guerra Mundial porque o número de norte-americanos participantes do conflito foi tão grande que as falsas alegações de heroísmo não colariam. No caso do Vietnã não era bem assim porque uma parcela menor da população foi mobilizada. Como os cidadãos dos Estados Unidos em sua maior parte desconheciam a rotina dos soldados norte-americanos durante os combates no Vietnã — e talvez por terem sido expostos nos anos 1980 a uma enorme quantidades de filmes em que veteranos de guerra "enlouquecem" por causa do trauma e acabam se voltando contra seus compatriotas de várias maneiras —, pareciam inclinados a acreditar nas alegações envolvendo antigos traumas ou atos de heroísmo não recompensados.

Os registros militares de Reaves foram solicitados por Barlow, mas o procurador os considerou incompreensíveis, e sentiu que só serviriam para deixar os jurados mais confusos. Eu já tinha conhecimento de que em muitos casos os promotores públicos não tinham condições de compreender esses arquivos, e às vezes não sabiam nem quais fichas solicitar às Forças Armadas; por isso, com frequência, podem deixar passar evidências importantíssimas. Nesse caso, Barlow estava com os registros certos, e recorreu a mim para decifrá-los a fim de que fossem usados para contestar as alegações por parte de Reaves de atos heroicos no campo de batalha.

O réu havia passado por uma extensa avaliação psiquiátrica contratada pela defesa, durante a qual afirmou que servira no Vietnã como atirador de elite — um soldado cujas missões eram arriscadas, solitárias e sujeitas a emoções intensas. Foi por causa disso, segundo Reaves, que quando submetido a uma situação de estresse diante de um homem armado acabou reagindo daquela maneira.

Nesse caso, a narrativa do réu a respeito do trauma adquirido no campo de batalha era de importância fundamental. Presumi que alguém exposto a uma situação como a de Reaves — e que viveu para contar a história — com certeza haveria de ter recebido condecorações e medalhas. Mas, para tanto, seus feitos heroicos teriam que ser atestados por outros soldados. Além disso, caso tivesse sido um atirador de elite, existiriam registros do treinamento com armas de precisão, ou de seu comparecimento a escolas de formação avançada etc.

Reaves tinha sido submetido à corte marcial em outubro de 1970, por descumprimento de ordens de seu superior no Vietnã. Era um claro sinal de que sua atuação na guerra não havia sido assim tão exemplar, e de que na verdade não poderia ter sido um atirador de elite, já que oficial nenhum designaria um combatente com fama de insubordinado para uma tarefa tão delicada.

Investigando o caso, descobri que um homem como Reaves jamais seria selecionado para tal função. Ele havia sido convocado para serviço compulsório, não era um militar de carreira; quase todos os atiradores de elite eram oficiais sem patente com larga experiência em combate e capacidade reconhecida de atuarem sozinhos em campo aberto. O desempenho militar de Reaves havia sido avaliado como "razoável" em seu treinamento básico em Fort Hood, e como "bom" no Vietnã: eram graduações de pouco destaque, que impediriam sua participação no treinamento de atiradores de elite. Esse tipo de soldado precisa ser um indivíduo estável, e Reaves nunca fora condecorado com as rotineiras medalhas de "boa conduta" que reconheceriam esse tipo de característica. Além disso, sua ficha mostrava que ele não tinha nenhum treinamento especializado, como o curso de atiradores de elite oferecido em Quantico.

Havia condecorações relacionadas a sua atuação no Vietnã, mas nada de extraordinário. Por exemplo, um combatente poderia receber uma medalha por participar de 25 missões aéreas como passageiro dentro das fronteiras da Indochina. Mesmo que fosse apenas transportado de avião entre duas cidades sob o controle dos aliados sul-vietnamitas, um soldado estaria apto a receber essa medalha; não seria necessário saltar de um helicóptero em uma região de conflito sob fogo cerrado do inimigo. Portanto, a alegação de heroísmo além do cumprimento elementar do dever por parte de Reaves

— que teria resultado no recebimento dessa medalha — era um completo exagero, para dizer o mínimo. Ele também afirmava ter recebido outras, que mais tarde vendera na tentativa de conseguir algum dinheiro; no entanto, não havia nenhuma documentação para comprovar.

Durante minha investigação de campo, mais uma vez me valendo das minhas fontes na CID, consegui o nome de vários oficiais que haviam servido ao lado de Reaves, inclusive o líder do pelotão, que teve contato direto com ele no Vietnã. Um deles era um oficial graduado das Forças Armadas àquela altura, e foi bem mais fácil de contatar do que um outro que não era mais militar. Ambos me contaram que Reaves era cozinheiro e nunca foi atirador de elite, nem ao menos em caráter extraoficial. Durante os diálogos com esses homens, consegui convencê-los a depor no tribunal.

Eu também fui testemunha no segundo julgamento de Reaves, e os oficiais corroboraram minhas afirmações relatando lembranças da época em que serviram com o réu. Segundo Barlow escreveu mais tarde, meu testemunho foi "importante para o juiz e os jurados entenderem a razão por que certas medalhas foram concedidas e por que o réu não recebeu diversas outras condecorações". O júri decidiu por dez votos a dois pela pena de morte, que foi ratificada pelo juiz em março de 1992, porque (conforme Barlow me comunicou mais tarde) o magistrado estava convencido de que "a atuação do réu no Vietnã não constitui circunstância mitigadora suficientemente relevante em face do assassinato cometido e da ficha criminal pregressa do réu por assaltos à mão armada".

O "TRAUMA DO VIETNÃ" COMO PRETEXTO SUPREMO

Os assassinos em série muitas vezes escolhem garotas e garotos de programa como vítimas, e por várias razões. Por serem trabalhadoras do sexo, essas pessoas com frequência são vistas unicamente em termos sexuais, e a libido costuma ser um fator motivador em casos de homicídios recorrentes. Porém, existem outras razões para uma mente perturbada escolher essas vítimas. Por exemplo, precisam estar sempre disponíveis — ou seja, estão sujeitas à abordagem de qualquer um, e de maneiras que pessoas que não atuam nessa linha profissional não aceitariam. Em geral, é dificílimo convencer alguém a entrar em um carro e se dirigir a um local mais escondido. Além disso, quem anda por ruas desertas e frequenta as regiões de pior reputação das cidades é mais sujeito à exploração e acaba ficando à margem da sociedade; em muitos casos, quando desaparecem, quase ninguém percebe. O alarme causado pelo desparecimento de, digamos, uma dona de casa de um bairro residencial de classe média não se aplica se uma prostituta algum dia não volta de suas rondas. Às vezes, a polícia sequer tem conhecimento do desaparecimento de uma dessas vítimas até que um corpo seja encontrado, o que pode acontecer meses ou até anos depois. Os assassinos em série sabem que a ausência dessas pessoas não vai ser notada logo de cara, e por vezes as escolhem como presas a fim de esconder melhor seus crimes e não chamar a atenção da polícia. Algumas das vítimas de Jeffrey Dahmer e John Wayne Gacy eram jovens suspeitos de ser garotos de programa — ou que no mínimo foram convencidos na ocasião a trocar sexo por dinheiro ou bens de valor. Da mesma forma, garotas de programa já foram vítimas de assassinos em série no Alabama, na Flórida, na Califórnia e no estado de Washington.

Arthur Shawcross começou a matar prostitutas e mulheres que viviam nas ruas da cidade de Rochester e arredores, no estado de Nova York, em janeiro de 1988, e continuou assassinando tanto conhecidas suas como desconhecidas até 1990, quando acabou preso.

Quinze anos antes de começar a cometer crimes contra prostitutas, Shawcross foi condenado por homicídio culposo pela morte de uma menina, e passou mais de doze anos na cadeia. Ele não foi julgado por homicídio doloso, apesar de ter matado duas crianças, porque conseguiu um acordo com a promotoria. Na prisão, se comportou relativamente bem — ou seja, não matou mais ninguém. Os criminosos violentos muitas vezes se comportam melhor quando confinados, na maioria dos casos por não disporem mais das circunstâncias que lhes permitem cometer crimes: a disponibilidade de vítimas que despertam seu desejo homicida e a liberdade para persegui-las. Foi isso, na minha opinião, que permitiu que, enquanto preso, Shawcross parecesse controlado a ponto de se tornar elegível para ser libertado.

> **Os assassinos em série muitas vezes escolhem garotas e garotos de programa como vítimas [...] essas pessoas com frequência são vistas unicamente em termos sexuais, e a libido costuma ser um fator motivador em casos de homicídios recorrentes. Porém, existem outras razões para uma mente perturbada escolher essas vítimas.**

Em 1986 — apesar dos protestos de muitos policiais que acreditavam haver um "assassino psicótico" por trás da fachada de "indivíduo normal" —, ele foi solto. Para o mundo exterior, parecia que nada além de um homem branco lerdo, barrigudo, meio careca e aparentemente inofensivo estava de volta às ruas. As restrições impostas à sua soltura estabeleciam que Shawcross estava proibido de beber, chegar perto de crianças, contratar os serviços de prostituição e portar armas. Ele precisava manter contato permanente com os agentes de condicional, que o vigiavam de perto. Ao contrário de muitos outros presos

postos em liberdade nesses termos, Shawcross era monitorado de verdade. Tentou se estabelecer em várias cidadezinhas do sul do estado de Nova York, perto da fronteira com a Pensilvânia, mas quando os vizinhos descobriam seu passado criminoso acabava banido do lugar — inclusive, em uma das localidades, sob severa ameaça. Por fim, a junta de liberdade condicional o ajudou a se estabelecer em Rochester, onde ele poderia comparecer a sessões de terapia, e decidiu-se que as autoridades não seriam notificadas de que se tratava de um ex-presidiário condenado por infanticídio.

Durante alguns meses, Shawcross aparentemente viveu em paz em Rochester. Estava em seu quarto casamento, e tinha também uma amante, uma mãe de dois filhos com os quais ele costumava brincar. Trabalhava em um emprego de tempo parcial e queria tirar carteira de motorista. Quando questionado pela amante e pelo patrão sobre o motivo de ter sido preso, Shawcross alegou que se envolvera em um acidente de trânsito provocado por motorista bêbado e acabou pondo fim à vida do homem responsável pela morte de sua família. Na verdade, tinha sido encarcerado por estuprar e sodomizar violentamente uma garotinha de 8 anos, que depois disso foi enterrada viva em areia fofa e morreu sufocada. Antes disso, por um impulso momentâneo, já havia assassinado um menino de 10 anos durante uma pescaria.

Foram seus impulsos incontroláveis, segundo a versão de Shawcross, que o levaram a matar essas crianças no início da década de 1970, e esses mesmos sentimentos voltaram à tona no fim dos anos 1980, depois que ele foi libertado. Foi isso, segundo sua alegação, que o levou a assassinar uma série de prostitutas e mulheres que viviam nas ruas. No início de sua atividade criminosa, as vítimas só foram encontradas depois de meses, e não tinham quase nenhuma relação entre si. Uma delas foi estrangulada, outra sufocada, e uma terceira teve o corpo cortado de alto a baixo e as tripas expostas. Quando o quarto corpo foi descoberto, a polícia se deu conta de que eram todas prostitutas e que haviam sido molestadas sexualmente antes ou logo depois de mortas. A partir de então, a matança se tornou mais frequente: os cadáveres passaram a ser encontrados em questão de semanas e, perto do fim de 1989, poucos dias após os assassinatos.

Quando Shawcross voltou à cena de um dos crimes para visitar o corpo de uma vítima que ainda não fora localizada pela polícia, acabou descoberto. Ele havia exposto o corpo e voltado ao carro para se masturbar quando foi flagrado por um helicóptero que por acaso estava patrulhando a área. O interrogatório policial logo levou à confissão de um assassinato, e mais tarde dos demais.

No início de 1990, Shawcross foi indiciado por onze homicídios, dez em um condado e um em outro, e o julgamento dos primeiros dez estava marcado para o segundo semestre daquele ano. Os defensores públicos designados para o caso estavam determinados a montar uma defesa eloquente, argumentando que quando cometeu os crimes Shawcross não poderia ser considerado legalmente são. As alegações envolviam "transtorno de múltipla personalidade" e TEPT — segundo a defesa, em consequência das experiências terríveis vividas por Shawcross no Vietnã, onde alegava ter passado treze meses a serviço do Exército.

Nos interrogatórios policiais preliminares, quando Shawcross foi questionado sobre como tinha conseguido matar as vítimas com tanta habilidade e facilidade, esquartejando os corpos para que entrassem em decomposição mais depressa, sua resposta foi: "Perguntem ao Tio Sam". Ele alegava que durante o serviço militar tinha aprendido a matar e desmembrar pessoas.

Mais tarde, depois de horas interrogando Shawcross, o psicólogo Joel Norris escreveu que entre os muitos problemas que afetavam o acusado estava "um dos casos mais graves de transtorno de estresse pós-traumático que já presenciei ou ouvi falar", uma condição que "era tão intensa que o deixava em um estado de 'anestesia emocional', psicologicamente insensível, incapaz de se relacionar com quem quer que seja dentro de um contexto normal e funcional". Norris acreditava que Shawcross era "predisposto ao desenvolvimento de estresse pós-traumático severo" por predisposições bioquímicas e até mesmo neurológicas e genéticas. Essa avaliação foi levada adiante pela principal testemunha da defesa no julgamento, a dra. Dorothy Otnow Lewis, que entrevistou o réu em longas sessões, às vezes sob efeito de hipnose.

De fato, Shawcross sobrevivera a ferimentos graves na infância, e muito provavelmente foi vítima de abuso sexual também — ele contou que quando tinha 9 anos sua irmã lhe fez sexo oral, que sua mãe o sodomizou e que aos 14 anos foi estuprado por um homem—, e depois de convocado para o serviço militar obrigatório sofreu uma terceira concussão cerebral em Fort Benning, na Geórgia, quando uma escada caiu na sua cabeça. Ao que me pareceu, alguns desses relatos poderiam ser verdadeiros, mas outros foram desmentidos por familiares e é possível que fossem mentiras, ou, com maior probabilidade, fantasias de uma mente estranhíssima.

> **Foram seus impulsos incontroláveis, segundo a versão de Shawcross, que o levaram a matar essas crianças no início da década de 1970, e esses mesmos sentimentos voltaram à tona no fim dos anos 1980, depois que ele foi libertado. Foi isso, segundo sua alegação, que o levou a assassinar uma série de prostitutas e mulheres que viviam nas ruas.**

Quando foi recrutado pelo Exército, Shawcross viu a oportunidade de se afastar de uma vida marcada por roubos e assassinatos de animais por diversão, além de um casamento em idade precoce que havia terminado em divórcio fazia pouco tempo.

Shawcross afirmava que no Vietnã aprendeu a matar pessoas como atirador de elite e combatente infiltrado atrás das linhas inimigas, ações que o teriam transformado em um monstro. Alegava ter começado o serviço militar fazendo controle de inventário, mas depois se transformou em um especialista em equipamentos bélicos, sendo transportado de helicóptero para todas as bases na linha de frente a fim de inspecionar armas e suprimentos. Contou ter aprendido a fazer modificações em armamentos para torná-los silenciosos, e que era um expert em utilizá-los. Por não conseguir conter sua reação emocional ao ver tantos norte-americanos assassinados, ele entrava na selva sozinho — em suas palavras, como um "fantasma na floresta" — e usava esses armamentos modificados para matar inimigos como um atirador de elite.

O momento traumático transformador, segundo Shawcross, aconteceu mais ou menos quinze quilômetros a oeste de Kontum, em uma base conhecida como Montanha da Superstição. Ele havia visto muitos soldados norte-americanos mortos, e por acaso se viu diante de quatro metralhadoras M60, um tipo de armamento que nunca havia usado antes. "Dei uma olhada rápida na coisa toda e comecei a atirar, mas as balas iam para todo lugar menos para onde eu queria." Depois disso, decidiu se tornar um assassino mais eficiente, e se embrenhou na selva para vingar os companheiros. Enquanto isso, bebia vinho de arroz, fumava maconha e comia animais que cozinhava em caixas de transporte de armamentos revestidas com chumbo. "Eu estava totalmente fora da realidade ou coisa do tipo", Shawcross afirmou em uma avaliação psiquiátrica ao explicar a matança, que segundo seu relato incluíra mulheres vietnamitas traiçoeiras que escondiam munições para os vietcongues em despensas e atraíam soldados norte-americanos para armadilhas mortais. Ele enfiara a cabeça de uma delas na lama, sufocando-a. Outra morrera esfaqueada. Outra baleada. De uma das vítimas, cortara a perna na altura do joelho e assara em uma fogueira. "Eu não era mais eu", comentou sobre esses momentos. Depois de devorar a perna decepada, Shawcross fizera sexo oral em uma menina mais nova que não entendia o que estava acontecendo, e depois a estuprara e matara. Ele matava crianças porque os vietcongues as usavam de isca para acabar com o moral dos norte-americanos, que ficavam arrasados

quando descobriam que haviam feito vítimas tão jovens. Certa noite, segundo seu testemunho, ele abateu 26 pessoas a tiros. Usava as armas com tanta perícia que "conseguia acertar coisas que as pessoas seguravam na mão a cem metros de distância".

Nas audiências anteriores ao julgamento, ficou claro para a promotoria que a defesa queria usar os traumas militares como base para alegação de TEPT, e portanto insanidade, para que Shawcross pudesse ser internado em um hospital psiquiátrico, e não encarcerado em um presídio pelo resto da vida. O dr. Park Elliot Dietz, psiquiatra forense e meu colega de trabalho e amigo de longa data, serviria como testemunha de acusação depois de ter conduzido uma entrevista filmada com Shawcross. A partir dessa conversa, além dos vídeos das sessões do réu com os especialistas contratados pela defesa, Dietz concluiu que os registros militares de Shawcross precisariam ser investigados a fim de determinar se as alegações de traumas adquiridos no campo de batalha tinham ou não fundamento. Foi para conduzir tal investigação que fui contratado. O tenente Eddie Grant, da Polícia do Estado de Nova York, que estudara comigo durante o ano que passou na Unidade de Ciência Comportamental do FBI quando eu ainda era um agente federal, recomendou meu nome para o caso, assim como o dr. Dietz. Depois da passagem pelo Bureau, Grant se tornou o principal elaborador de perfis de criminosos da polícia estadual nova-iorquina, e nós nos mantínhamos em contato mesmo depois de minha aposentadoria.

Após examinar os extensos arquivos que o Exército mantinha sobre Arthur Shawcross, não demorei a concluir que tudo o que ele havia contado à dra. Lewis, a psiquiatra contratada pela defesa, era absurdo e mentiroso. Caso tivesse abatido tantos inimigos como atirador de elite, ou escapado de um massacre em que 1200 soldados foram mortos, conforme afirmava, ele teria recebido tantas medalhas quanto Audie Murphy. As condecorações militares de Shawcross, porém, se resumiam àquelas concedidas a todos os que serviram no Vietnã, e ele não recebera nenhuma medalha por mérito individual — nem mesmo as mais rotineiras, como as que premiavam a boa conduta.

Para ser o armeiro habilidoso que dizia ser, precisaria ter passado por dezenas de horas de treinamento, seu trabalho seria citado em vários documentos e assim por diante. Se fosse capaz de acertar um alvo a grande distância, haveria anotações em sua ficha por ter se destacado no campo de tiro — coisa que não constava nos registros.

> Penetrávamos cada vez mais fundo no coração das trevas. Lá era muito quieto. Às vezes à noite o barulho de tambores atrás da cortina de árvores subia o rio e continuava baixinho, como se pairasse acima de nossas cabeças, até o raiar do dia. Se isso significava guerra, paz, ou reza, não saberíamos dizer.
> **Joseph Conrad**, *Coração das Trevas*

Em determinada passagem das conversas com a psiquiatra, Shawcross descreveu uma ampla variedade de armas, rádios e outros tipos de equipamentos que carregava em combate. Pesquisando a respeito, descobri que, somando tudo, esse aparato teria mais de cinquenta quilos, peso demais para um homem carregar enquanto se embrenhava sozinho pela floresta para surpreender inimigos. Inclusive sugeri à acusação que solicitasse o empréstimo desses itens ao arsenal da Guarda Nacional no estado e os pesasse em uma balança em pleno tribunal para desacreditar o relato de Shawcross, se necessário.

Em vez de um bom soldado, a ficha de Shawcross apresentava diversas citações por Artigo 15, revelando que ele foi sujeito várias vezes a "punição não judicial" por seus comandantes. A maior prova de que suas histórias de guerra não passavam de fantasias era a unidade em que servira, a Quarta Divisão de Infantaria, estar alocada em região relativamente tranquila e ter sofrido apenas bombardeios ocasionais, sem se envolver em nenhum combate corpo a corpo. Sua única função como militar foi trabalhar no inventário de um depósito de suprimentos de uma base montada em um acampamento.

Meu ex-colega de FBI Roy Hazelwood havia sido capitão da polícia do Exército no mesmo local, e me contou que nessa base em especial tinha acontecido pouquíssima coisa durante a guerra. Além disso, o acampamento nunca foi atacado por vietcongues, como Shawcross afirmava.

Meu trabalho minou de tal forma essas pretensas ações de heroísmo militar e subsequentes traumas de guerra que, quando a acusação comunicou à defesa como iria refutar os relatos de Shawcross, a defesa logo deixou de lado a intenção de justificar o comportamento do réu como um sintoma de TEPT.

Obviamente, isso tornou desnecessário meu depoimento no tribunal. Em vez de alegar TEPT, a defesa resolveu se concentrar no transtorno de múltipla personalidade e nos casos de abuso sexual na infância como fatores atenuantes para os crimes cometidos por Shawcross. Coube ao dr. Park Dietz a tarefa de apresentar as evidências psiquiátricas em nome da acusação. Em sua refutação das alegações de incapacidade mental resultante de traumas, o dr. Dietz definiu Shawcross como um assassino em série, que exibia diversas das características de outros criminosos do tipo que nós dois estudamos — juntos e separadamente — ao longo dos anos.

O depoimento do dr. Dietz foi bastante convincente, mas o ponto alto do julgamento acabou sendo o questionamento por parte da acusação das declarações da dra. Dorothy Otnow Lewis. Foi um espetáculo impagável. Como testemunha de defesa, ela afirmou que Shawcross na verdade não poderia ser considerado responsável por seus crimes por estar em um estado mental alterado quando os cometera, e portanto deveria ser inocentado por razões de insanidade e internado em uma instituição psiquiátrica. Sua opinião se baseava nas longas horas de entrevistas filmadas que fizera com o réu. O promotor Charles Siragusa então citou um a um os fatos contraditórios no testemunho da médica. Por exemplo, ela dissera que não havia relógio disponível durante as sessões de hipnose com Shawcross; no entanto, a acusação pausou a imagem e deu zoom em um frame que mostra um dentro da sala. Ela alegou que o relógio estava lá, mas não funcionava. O promotor, por sua vez, pausou a imagem em outro quadro em que o relógio aparecia mostrando outro horário, o que provava que estava em funcionamento. Porém, a declaração mais comprometedora da dra. Lewis foi a admissão de não ter nenhuma evidência concreta de que alguma coisa que Shawcross lhe contara — estando ou não sob hipnose — sobre o serviço militar era verdadeira. Durante o julgamento, Lewis deu mostras de descontrole emocional, recusando-se a testemunhar algumas vezes, e em certas ocasiões chegou a gritar com os promotores que questionavam seu diagnóstico, segundo o qual Shawcross era mentalmente incapacitado como resultado de traumas ocorridos na infância e no campo de batalha.

As condecorações militares de Shawcross, porém, se resumiam àquelas concedidas a todos os que serviram no Vietnã, e ele não recebera nenhuma medalha por mérito individual — nem mesmo as mais rotineiras, como as que premiavam a boa conduta.

Já perto do fim dos procedimentos legais, os advogados de Shawcross chegaram a pedir a anulação do julgamento por causa da conduta errática da dra. Dorothy Otnow Lewis — uma requisição das mais incomuns, considerando que ela era a principal testemunha convocada pela própria defesa. Por sua vez, a dra. Lewis atacou os advogados por mentirem para ela e não apresentarem certas evidências neurológicas que considerava importante que os jurados conhecessem. A anulação do julgamento foi negada, e a dra. Lewis não fez nenhuma queixa formal a respeito das supostas irregularidades cometidas pelos defensores públicos.

A deliberação do júri durou apenas seis horas e meia, e Shawcross foi considerado culpado por homicídio em segundo grau contra dez mulheres. Quando questionado, o jurado principal declarou à corte, sem hesitação, que "ele não é louco, e não sofreu nenhum abalo emocional extremo".

Assim como os dois outros criminosos citados neste capítulo, Arthur Shawcross tentou enganar a acusação e o júri afirmando que seu comportamento antissocial era fruto de experiências traumáticas ocorridas durante a guerra mais controversa da história dos Estados Unidos. Fiquei feliz por ter conseguido atuar nesses três casos para ajudar a demolir as falsas alegações, dando assim uma pequena contribuição à manutenção da honra dos milhares de combatentes norte-americanos que voltaram traumatizados do Vietnã e nunca cometeram nenhum crime, superando a terrível experiência do campo de batalha sem deixar de cumprir seus papéis como membros produtivos da sociedade.

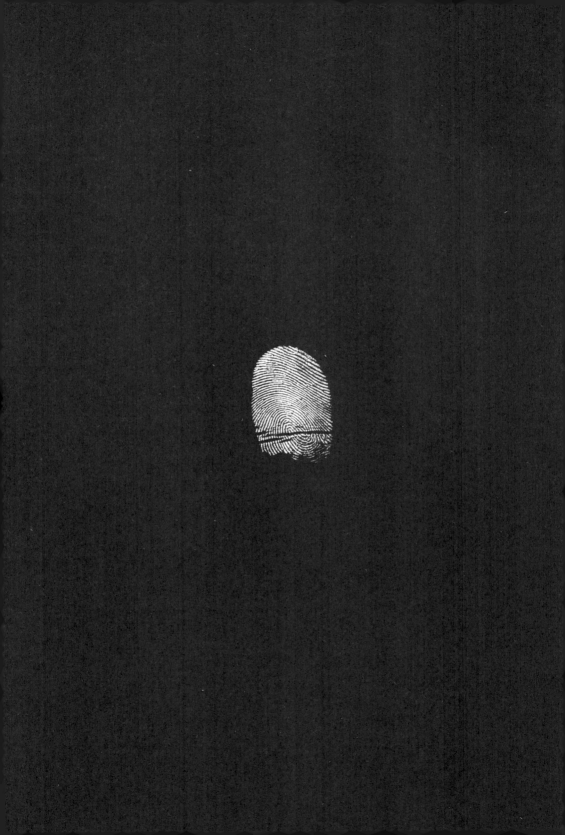

PROFILE 2
----
profile 74

À queima-roupa

TIRO DE
MAGNUM

Mas, ah, compadres, foi sopa no mel...
Brincadeira de criança... Canja de galinha...
menino intrometido, só precisou de um tiro na
cabeça pra se estatelar de um jeito bem indecente...
Consegue me ouvir aí onde você está, menino?
William S. Burroughs, *Almoço Nu*

CAPÍTULO 3

MINDHUNTER PROFILE 2

ROBERT K. RESSLER E TOM SHACHTMAN

Em agosto de 1992, o adolescente de 16 anos Yoshihiro Hattori chegou aos Estados Unidos vindo de Nagoya, no Japão. Estudante promissor, era o segundo de três filhos de uma família de classe média de ótima formação. Seu pai era engenheiro; e a mãe, dona de casa filha de policial. Yoshi passaria um ano em Baton Rouge, no estado da Louisiana, como aluno de intercâmbio, e estava ansioso para viver essa experiência. Assim como a de muitos japoneses, sua vida havia

sido permeada pelas imagens da cultura norte-americana — o cinema, a televisão, o rock 'n' roll. Ele estudava inglês na escola, mas sabia que sua compreensão do idioma não era a de um falante fluente; o ano que passaria em uma escola dos Estados Unidos serviria para aprimorar seu domínio da língua inglesa. Em Baton Rouge, Yoshi não demorou a fazer amizade com o filho da família que o abrigava, Webb Haymaker, também de 16 anos. Os pais de Webb eram professores de ensino superior, e a casa deles ficava próxima da Universidade do Estado da Louisiana.

No início da noite de 17 de outubro de 1992, um sábado, Webb e Yoshi foram até a região central de Baton Rouge, onde haveria uma festa pré-Halloween para os intercambistas. Yoshi vestia uma fantasia extravagante — smoking branco com camisa bufante aberta até o meio do peito, imitando o traje de John Travolta no filme *Os Embalos de Sábado à Noite* —, enquanto Webb estava todo enfaixado e usava um colar cervical, parecendo uma vítima de acidente fatal que voltara à vida.

Infelizmente, a dupla tinha anotado errado dois números do endereço da casa na East Brookside Drive onde seria realizada a festa, e chegaram de forma inesperada a uma residência localizada a uma boa distância daquela à qual deveriam ir; como também havia decorações de Halloween naquela casa, Yoshi e Webb acharam que estavam no lugar certo.

A residência à qual se dirigiram equivocadamente pertencia a Rodney e Bonnie Peairs, um casal na época com vinte e poucos anos. Ambos já tinham sido casados antes, e moravam com três filhos de outros relacionamentos. Rodney, que se descrevia como um "rapaz interiorano", era nascido e criado em uma propriedade rural em Zachary, também na Louisiana, e trabalhava como açougueiro e assistente de gerência em um mercado. Bonnie, dois anos mais nova, fazia bicos ocasionais como faxineira.

Por volta das 20h, o exoticamente trajado Yoshi tocou a campainha da casa dos Peairs. Bonnie ouviu, foi até a porta da entrada para carros, viu dois desconhecidos do lado de fora e voltou para

dentro. Em seguida, gritou para o marido pegar a arma. Rodney se dirigiu ao closet onde guardava o revólver Magnum calibre 44. Ele o apanhou e abriu a porta da entrada para carros. Os garotos ouviram e se viraram naquela direção. Com uma câmera na mão, Yoshi caminhou a passos largos na direção da porta e anunciou: "Eu vim para a festa". Haymaker gritou para ele não se mover, mas Yoshi não obedeceu. Com o revólver ao lado do corpo e invisível para os dois adolescentes, Peairs gritou apenas uma palavra para o jovem que se aproximava: "*Freeze!*". Yoshi não sabia o que aquilo significava, e continuou andando. A essa altura já estava perto do para-choque traseiro do Toyota dos Peairs, e seguiu em frente. Rodney Peairs então ergueu o revólver até a altura do ombro e disparou um tiro contra Yoshi, que estava a apenas um metro e meio de distância. A bala atravessou o peito do adolescente e o feriu mortalmente.

> **O índice de homicídios no país chega à casa dos 25 mil por ano, e metade dos casos envolve armas de fogo. E isso sem contar os suicídios e as mortes acidentais em virtude de disparos.**

Peairs foi detido pela polícia local, mas liberado logo em seguida; segundo as autoridades, não havia crime, apesar de Hattori estar morto e Peairs ter admitido dar o tiro que acabou com a vida do jovem, já que — na visão dos policiais — o dono da casa estava exercendo um direito seu quando atirou em um invasor. Instâncias superiores mais lúcidas, no entanto, levaram imediatamente o caso a júri.

Em meio às audiências para ouvir o depoimento dos Peairs e de outros envolvidos, o caso despertou certo interesse de vários jornais de áreas metropolitanas dos Estados Unidos, mas isso só durou um dia ou dois — mortes a tiros não costumam gerar notícias que causam muita comoção entre os norte-americanos. O índice de homicídios no país chega à casa dos 25 mil por ano, e metade dos casos envolve armas de fogo. E isso sem contar os suicídios e as mortes acidentais em virtude de disparos.

No entanto, a notícia da morte do jovem Hattori causou grande alarde no Japão, onde o porte de armas de qualquer tipo é ilegal, e no ano anterior inteiro só haviam sido registrados 74 assassinatos por armas de fogo, e 67 desses casos tinham relação com o crime organizado. Os noticiários noturnos aproveitaram a ocasião para dar uma aula de inglês aos japoneses, explicando que na linguagem informal dos norte-americanos a palavra "freeze" poderia significar "não se mova, senão eu atiro". Os jornais e a mídia eletrônica recordaram incidentes recentes nos quais intercambistas ou turistas haviam sido vítimas de crimes — uma secundarista japonesa de 16 anos esfaqueada e morta em Fremont, na Califórnia, e um grupo de estudantes japoneses assaltados em parque público em Denver, no Colorado, em plena luz do dia. A criminalidade nas ruas do Japão era tão baixa que nem havia uma palavra no idioma local para *assalto* no sentido de roubo mediante agressão ou ameaça. O analista do noticiário da TV Asahi Takashi Wada comentou: "Estados Unidos... que país! Não dá nem para sair na rua em segurança. Muita gente vive com medo o tempo todo por lá". Tetsuya Chikushi, âncora da rede TBC, apontou uma questão latente por trás da morte: "Nos Estados Unidos, isso é chamado de liberdade. O lobby das armas diz que é uma questão de liberdade ter uma arma. Essa é a maior doença dos norte-americanos, na minha opinião. Armas em todo lugar... é como um câncer".

No Japão inteiro, o caso Hattori mobilizava atenções. O fato de um aluno de intercâmbio que estava indo a uma festa ter sido morto sem motivo por um norte-americano armado causou indignação. Era um exemplo perfeito das muitas coisas que o povo japonês considerava errado e nocivo nos Estados Unidos. Aos olhos deles, os norte-americanos eram um povo violento e, para piorar, essa propensão era intensificada de forma explosiva pelos mais de 200 milhões de armas existentes nas mãos dos cidadãos do país. Aquele assassinato parecia

demonstrar também o terrível poder de influência do cinema hollywoodiano, com sua obsessão por reações violentas a qualquer tipo de situação. Do ponto de vista dos japoneses, o caso era inclusive mais uma expressão de desconfiança instintiva — para não dizer ódio — em relação a eles, que haviam sido inimigos dos Estados Unidos na Segunda Guerra Mundial. Enquanto na Flórida jovens negros assassinavam turistas alemães e britânicos aparentemente apenas pelo prazer de matar, em uma outra cidade sulista, um norte-americano que atirava sem pensar duas vezes havia acabado com a vida de um brilhante adolescente japonês que tivera a audácia de querer morar um ano nos Estados Unidos.

Os primeiros policiais que chegaram à cena do crime interrogaram o casal Peairs, mas Rodney não foi preso pelo departamento do xerife de East Baton Rouge — não naquele primeiro momento, e isso só aconteceu mais tarde em virtude da pressão de Yasuhiro Hamada, cônsul-geral japonês em New Orleans, e também de Edwin Edwards, governador da Louisiana, que mobilizou o gabinete local da promotoria para que o indiciamento por homicídio culposo fosse realizado.

Sete meses depois, em maio de 1993, começou o julgamento de Rodney Peairs. Levantando constantes objeções aos possíveis jurados, Lewis Unglesby, o advogado de Peairs, conseguiu excluir do júri qualquer um que se opusesse ao direito de ter uma arma em casa, e fez questão de garantir um grupo favorável a essa posição, e que portanto seria provavelmente mais compreensivo em relação ao réu. Unglesby retratou Peairs como um "cidadão médio", com boa mão para a mecânica, um homem comum que gostava de canjiquinha doce no café da manhã e um pai e marido amoroso que havia "chorado muito" depois do ocorrido. Por outro lado, tentou transformar a aproximação e a movimentação de Hattori naquela noite em uma coisa ameaçadora. O jeito de andar de Yoshi, segundo Unglesby, era descrito por aqueles que o conheciam como "agressivo [...] exagerado [...] inquieto [...] assustador. Ele ia para cima de você o mais rápido que pudesse". Em razão da aparência de Hattori, argumentou Unglesby, Peairs se sentiu assustado e em perigo, e por isso puxara o gatilho.

Doug Moreau, o procurador distrital de East Baton Rouge, afirmou que Peairs não havia procedido de forma correta quando foi até o quarto buscar a arma "sem nunca, nem por um instante, perguntar [à esposa]: 'Ei, o que foi? O que é que tem lá fora? O que você quer que eu faça?'". Isso, segundo Moreau, invalidava a tese da defesa de que Peairs reagira de forma justificável para defender sua casa, pois em nenhum momento ele tinha parado para avaliar a verdadeira dimensão do problema antes de sair atirando em outro ser humano.

Segundo comentários de especialistas, durante os procedimentos o juiz Michael Erwin deu pouquíssimas instruções ao júri a respeito do que legalmente poderia ser considerada uma avaliação "justificável" de que o uso de força letal era necessário — no caso, como uma forma de Peairs proteger a casa e a família. O resultado de tal postura foi permitir aos jurados que determinassem por si mesmos se tal reação era ou não aplicável diante das circunstâncias, e de acordo com o veredito concluíram que sim, era.

Depois de uma semana de testemunhos e argumentações, o caso foi entregue ao júri; depois de deliberarem por três horas, os jurados inocentaram Peairs.

Alguns jornais de regiões metropolitanas dos Estados Unidos noticiaram o veredito com uma boa dose de repúdio, desancando Lewis Unglesby por sua argumentação — por sinal bem-sucedida — de que Peairs tinha o direito de atender à porta de casa com uma arma na mão. De acordo com a visão de Unglesby, segundo o *New York Times*: "qualquer um, de missionários a escoteiros, podem ser recebidos a tiros apenas e por tocar uma campainha".

No Japão, a indignação e a raiva, que já eram palpáveis desde o assassinato do jovem Hattori, chegaram ao ponto de ebulição depois de Peairs ser julgado e inocentado. Do ponto de vista dos japoneses, o fato de os jurados considerarem que Peairs não era culpado pelo crime só comprovava que os norte-americanos odiavam mesmo os japoneses, eram obcecados por armas e as disparavam mesmo em circunstâncias em que seu uso era claramente injustificado — e que, além disso, o sistema judicial em vigor nos Estados Unidos não era

capaz de responsabilizar alguém por ter matado um jovem com um tiro. Os Estados Unidos não pareciam ter progredido nem um pouco desde a época em que os caubóis praticavam justiça com as próprias mãos nos vilarejos do Velho Oeste no século XIX. Assim, era fácil concluir que os norte-americanos não tinham nenhum apreço pela justiça e só estavam preocupados em proteger seu modo violento de viver e encarar o mundo. O povo japonês ficou incrédulo diante da ideia de que, para alguns cidadãos norte-americanos, Rodney Peairs era considerado um herói que havia defendido sua vida e sua propriedade com o sempre confiável Magnum 44 — a arma preferida de um famoso personagem do cinema, o policial ultraviolento conhecido como Dirty Harry.

Em junho de 1993, o governo japonês lançou um novo glossário para estudantes, profissionais e turistas em visita aos Estados Unidos, colocando no topo da lista a palavra "freeze".

O presidente Bill Clinton telefonou para a família Hattori e lamentou o veredito do tribunal. Os Hattori perguntaram se Clinton poderia recebê-los, e a resposta foi positiva. Em novembro de 1993, eles visitaram a Casa Branca, mostraram ao presidente fotografias de Yoshi e contaram que tinham um abaixo-assinado com 1,65 milhão de assinaturas em favor de um maior controle do porte de armas no país. O documento mais tarde foi utilizado na aprovação da Lei Brady, segundo a qual é necessário entrar em uma lista de espera antes de adquirir armas, para que os antecedentes do candidato a comprador sejam checados.

Os Hattori criaram uma organização de caridade chamada Fundação Yoshi, com a qual contribuíram com 95 mil dólares do próprio bolso; o objetivo da iniciativa era levar adolescentes norte-americanos ao Japão, para que pudessem entrar em contato com uma sociedade pacífica e sem armas.

Mesmo depois do julgamento criminal, os Hattori ainda estavam determinados a tentar responsabilizar de alguma forma o assassino pelo que fez, e entraram com um processo na esfera cível contra Rodney Peairs pela morte de Yoshi.

Foi nesse momento que o advogado Charles Moore, que representaria os Hattori no processo, entrou em contato comigo em busca de ajuda.

Aproveito a ocasião para deixar bem claro — de forma categórica e inequívoca — que tanto nesse caso como em todos os outros de que participei desde minha aposentadoria não fui eu que ofereci meus serviços. Alguns de meus antigos colegas de FBI espalharam o boato de que eu andava à caça de trabalho como "especialista de tribunal". Isso não é verdade; nunca abordei ninguém para oferecer nada. Alguns casos chegaram até mim graças a minha reputação, e minha atuação se tornou conhecida nos meios legais. Quase sempre que me procuram, é por recomendação de algum advogado de defesa ou acusação com quem trabalhei antes.

> Eu sei o que você tá pensando: Foram 5 ou 6 tiros? Pra falar a verdade, no meio dessa balbúrdia, eu perdi as contas. Mas isto aqui é um Magnum 44, o revólver mais poderoso do mundo, que pode explodir tua cabeça. A pergunta é: "Será que tô com sorte?". Será que você tá, seu pulha?
> **Don Siegel**, *Perseguidor Implacável*

Por meio da imprensa, eu só tinha ouvido falar do assassinato de Hattori antes de Charles Moore entrar em contato comigo. E, antes de tomar conhecimento dos detalhes, pensei que o disparo devia ter sido acidental, ou que se tratasse de um homicídio com alguma justificativa plausível. Moore me contou que não era tão simples assim, e concordei em analisar o caso com a ajuda de um colega investigador, Bob Taubert, um especialista em armas de fogo e táticas policiais que havia acabado de se aposentar do FBI. Taubert se encarregaria dos elementos físicos do caso — a arma utilizada, a posição do corpo —, enquanto eu o examinaria do ponto de vista psicológico.

Nos Estados Unidos existem diferenças importantes entre os procedimentos envolvidos na esfera criminal e cível. Na esfera cível, a questão a ser julgada seria a mesma: se Rodney Peairs havia ou não agido de forma justificável ao usar de força letal contra Yoshi Hattori. No caso criminal, porém, o ônus da prova ficava a cargo da acusação, que precisava provar sem nenhuma margem para dúvida que Peairs era culpado. Nos procedimentos na esfera cível, a família Hattori não precisava provar a culpa de Peairs de forma taxativa, e sim demonstrar a "preponderância" das provas que o apontavam como o responsável pela "morte injusta", e, portanto, deveria responder por suas ações.

O elemento-chave nesse caso era o uso seguro de armas de fogo. Na Louisiana, a legislação considerava uma arma como "um instrumento perigoso", que exigia da pessoa em posse dela um uso que levasse em conta "a obrigação de um cuidado extraordinário". De acordo com a lei, se um cidadão atirar intencionalmente em outra pessoa, é culpado por lesão corporal e, a não ser que justifique o disparo de acordo com determinados parâmetros estabelecidos, está sujeito às consequências legais. Além disso, se o réu ou a ré acreditar que o uso da arma foi justificável, cabe a ele ou a ela provar isso. É exatamente o contrário do que acontece na esfera criminal, em que a acusação ou a vítima precisam provar que a ação do acusado foi ilegal.

Peairs poderia justificar sua alegação de autodefesa se pudesse demonstrar de forma clara que acreditava estar "em iminente perigo de perder a vida ou sofrer agressão física grave", e que era necessário matar para não morrer. No entanto, para isso, Peairs teria de provar que agira em retaliação a algo que a vítima dissera ou fizera. Precisaria mostrar que sua reação tinha "base em fatos que provavelmente produziriam emoções similares em homens de razoável prudência".

Tudo isso contava a favor da causa dos Hattori, mas os tribunais da Louisiana já haviam deliberado em vários casos similares que o réu agira de acordo com seus direitos ao ser abordado de forma repentina por invasores que considerou uma provável ameaça — e que, portanto, tinha uma justificativa para se defender "com uma arma capaz de provocar a morte dos invasores".

Muitas vezes, quando ambas as posições de um caso na esfera cível ou criminal parecem justas e fica a impressão de que se trata de uma questão de decidir entre duas explicações igualmente válidas, isso não é verdadeiro de forma nenhuma — trata-se de uma impressão equivocada, e que ocorre porque as provas não foram examinadas com o espírito crítico necessário. Cabia a mim e a Taubert estudar as evidências da forma mais minuciosa possível, com muito mais espírito crítico e conhecimento, na minha opinião, do que o demonstrado pela polícia e a procuradoria distrital no julgamento do caso.

Aquilo que descobrimos ao analisar dessa forma a documentação e as provas nos levou a uma análise factual bem distinta dos acontecimentos da noite de 17 de outubro de 1992. Colocando a carroça na frente dos bois, esclareço logo de cara a conclusão a que chegamos: a morte de Yoshi Hattori era injustificável, e resultara de atos de negligência por parte do casal Peairs.

Agora vamos reconstituir os caminhos investigativos que nos levaram a essa conclusão. A documentação do caso incluía testemunhos por vezes contraditórios, depoimentos à polícia e as declarações dadas no tribunal por Rodney e Bonnie Peairs. Afirmo que os testemunhos são "contraditórios" porque há diversos exemplos de relatos radicalmente diferentes. Por exemplo, em determinado momento Rodney Peairs afirmou que não havia disparado seu Magnum 44 nenhuma vez nos dois anos anteriores; em outro momento, disse que já tinha atirado com o revólver mais de duzentas vezes. Para citar outro exemplo, em certa ocasião os Peairs disseram que não estavam esperando visitas naquela noite, mas em um depoimento posterior afirmaram que aguardavam um potencial comprador para a casa.

Descobrimos cinco atos diferentes por parte dos Peairs que podiam ser classificados como "injustificados". Bonnie Peairs era a peça-chave para estabelecer os acontecimentos daquela noite. O primeiro ato injustificado foi sua reação exagerada à movimentação inofensiva de Hattori e Haymaker. O que Bonnie fez foi incitar e projetar no marido um medo daquilo que ela percebera como uma situação extremamente estressante e confusa. Quando os dois jovens apareceram

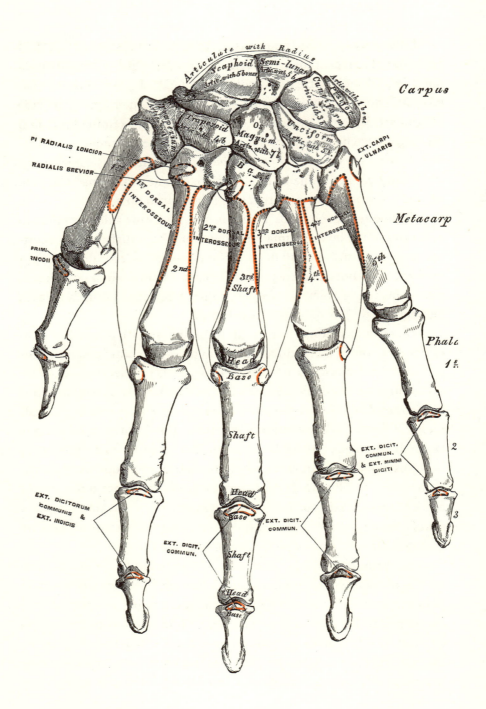

PROFILE 2
profile

86.

à sua porta, caso ela houvesse agido com propriedade e o mínimo de calma, o confronto como um todo poderia ter sido evitado. Em vez disso, apavorada, ela mandou Rodney pegar a arma.

Quando questionada sobre o motivo, declarou que foi "porque nós vemos na TV o que acontece com as pessoas", mas logo acrescentou: "Eu sempre dizia que chamaria a polícia, que seria essa a primeira coisa que faria. Só que, quando acontece na sua casa e você fica morrendo de medo, acaba reagindo de forma automática". No entanto, ela foi incapaz de explicar o que Hattori fizera para deixá-la morrendo de medo.

Bonnie Peairs teria ficado tão estressada e assustada porque Yoshi era asiático? Outros desconhecidos já haviam tocado na casa dos Peairs por engano antes, às vezes para pedir ajuda com carros quebrados, e a família os recebera com tranquilidade e fornecera informações e outros tipos de assistência. Inclusive, Bonnie Peairs afirmou mais tarde que a princípio pensara que Webb Haymaker, que estava todo enfaixado, tinha "sofrido um acidente". No tribunal, declarou que a princípio abriu a porta para ver se Haymaker precisava de ajuda. Portanto, a reação do casal daquela vez não se devia a um medo generalizado em relação a pessoas desconhecidas. Eles poderiam ter reagido da mesma forma se Yoshi fosse afro-americano — ou talvez não, afinal, a população negra no sul dos EUA é de um número significativo. Alguns meses antes, como a própria Bonnie relembrou, um afro-americano apareceu em sua porta tarde da noite porque estava sem gasolina no carro, e ela conversara com ele normalmente na ocasião. Por outro lado, os Peairs não tinham familiaridade com *ninguém* vindo do Japão ou de outros países da Ásia, e poderiam nutrir um preconceito descabido contra essas pessoas, talvez em função da recente chegada em massa de vietnamitas para trabalhar no ramo da pesca de camarões na Louisiana.

Da mesma forma, não era um ato justificado que Bonnie e Rodney tenham estabelecido a necessidade de pegar o revólver para resolver a situação. Nesse caso também foi uma reação exageradíssima, já que não havia a menor indicação de que os dois desconhecidos estivessem armados ou constituíssem alguma ameaça. Além disso, a casa dos Peairs abrigava no mínimo meia dúzia de armas. A escolha de um revólver como arma era injustificada porque uma escopeta calibre 12 — que também estava à mão — teria sido muito mais fácil de identificar por um potencial agressor e, portanto, mais intimidadora. O que Rodney Peairs fez foi se armar como Dirty Harry — ou seja, empregando uma força excessiva e inapropriada. Não se trata de uma arma usada em situações normais por um morador para defender a casa e a família. O fato de o revólver já estar municiado também contribuiu para impossibilitar um período de reflexão. Como Bonnie mais tarde lembrou: "Ele não precisou colocar as balas nem nada. Se precisasse ter feito tudo isso, eu provavelmente ficaria lá alguns minutos esperando, mas ele pegou a caixa, abriu e pegou a arma tão rápido que não precisei ficar esperando e vigiando". Essa falta de tempo de reflexão intensificou a sensação de urgência da situação, que por sua vez levou a uma reação inapropriada com uso de força letal.

A escolha de um revólver como arma era injustificada porque uma escopeta calibre 12 — que também estava à mão — teria sido muito mais fácil de identificar por um potencial agressor e, portanto, mais intimidadora. O que Rodney Peairs fez foi se armar como Dirty Harry — ou seja, empregando uma força excessiva e inapropriada.

Em terceiro lugar, era injustificado por parte do casal não ter optado por uma medida mais segura. Se acreditavam mesmo que estavam diante de uma ameaça tão grande, o melhor a fazer teria sido se fechar dentro da casa e chamar a polícia. Isso é instintivo para a maioria das pessoas, quando são ameaçadas; elas correm até um quarto, trancam a porta, apagam a luz, ligam para pedir ajuda e esperam pela chegada de alguém. Peairs e a esposa tinham plena consciência disso. Em um dos depoimentos, Bonnie Peairs afirmou: "Sempre pensei que, sabe como é, se alguém fizesse isso [invadir a casa], eu iria para o quarto dos fundos, que é o mais distante [da porta da frente], pegaria o telefone e chamaria a polícia". Na noite do incidente, Bonnie inclusive levou as crianças para o quarto dos fundos, e lembrou que em certo momento "estava todo mundo junto no quarto" — o casal e os filhos de ambos. Mas ela não ficara lá, e nem pedira para Rodney fazer o mesmo; em vez disso, voltou para a frente da residência e, junto do marido, foi confrontar Hattori e Haymaker. Por terem se recusado a chamar a polícia e decidido resolver tudo por conta própria, o casal Peairs havia agido — mais uma vez — de forma injustificada.

O quarto ato injustificado por parte dos dois foi não terem permanecido em posição defensiva, dentro de casa, e sim saído à porta com um revólver na mão. Isso fez com que um conflito se estabelecesse. Em vez de se proteger da suposta ameaça, o que era perfeitamente possível, eles resolveram enfrentá-la. Rodney só piorou a situação com a maneira como manipulou o Magnum 44: engatilhou a arma e a deixou pronta para disparar — sem nenhum mecanismo de segurança em ação —, mantendo o dedo no gatilho. Era uma forma perigosa de agir, porque reduzia a pressão necessária para disparar o revólver de vinte libras de força para apenas quatro, e tornava quase impossível impedir que uma reação repentina provocasse um disparo. Caso Peairs tivesse segurado a arma de modo a reduzir a possibilidade de disparo, poderia usá-la para enfrentar uma suposta ameaça da mesma forma, mas disporia de mais tempo para fazer os preparativos necessários — permitindo, assim, que fosse possível reconsiderar sobre a necessidade de atirar. Peairs, porém, era um tanto descuidado com suas armas de fogo; deixara o revólver carregado dentro de um armário, e havia outros tipos de armamentos espalhados pela casa. ==Em nossa opinião, essas armas eram um desastre esperando para acontecer — e que se concretizou quando Peairs atirou em Hattori.==

O quinto ato injustificado foi Peairs ter atirado tão depressa. Tanto Bonnie como Rodney alegaram que Hattori estava andando na direção deles com passos acelerados e decididos, e que essa movimentação forçou Rodney a reagir em três segundos ou menos. No entanto, essas afirmações são inconsistentes com a posição em que o corpo de Yoshi caiu, e com as diversas descrições da atitude dele ao se aproximar da porta da entrada para carros — o garoto estava sorrindo e estendendo a mão. Yoshi foi encontrado caído de barriga para cima. Caso estivesse avançando tão rapidamente na direção de Peairs, a inércia do movimento o teria feito cair de bruços. Peairs contestou esse argumento dizendo que o Magnum 44 tinha "potência suficiente para derrubar um cervo", mas um manual-padrão de armas de fogo consultado esclarece que a capacidade de impacto do projétil calibre 44 desse revólver é de "menos de um vigésimo da velocidade de um homem caminhando e talvez um centésimo da velocidade de um homem correndo", e conclui que essas balas "não têm poder de 'nocaute' no sentido de fazer tombar um corpo".

Na verdade, o Magnum 44 de Peairs é aquilo que costumo chamar de arma fantasiosa, uma coisa saída dos filmes. Apenas Dirty Harry Callahan, o personagem interpretado por Clint Eastwood, descreveria esse revólver como "a arma mais poderosa do mundo". Com certeza era um armamento pesado, mas não a ponto de derrubar um cervo. Fosse como fosse, se a situação exigia defender uma casa, era um exemplo perfeito de uso desproporcional — o passo seguinte seria recorrer a uma bazuca. Os cidadãos que compram armas desse tipo para proteger suas residências costumam ser obcecados com a própria masculinidade, e acreditam que ficam mais machos com uma arma desse tamanho na mão. A personalidade de Peairs, somada a um revólver desse calibre, tornava o desdobramento problemático produzido quase inevitável.

O senso mal direcionado de macheza de Peairs e suas tendências fantasiosas provavelmente eram a explicação por trás do uso da palavra "freeze" para deter Hattori. Policiais de verdade não dizem isso; é o tipo de coisa que só acontece no cinema.

Nossa leitura do que aconteceu durante o incidente foi que Yoshi estava indo em direção a Peairs mais devagar do que casal alegava, não estava agindo de forma agressiva e não representava ameaça alguma. Portanto, o uso de força letal por parte de Peairs era absolutamente injustificado e nem um pouco razoável.

Era possível determinar isso também a partir do fato de que Peairs poderia ter disparado um tiro de aviso, ou atirado apenas para deter e derrubar Yoshi, em vez de matá-lo com uma única bala. Peairs usava armas de fogo desde os 12 anos de idade, e passava boa parte do tempo livre caçando, portanto presumivelmente sabia melhor do que a maioria das pessoas onde mirar para obter o resultado que desejava. Além disso, com certeza sabia muito bem o que estava fazendo ao apontar a arma para o peito de Hattori, porque já tinha dado instruções à esposa sobre como usar revólveres e pistolas, enfatizando que, para se defender de agressores, ela precisava apontar no centro do corpo, e não nas extremidades.

É preciso ter em mente também que Peairs dispunha de opções além de atirar. Como era maior e mais forte — tinha 1,88 metro e quase noventa quilos, enquanto Yoshi media 1,60 metro e pesava pouco mais de sessenta quilos — e já havia lidado com situações violentas de forma bem-sucedida antes, desarmando homens que o atacaram com garrafas quebradas e facas, Peairs poderia ter subjugado Hattori fisicamente, caso se mostrasse necessário, sem recorrer ao uso de força letal. Ou então poderia ter fechado a porta diante da aproximação do jovem. Sua incapacidade de adotar tais atitudes foi determinante para qualificarmos seus atos como negligentes e injustificados.

Peairs, porém, era fissurado por armas, e tinha o costume de intimidar pessoas, muitas vezes armado. Certa vez, um cachorro entrou em sua propriedade e foi abatido a tiros. Em outra ocasião, ele ameaçou o ex-marido de Bonnie.

Ao recorrer à arma, Peairs tomou a decisão deliberada de reagir a um acontecimento que o pegou de surpresa com um uso injustificado de força. Quando eu treinava policiais no serviço militar, sempre enfatizava que em uma situação perigosa era preciso usar o nível

de força mais apropriado para o contexto. O nível mais baixo, claro, é o verbal. Peairs falhou nesse sentido porque sua forma de comunicação não era apropriada para resolver a situação de maneira pacífica, e só serviu para aumentar o perigo, porque não foi entendida. O passo seguinte seria recorrer à força física. Conforme já citado, Peairs poderia ter subjugado Hattori, que era bem menor, mas nem sequer tentou fazer isso. O terceiro nível, para policiais treinados, é o uso de um cassetete ou algum outro instrumento não letal. A superioridade física de Peairs seria ainda mais acentuada com um rastelo de varrer gramados nas mãos, ou uma lanterna de bom tamanho, ou alguma outra ferramenta incapaz de causar mortes — mas isso não aconteceu. Ele saltou diretamente do nível um, o verbal, para o nível quatro, o uso de arma de fogo, para deter Hattori.

Na verdade, o Magnum 44 de Peairs é aquilo que costumo chamar de arma fantasiosa, uma coisa saída dos filmes. Apenas Dirty Harry Callahan, o personagem interpretado por Clint Eastwood, descreveria esse revólver como "a arma mais poderosa do mundo".

Mesmo nesse nível, seu modo de ação foi inapropriado porque, como costumo enfatizar em minhas aulas, a regra a ser observada é que uma arma jamais deve ser disparada em defesa de uma propriedade. Quando um ladrão rouba uma bolsa e sai correndo, o policial não o detém atirando, e sim corre atrás dele. Caso não consiga alcançá-lo, que o deixe fugir, porque o crime não justifica um ferimento à bala. Não é isso o que acontece no cinema e na televisão, claro, mas é o desfecho da maioria das ações policiais no mundo real. O regulamento manda que as armas só devem ser disparadas para proteger a vida do policial ou de alguma outra pessoa que esteja em perigo. Nesse caso, Peairs atirou apesar de não haver nenhuma indicação de que sua vida, ou a de alguém de sua família, corria algum tipo de risco.

Na leitura dos relatórios policiais e das transcrições dos testemunhos no primeiro julgamento, descobrimos que esse infeliz incidente expôs um problema bastante comum na aplicação da lei: a atuação inadequada da polícia. Os policiais que atenderam à ocorrência agiram de forma irrefletida e se deixaram influenciar fortemente pela versão relatada pelo casal Peairs. Trataram o caso como se fosse um homicídio justificável, deixando de fazer exatamente a única coisa que deveriam àquela altura: encarar o acontecimento como um possível ato criminoso.

Quando a polícia chega ao local de um incidente desse tipo, sua primeira tarefa deve ser proteger a cena do crime, e não fazer julgamentos. Os policiais precisam isolar a área com fita, não tocar em nada e não permitir que ninguém faça nenhum tipo de limpeza ou arrumação — e depois disso, esperar a chegada dos investigadores. Quando os detetives da unidade de homicídios chegam (e considerando que em algumas forças policiais pouco numerosas os responsáveis pela patrulha também são encarregados desse trabalho), devem colher depoimentos, confiscar a arma e proteger sua integridade para o exame balístico, além de todas as outras providências necessárias para preservar a cena do crime de forma apropriada. Se os policiais responsáveis por atender à ocorrência da morte de Hattori tivessem feito isso, a arma provavelmente teria sido levada para ser examinada pela perícia, assim como o próprio Peairs. Isso poderia levar a muitos desdobramentos, como a comprovação de vestígios de pólvora na mão do atirador, o questionamento do fato de Hattori ter sido encontrado caído de barriga para cima e assim por diante.

O processo na esfera cível foi levado ao tribunal no segundo semestre de 1994 para ser apreciado pelo juiz distrital Bill Brown, em vez de submetido a um júri. Eu e meu colega não fomos solicitados a depor, mas o advogado Charles Moore apresentou argumentos baseados em nosso trabalho. Para mim, sua efetividade, além da qualidade

profissional de Moore, foi comprovada pelo desfecho do caso e pelos comentários do julgador. Em 15 de setembro de 1994, o juiz Brown deu a sentença: "Não havia absolutamente nenhuma necessidade de recorrer a uma arma perigosa", ele declarou diante do recinto lotado. "Não há como justificar que o homicídio era necessário para salvar o próprio [Peairs] ou sua família." Uma "pessoa razoável", acrescentou o juiz, depois de ouvir da esposa que havia um desconhecido diante de sua casa, teria lhe perguntado: "'Por que eu preciso da arma? O que você viu?'". No entanto, Rodney não fizera isso, e, de acordo com a sentença, não observara o "cuidado extraordinário" exigido pela lei no uso de uma arma de fogo, portanto era responsável pela morte de Yoshi. O juiz fez questão de afirmar que nem Yoshihiro Hattori nem a família que o abrigava, os Haymaker, tinham qualquer responsabilidade que fosse pela morte, e que toda a culpa recaía sobre Peairs, apesar de ele ter sido inocentado na corte criminal.

O juiz Brown ordenou que Peairs pagasse a multa máxima permitida pela lei estadual, de 85 mil dólares, como reparação pelo sofrimento causado a Yoshi, além de 275 mil dólares a cada um de seus pais pela "morte injusta" do filho e 18 mil dólares para cobrir as despesas do funeral, chegando a um total de 653 mil dólares.

Por intermédio de intérpretes, o sr. e a sra. Hattori informaram à imprensa que pretendiam doar todo o dinheiro para a fundação que seria estabelecida em nome do filho, cujo objetivo seria promover um maior entendimento entre os povos dos Estados Unidos e do Japão. Masaichi Hattori, o pai de Yoshi, disse aos repórteres que torcia para que no futuro um julgamento como esse nunca mais se tornasse necessário. "Apesar do veredito a nosso favor, o buraco que existe no meu coração vai continuar lá para sempre", declarou Mieko Hattori, a mãe, fazendo um apelo a todos os norte-americanos para "diminuir o máximo possível o número de armas em circulação".

PROFILE 2
profile   %

A v i d a n a ¢ i d a d e

SERIAL KILLERS

> Fazia sentido. Combinava com o sujeito inocente, de coração puro, que não machucaria uma mosca. O próprio Rothman tinha admitido que, mesmo que tudo parecesse estranho, seria ainda mais bizarro que eu fosse o assassino.
> **Jim Thompson, *Killer Inside Me***

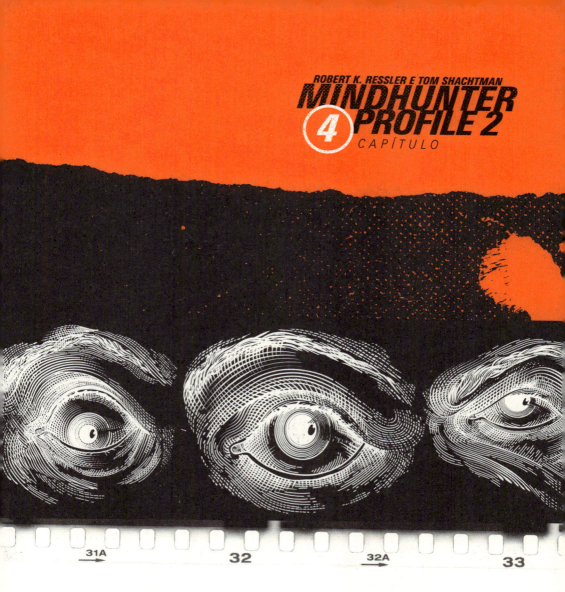

ROBERT K. RESSLER E TOM SHACHTMAN
MINDHUNTER PROFILE 2
CAPÍTULO 4

A HISTÓRIA DOS HOMICÍDIOS EM SÉRIE

Como fenômeno social, os homicídios em série têm mais ou menos um século e meio de existência, e são parte de uma onda de violência interpessoal que vem crescendo cada vez mais desde meados do século XIX. Eles têm relação com a crescente complexidade de nossa sociedade, com nossa interconectividade por meio da

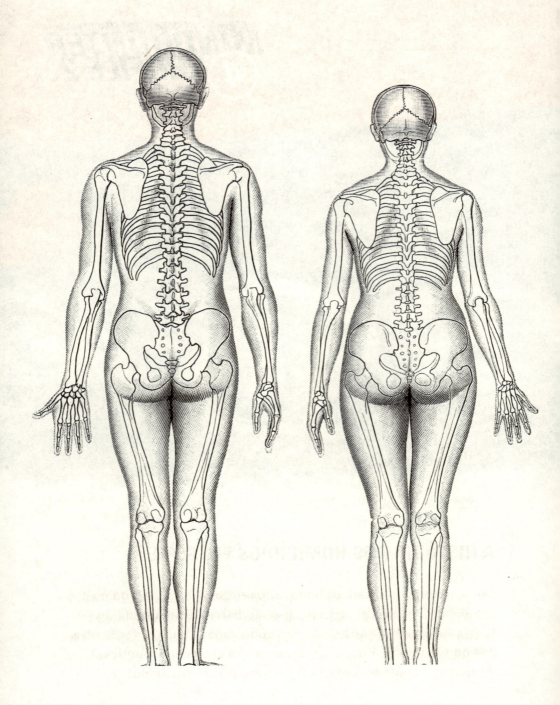

PROFILE 2
profile

mídia e do sentimento de alienação que muitos de nós experimentamos. A violência interpessoal está se espalhando pelo mundo à medida que culturas outrora isoladas e independentes vão se fundindo de forma intricadíssima e sem precedentes na história. O que acontece nos Estados Unidos — talvez o país mais "avançado" em termos desse tipo de criminalidade — acaba gerando reflexos na Grã-Bretanha, no Japão e na antiga União Soviética, além de outros países avançados em termos tecnológicos, e até em nações em desenvolvimento, como a África do Sul. O consumo dos mesmos filmes e programas televisivos, além dos mesmos telefones e outros tipos de dispositivos tecnológicos — e muitas vezes dos mesmos materiais pornográficos —, torna evidente o aspecto mais negativo dessa fusão cultural, que parece conter dentro de si a semente da violência interpessoal. A popularidade no Japão de certos quadrinhos femininos, como *Amour*, que retrata a excitação produzida por ataques sexuais contra mulheres — mesmo depois da publicação de uma HQ similar para homens intitulada *Rape-Man* ter sido retirada de circulação por glorificar o estupro —, é um exemplo desse tipo de inter-relação entre sexo e violência. A criminalidade no Japão, por exemplo, está em alta. ==Em questão de dois anos, houve assassinatos de funcionários de supermercados, de mulheres sozinhas em seus apartamentos, de meia dúzia de pessoas na casa de um suposto psicopata, de várias crianças pequenas e de diversas prostitutas.== Quando as pessoas se tornam distantes de sua comunidade, com os vizinhos mal se conhecendo, quando mesmo as famílias mantêm apenas um contato distante, quando adolescentes fugidos de casa vagam perigosamente pelas ruas, e quando a violência é retratada como uma reação desejável aos problemas da vida, um aumento nos assassinatos em série pode ser uma das mais perturbadoras consequências.

Antes de eu cunhar o termo *assassino em série*, em meados de 1970, esses crimes eram conhecidos como *assassinatos estranhos*, para diferenciá-los dos homicídios em que as vítimas eram mortas por pessoas que as conheciam, muitas vezes membros da própria família.

Um dos motivos por que Jack, o Estripador, deixava as pessoas apavoradas quando estava em atividade era o fato de matar desconhecidas — o que fez com que gente comum passeando pelas ruas à noite passasse a ter medo de rostos não familiares que cruzassem seu caminho. Na época, esse tipo de homicídio era extremamente incomum, tanto na Grã-Bretanha como em qualquer outro lugar. Os principais assassinos não militares da história eram indivíduos que agiam ao estilo Barba Azul, matando a própria esposa ou massacrando um a um os membros da família. Para a maioria dos cidadãos, os componentes emocionais da violência intrafamiliar eram possíveis de compreender; grande parte das pessoas, em algum momento da vida, já pensou em levantar a mão para agredir um cônjuge ou um filho, e portanto consegue entender como, em um surto de raiva, um impulso desse tipo pode levar a um homicídio. Mas os componentes emocionais no caso dos *assassinatos estranhos* pareciam insondáveis.

Antes de eu cunhar o termo assassino em série, em meados de 1970, esses crimes eram conhecidos como assassinatos estranhos, para diferenciá-los dos homicídios em que as vítimas eram mortas por pessoas que as conheciam, muitas vezes membros da própria família.

Na Idade Média, esse caráter incompreensível se traduziu no hábito de atribuir tais crimes a criaturas como lobisomens e vampiros. Na era anterior aos estudos de Freud, as causas sobrenaturais constituíam a única explicação lógica para os assassinatos com elementos de selvageria, a drenagem de todo o sangue dos corpos e outros atos monstruosos. As pessoas achavam que havia elementos demoníacos em tais atos — e não posso argumentar que estejam completamente erradas, porque mesmo hoje, quando tentamos explicar para nós mesmos crimes como os de Jeffrey Dahmer, parecem de fato atos satânicos, pelos menos em parte, já que em grande medida se encontram fora do alcance de qualquer justificativa racional. Podemos atribuí-los ao comportamento humano levado ao extremo, mas ainda assim, e mesmo considerando que os fatos podem estar relacionados a fatores genéticos e acontecimentos ocorridos na infância, não parece ser uma elucidação satisfatória. Afinal, na própria família Dahmer havia um meio-irmão de Jeffrey criado no mesmo ambiente que nunca cometeu nenhum ato hediondo.

A incapacidade de entender essa violência contra pessoas desconhecidas é um elemento que se torna claro ao avaliar retrospectivamente os raciocínios equivocados a que recorreram os investigadores do caso Jack, o Estripador. Em tempos recentes, visitei os locais dos assassinatos do Estripador com John Grieve, diretor de inteligência da Nova Scotland Yard, e aprendi muito a respeito desses crimes. Nós retraçamos os passos do assassino; algumas das construções ainda existiam — um bar onde ele selecionou algumas vítimas —, mas outras já haviam sido demolidas. Com base no que vi, acabei convencido de que a polícia havia concentrado esforços nos suspeitos errados, em geral homens das classes mais abastadas, como médicos, políticos e até mesmo um membro da realeza. As vítimas escolhidas, os locais que frequentavam e as circunstâncias dos assassinatos tornavam muito mais provável que o criminoso fizesse parte do mesmo meio social que as prostitutas; caso o assassino fosse um membro notório da elite, sua presença naquela região teria sido notada e comentada pelos moradores locais.

Também me pareceu claro que o Estripador era um assassino "desorganizado", um homem afetado por perturbações mentais, e que sua condição só piorava a cada vítima que fazia. A escalada de violência, os desmembramentos e a desordem encontrada nas cenas dos crimes eram evidências disso. Se o perpetrador sofria de distúrbios em constante agravamento, é provável que tenha enlouquecido a ponto de não ser mais capaz nem mesmo de cometer crimes,

e pode ter acabado como suicida ou como interno de uma instituição psiquiátrica. Fosse como fosse, teria se retirado do convívio social. O suicídio ou o confinamento até a morte explicaria o fato de nunca ter sido preso.

Somente a loucura, segundo a opinião geral na década de 1920, explicaria atos como os do assassino em série norte-americano Albert Fish, que matou e provavelmente devorou partes do corpo de oito a quinze crianças, ou de Vincenzo Verzeni, que entre 1867 e 1871 matou e sugou o sangue de várias jovens na Itália. O célebre "mentalista" Richard Krafft-Ebing examinou Verzeni e o diagnosticou como uma pessoa sã, mas com hábitos dos mais peculiares.

O mais importante que Krafft-Ebing fez em relação a Verzeni foi jogar luz sobre o componente sexual dos crimes. A respeito do assassino, ele escreveu:

> Assim que ele agarrava a vítima pelo pescoço, sensações sexuais vinham à tona. Era exatamente igual para ele, em termos de sensações, se as mulheres fossem velhas, jovens, feias ou bonitas. Em geral, apenas estrangulá-las o satisfazia, e ele permitia que as vítimas sobrevivessem; em dois casos de assassinatos sexuais, a satisfação sexual foi postergada, e ele continuou a sufocá-las até a morte. A gratificação experimentada nesse ato era mais intensa que a da masturbação.

Os assassinatos de Jack, o Estripador, apesar de não incluírem coito, eram sexuais da mesma forma, porque a arma dos crimes era uma faca, e a penetração da lâmina no corpo servia como um substituto para a inserção peniana. A maioria dos policiais e psiquiatras não entendiam a relevância da faca ou outros objetos do tipo; eu estudei o assunto em minúcias, e rotulei a prática do uso de tais substitutos para o pênis como *necrofilia reversa* no livro *Sexual Homicide: Patterns and Motives* [Homicídio Sexual: Padrões e Motivações], termo que foi aceito e passou a ser usado por criminólogos profissionais.

Na maior parte dos homicídios em série, tanto antigamente como hoje, a arma favorita é a faca, seguida pela morte por estrangulamento e, em terceiro lugar, por sufocação. Os homicidas em série não costumam usar armas de fogo, que matam pessoas à distância — querem a satisfação pessoal de sentir que a morte foi causada por suas mãos.

Para Jack, o Estripador, e outros de sua estirpe, a satisfação sexual era gerada vendo o sangue ser espirrado. No caso de Jack, havia ainda mais sinais evidentes de que a motivação para os crimes era sexual, já que ele arrancou o útero de muitas vítimas depois de abrir a cavidade vaginal dos cadáveres com uma lâmina. Em seu último assassinato, o Estripador não só removeu o útero da mulher como arrancou as orelhas e o nariz da vítima e os colocou sobre um seio decepado para formar uma face.

Como a satisfação por esses crimes é de ordem sexual, sempre existe a possibilidade de o perpetrador atacar de novo, já que o desejo continua a existir mesmo depois que o ato é consumado. Isso também colabora para a natureza serial dos crimes. Na Alemanha, o Esfaqueador de Berlim enfiava sua lâmina várias vezes no abdome de jovens mulheres, e o Espetador de Quadris de Metz atacou pelo menos 23 garotas visando essa parte do corpo, usando uma agulha como implemento substituto para o pênis. Um imitador seu, o Estripador Tirolês, começou a perfurar a genitália de meninas depois disso.

Tanto antes como depois dos crimes de Jack, o Estripador, ocorreram nos Estados Unidos assassinatos que hoje seriam classificados como homicídios em série com conotação sexual. Earle Leonard Nelson, conhecido como Homem Gorila, estrangulou 22 vítimas em um ano, inclusive um bebê de 18 meses. Na década de 1880, Jesse Pomeroy matou 27 crianças em Boston, tanto meninos quanto meninas, entre 7 e 10 anos de idade, e em Chicago na década de 1890 Herman Mudgett fez um número equivalente de vítimas.

É importante assinalar que o componente sexual desses homicídios não envolve uma sexualidade normal, e sim uma enorme gama de satisfações pervertidas relacionadas ao desejo. Vingança, expressão

de poder, dominância e componentes similares estão presentes nesses crimes, assim como a necessidade de humilhar sexualmente a vítima e rebaixá-la a menos que meros objetos. Quando os cadáveres são atacados ou têm partes arrancadas, o assassino está expressando seu desejo de remover todo e qualquer vestígio de humanidade da pessoa que matou. Muitos criminosos, depois de presos, expressam surpresa pelo fato de a sociedade se importar tanto com as vítimas, por quem eles nutrem apenas desprezo.

Como os exemplos citados deixam claro, os homicídios em série também são um fenômeno quase exclusivamente urbano. As metrópoles, além de proporcionarem um grande número de vítimas em potencial, muitas vezes são um lugar onde o assassino pode se misturar à multidão e se esconder no anonimato. Em cidades pequenas, qualquer ocorrência (ou comportamento pessoal) fora do comum é logo notado, e as informações se espalham depressa. Isso, em geral, leva a polícia a encontrar sem demora um potencial assassino em série, antes que mais pessoas sejam mortas.

Analisando a história dos homicídios em série, sempre descobrimos que muitos elementos comportamentais que hoje associamos a esse tipo de personalidade já eram evidentes entre os que cometeram crimes similares no passado. Consideremos o caso de Vacher, o "estripador" francês da década de 1890. Como a polícia descobriu depois da prisão dele, na juventude Vacher torturava e matava animais, costumava se masturbar em lugares públicos e se engajava em práticas sexuais estranhas. Também havia sido internado diversas vezes em instituições para doentes mentais em outros momentos da vida. Esses são fatores que compõem o perfil de vários assassinos em série posteriores. Na adolescência, Vacher tinha ataques de raiva que perturbavam seus colegas de serviço militar, mas ainda não tinha dado vazão ao instinto de matar. A maioria dos homicidas desse tipo passa a exibir comportamento assassino aos vinte e poucos anos, e somente após sua vida sexual ser frustrada ou interrompida de alguma forma.

No caso de Vacher, um gatilho pode ter sido a recusa de uma jovem a um pedido de casamento; ele a agrediu e depois saiu de casa para uma longa viagem, durante a qual onze assassinatos foram cometidos. Em todos os casos, os corpos — de jovens de ambos os sexos — foram violados sexualmente depois da morte.

Desfigurar a genitália das vítimas parece ser um traço característico dos homicidas em série que atuavam antes da disseminação das teorias freudianas. Um caixeiro britânico chamado Alton, um assassino romeno chamado Menesclou e um europeu continental apelidado de Gruyo, o Estripador, foram criminosos que removiam os órgãos sexuais dos corpos das vítimas.

> Porém, com a aproximação da noite, a horda aumentara e, quando foram acesos os lampiões, dois fluxos compactos e contínuos de pessoas apressavam-se do lado de fora. Nunca vivenciara semelhante situação naquele período específico do anoitecer, e o tumultuoso mar de rostos arrebatava-me com uma prazerosa emoção sem precedentes.
> **Edgar A. Poe,** *Homem na Multidão*

Outros assassinos em série do passado, como o alemão Fritz Haarmann, tinham históricos parecidos com o da infância de criminosos mais recentes. Haarmann, que foi condenado por 24 homicídios, enfrentou problemas na escola tanto em termos acadêmicos como comportamentais, e tinha passagens na cadeia por abuso sexual de crianças, indecência e homossexualidade. Peter Kürten, que na década de 1920 ficou conhecido como o Vampiro de Düsseldorf, cometeu diversos atos de incêndio criminoso antes de começar a matar mulheres; atos incendiários são crimes que muitas vezes precedem crimes mais violentos e pessoais, e também têm conotações sexuais. Um assassino mais recente, chamado David Berkowitz, o Filho de Sam, relatou ter causado centenas de incêndios e que se masturbava enquanto via as

coisas queimarem. "Sinto prazer com o brilho do fogo. Isso me dava tanto prazer que eu sentia satisfação sexual nesses casos", Kürten revelou a um psiquiatra. Ele ainda provocava a polícia com cartas que, conforme confessou mais tarde, também lhe proporcionavam satisfação sexual. No fim, acabou indo além de assassinatos individuais e resolveu aniquilar comunidades inteiras usando fogo e dinamite.

Pouquíssimos desses assassinos de outros tempos foram registrados de modo a fornecer evidências sobre suas fantasias — um elemento importantíssimo no homicídio com componente sexual —, mas aqueles que conversaram com médicos, advogados e outros confidentes deixaram histórias que mais tarde eu ouviria da boca dos assassinos de meados do século XX que entrevistei na prisão. Kürten é um precursor de vampiros posteriores como Richard Trenton Chase, que eu ajudei a investigar na Califórnia nos anos 1970 e entrevistei na cadeia. O estranho criminoso conhecido como Sargento Bertrand, que viveu na França no século XIX, contou à polícia que começara a se masturbar aos 9 anos de idade, e que fazia isso fantasiando que dispensava um tratamento sádico a mulheres. Mais tarde, passou a imaginar que atacava cadáveres femininos. Aos 13 ou 14 anos, "durante o ato da masturbação minha imaginação me transportou para uma sala cheia de mulheres à minha disposição. Na minha cabeça eu as torturava de todas as formas possíveis, de acordo com meus desejos. Eu as imaginava mortas à minha frente, e violava seus corpos". Posteriormente em sua vida, ele desenterrou corpos em cemitérios e realizou atos sexuais com os mortos. Bertrand foi preso antes que começasse a matar mulheres a fim de obter cadáveres frescos para realizar suas fantasias. Podemos comparar essa confissão com a do assassino de mulheres Edmund Kemper, que declarou a um psiquiatra: "Tenho fantasias com assassinatos em massa, grupos inteiros de mulheres selecionadas que eu poderia reunir em um lugar, matar e depois fazer amor de forma enlouquecida e passional com seus corpos sem vida. Tirar a vida delas, [de] um ser humano, e depois tomar posse de tudo o que havia sido delas — tudo seria meu. Tudo mesmo".

Haarmann — e Albert Fish, que inclusive tinha recortes de jornais sobre o caso do assassino alemão em seu quarto quando foi preso — só cometeu crimes depois de anos fantasiando. O mesmo vale para Peter Kürten, executado em 1931 por uma série de 79 assassinatos e tentativas de homicídio. Antes de começar a cometer assassinatos, John George Haigh, que confessou ser o responsável pela morte de nove pessoas e foi submetido à pena capital na Grã-Bretanha em 1949, relatou ter sonhos nos quais bebia sangue.

Um fato interessante é que os homicídios em série como fenômeno social praticamente desapareceram durante a Segunda Guerra Mundial, quando a matança se tornou generalizada, ocorrendo por atacado em várias frentes de batalha ao redor do mundo.

> **Analisando a história dos homicídios em série, sempre descobrimos que muitos elementos comportamentais que hoje associamos a esse tipo de personalidade já eram evidentes entre os que cometeram crimes similares no passado.**

Depois da guerra, no entanto, esse tipo de crime voltou a ocorrer — sobretudo nos Estados Unidos, mas também entre determinadas populações de outras partes do mundo — e cresceu em velocidade considerável.

Um dos motivos talvez seja o fato de a sociedade moderna rejeitar muitos homens que foram solitários na infância. Eles se voltam à fantasia como resultado de abusos físicos e mentais sofridos quando meninos, e se tornam incapazes de manter relações normais e consensuais como adultos. Essa combinação letal entre impulsos sexuais e agressivos que caracteriza os assassinos em série parece ocorrer na maioria das sociedades modernas, em especial aquelas que permitem acesso a vítimas como prostitutas que trabalham nas ruas, ou

crianças relativamente desprotegidas brincando em parques públicos e no trajeto de ida e volta do colégio, ou adolescentes que fogem de casa e se afastam da vida familiar e escolar. Ted Bundy conseguiu encontrar mais de trinta jovens brancas e atraentes que repartiam os cabelos ao meio e não se opunham à ideia de sair com desconhecidos; na década de 1930 ou até de 1950 nos Estados Unidos, pouquíssimas mulheres estariam disponíveis para esse tipo de interação. Na União Soviética dos anos 1970 e 1980, Andrei Chikatilo encontrou um número mais ou menos parecido de jovens com essa disponibilidade, que ele abordava, seduzia e por fim matava.

Na China, Luo Shubiao assassinou pelo menos treze prostitutas em Guangzhou antes de ser preso e executado no início de 1995 e, mais ou menos na mesma época, a polícia da província de Guandong estava à caça de outro criminosos descrito como "tipo Jack, o Estripador", cujas vítimas já chegavam a nove — prostitutas que tiveram os corpos mutilados depois de mortas. Da mesma forma, assassinos como Dennis Nilsen, John Wayne Gacy e Jeffrey Dahmer encontravam vítimas em potencial em bares gays ou em regiões com estabelecimentos frequentados por uma clientela especificamente homossexual.

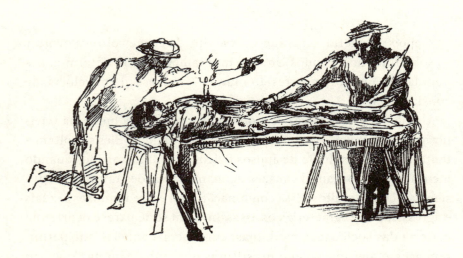

ALVOS SURGIDOS DA OPORTUNIDADE

O caso de Beverly Allitt ilustra diversas questões importantes. Essa assassina dispunha do melhor cativeiro imaginável para suas vítimas potenciais, uma espécie de shopping center para promover exploração e estrago. Trata-se também de um exemplo clássico de como a violência interpessoal está se espalhando dos Estados Unidos para a Grã-Bretanha. Por fim, é também uma forma de mostrar as maneiras doentias que uma homicida pode utilizar para chamar a atenção do mundo.

> **Essa combinação letal entre impulsos sexuais e agressivos que caracterizam os assassinos em série parece ocorrer na maioria das sociedades modernas, em especial aquelas que permitem acesso a vítimas como prostitutas [...] ou crianças relativamente desprotegidas [...] ou adolescentes que fogem de casa...**

Em maio de 1993, a enfermeira pediátrica Beverly Allitt, uma mulher de vinte e tantos anos, foi condenada pelo assassinato de quatro crianças e pela tentativa de homicídio de várias outras ao longo de um período de 58 dias em 1991, quando as vítimas estavam sob seus cuidados na Ala Quatro do Hospital Distrital de Grantham e Kesteven. A opinião pública britânica ficou chocada com o que Allitt havia feito; seus crimes chocaram as pessoas de uma forma muito mais intensa que os assassinatos de homossexuais por parte de Dennis Nilsen e outros criminosos do tipo. Mas a essa altura já houvera sete casos similares de "anjos da morte" em hospitais nos Estados Unidos em anos anteriores, envolvendo aquilo que ficou conhecido como "síndrome

de Münchhausen por procuração". Nos exemplos clássicos da conhecida síndrome de Münchhausen, os pacientes fingem sintomas inexistentes de doenças e causam danos à própria saúde para chamar atenção, mesmo que isso signifique se submeter a cirurgias dolorosas. Na versão "por procuração", o perpetrador causa prejuízos a terceiros — em geral crianças — a fim de atrair atenção para si. A síndrome foi originalmente descoberta em casos de mães que provocavam lesões e doenças nos próprios filhos e mais tarde foi determinada como a motivação por trás de crimes em que cuidadores profissionais — ou cidadãos responsáveis pelos cuidados a idosos e inválidos — causavam mal a quem deveriam prover assistência.

> ...esta causa [assumir a responsabilidade por seus atos] não é mais que a necessidade de ser alguém, e com esta audácia intrépida que supera à do barão de Münchhausen tenta tirar a si mesmo do pântano do nada puxando seus próprios cabelos e entrar na luz da existência.
> **Friedrich Nietzsche**, *Além do Bem e do Mal*

Em alguns casos nos Estados Unidos, enfermeiros e outros funcionários de hospital injetaram veneno em pacientes, desligaram respiradores ou tomaram outras atitudes que faziam soar os avisos de "código azul" que convocavam as equipes de emergência. Os perpetradores muitas vezes faziam isso de forma a serem capazes de "salvar" os pacientes e saírem como heróis. Muitas vezes, acabavam falhando em suas "bravas" tentativas de reviver os pacientes que suas próprias ações deixaram em estado grave. Já testemunhei muitas ocorrências como essas. Com a recorrência de casos, esse tipo "assassino herói" acabou categorizado no *Manual de Classificação de Crimes* do FBI.

Reconheci nos assassinatos em série praticados por Allitt uma tendência particularmente familiar e assustadora: criminosos que se juntam à procura pela vítima desaparecida ou oferecem ajuda à polícia para caçar um assassino como forma de manter a excitação sexual experimentada pelo homicídio. Antes de ser preso, o assassino de crianças Wayne Williams, que agia em Atlanta, participou da investigação da morte de suas próprias vítimas.

Allitt era uma paciente habitual de uma das alas do Hospital de Grantham em 1986, cinco anos antes de os assassinatos começarem. Na época, ainda estudante de enfermagem, aparecia no pronto-socorro com frequência apresentando diversos ferimentos, a maioria nas mãos. Os funcionários do departamento de fisioterapia que tratavam as contusões começaram a desconfiar de como teriam ocorrido, e concluíram que eram autoinfligidas.

Entre 1987 e 1991, ela deu entrada 24 vezes no pronto-socorro e deixou de comparecer ao trabalho por motivo de saúde com ainda mais frequência, somando 94 faltas em 1990. Os fisioterapeutas alertaram à direção do hospital, mas seus relatórios foram ignorados, e Beverly Allitt acabou contratada e alocada na Ala Quatro. Anteriormente, havia se candidatado sem sucesso a vagas em outros hospitais, e ninguém no departamento pediátrico a queria em Grantham.

Uma mulher um tanto corpulenta e sorridente, nascida e criada numa zona rural próxima ao hospital, a enfermeira Allitt logo se tornou muito querida pelas famílias das crianças. Chegou inclusive a ser escolhida como madrinha da sobrevivente de um par de gêmeas que passou por tratamento na instituição; mais tarde, foi descoberto que Beverly era a responsável pela morte de uma das irmãs, e que suas ações provocaram dano cerebral permanente em sua afilhada. Quando os bebês morriam, Allitt se tornava ainda mais próxima dos pais, atravessando com eles o processo de luto.

Os cidadãos britânicos não conseguiam acreditar que uma assassina em série estava à solta em um hospital do país, apesar de já existirem casos célebres documentados não muito tempo antes em instituições de saúde nos Estados Unidos e na Áustria. Mesmo quando a direção do hospital notou um padrão nas mortes ocorridas na Ala Quatro, a ideia de acionar a polícia foi rechaçada. Allitt havia assassinado três crianças com injeções de insulina ou potássio, que ocasionaram ataques

cardíacos e levantaram suspeitas. No entanto, os responsáveis pela instituição pareciam se recusar a entender o que estava acontecendo; sua omissão permitiu a Allitt continuar na ativa por mais oito dias. Antes de ser afastada das funções de enfermeira, ela matou um bebê de 15 meses e causou problemas de saúde graves em três outras crianças.

Sob interrogatório, além de não confessar e alegar de forma convicta sua inocência, Allitt ainda foi capaz de confundir as autoridades policiais com seu conhecimento sobre o hospital e as técnicas utilizadas no tratamento de crianças. Os pais das vítimas também não foram de grande ajuda: eles continuavam acreditando que o hospital — e a enfermeira Allitt — fizeram um trabalho heroico ao tentar salvar seus filhos da morte iminente. A polícia investigou o caso mais a fundo apenas quando especialistas da área médica examinaram os mortos e os sobreviventes e concluíram que haviam recebido injeções de substâncias que os envenenaram. Foi descoberto que Beverly Allitt estava presente em todas as ocasiões em que os pacientes sofreram ataques cardíacos inesperados ou outros tipos de ocorrências quase fatais. Ao procurarem pelo livro de registro de plantões do hospital, que revelaria quem estava a cargo dos pacientes na ocasião de sua morte, descobriram que o documento estava desaparecido. Mais tarde foi encontrado na posse de Allitt, porém com as páginas potencialmente incriminadoras arrancadas.

Allitt quase não se fez presente em seu julgamento em 1993; ao longo dos dois anos anteriores havia se tornado anoréxica e perdido tantos quilos — estava com a metade do peso habitual — que corria risco de vida. Era mais uma tentativa de atrair atenção para si, mas dessa vez não por procuração. Ela acabou condenada a uma sentença de prisão.

Investigações posteriores demonstraram que as condições precárias do hospital podem ter colaborado para a atuação dessa assassina em série. A ala pediátrica sofria de uma escassez crônica de médicos e enfermeiros qualificados, e a avaliação dos profissionais da instituição como um todo estava abaixo dos padrões nacionais e regionais. O moral no ambiente de trabalho era baixíssimo; a comunicação entre os funcionários era quase inexistente, assim como o controle de acesso aos medicamentos. Agindo quase sem supervisão, Allitt podia obter insulina e potássio sem dificuldades para atacar seus pequenos pacientes com seringas cheias de substâncias potencialmente venenosas. A necessidade de estabelecer um inquérito a respeito da assustadora omissão da direção da instituição e de sua incapacidade de agir com rapidez diante de uma quantidade incomum de ataques cardíacos em crianças era mais do que óbvia. ==Os desdobramentos desse processo acabaram envolvendo as principais autoridades do governo britânico, inclusive o primeiro-ministro John Major.==

O mais chocante caso de homicídios em série na história britânica talvez seja o de Frederick e Rosemary West em Gloucester. ==Fred West foi acusado de matar dez mulheres e meninas ao longo de um período de vinte anos até ser preso.== Ele assumiu a responsabilidade por algumas mortes e cometeu suicídio na prisão em 1º de janeiro de 1995. Sua esposa então foi julgada como cúmplice em alguns dos crimes e perpetradora em outros, e em novembro de 1995 foi condenada por três homicídios, inclusive um que havia sido cometido enquanto Fred West cumpria pena de prisão por um delito não relacionado. Além do caráter hediondo dos crimes, que envolveram prolongadas sessões de tortura para ampliar o prazer sexual dos assassinos, os casos ganharam destaque pela escolha das vítimas. Duas delas eram membros da família de Fred West — sua enteada e sua primeira esposa; uma terceira era a babá de sua filha; e uma quarta era a primeira filha do próprio casal. O desaparecimento de várias das dez vítimas jamais foi comunicado à polícia, e as outras não eram da região de Gloucester, portanto as autoridades não tinham nenhum motivo para procurá-las por lá. Foi apurado que as pessoas assassinadas que não pertenciam à família tinham históricos "problemáticos" e foram raptadas enquanto pediam carona ou esperavam em pontos de ônibus. Os West também tomaram a precaução de enterrar e ocultar os cadáveres muito bem, para que nenhuma evidência surgisse de forma acidental e gerasse uma caçada a um eventual assassino à solta.

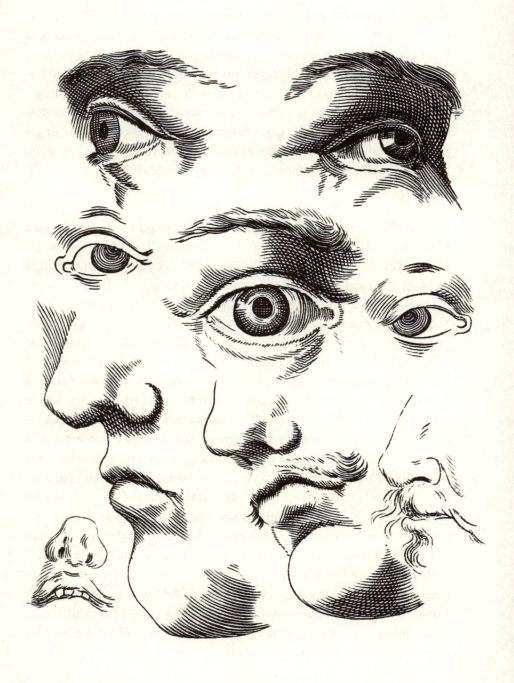

PROFILE 2 - profile

O MISTÉRIO DE MIYAZAKI

Tsutomu Miyazaki, filho de uma respeitável família de classe média, foi preso em julho de 1989 sob suspeita de molestar uma menina; em março de 1990, confessou ter raptado, matado e esquartejado outras quatro em 1988 e 1989. Como foi observado no editorial de um jornal: "É chocante que os assassinatos tenham sido supostamente cometidos por um jovem vindo de um ambiente doméstico relativamente bom. Muitos japoneses devem considerar que seu histórico é parecido com o de Miyazaki; isso deixou uma marca profunda em todo o país".

Com 26 anos na época, Miyazaki tinha um problema físico: suas mãos apresentavam má-formação desde o nascimento, e ele não conseguia virar as palmas para cima nem segurar objetos como todos os demais. Trabalhava como impressor-assistente em uma gráfica dirigida por um amigo de seu pai, um editor de jornal, e morava com a irmã na casa dos fundos da residência da família em Itsukaichi, na região metropolitana de Tóquio.

Em julho de 1989, nos arredores da capital japonesa, um homem de 35 anos de idade, pai de duas meninas, foi informado por uma das filhas que a irmã mais nova tinha sido levada por um estranho, no parquinho onde as duas brincavam perto de casa. Ao correr na direção apontada pela garota, que estava aos prantos, o pai viu um automóvel e anotou a placa; mais adiante, localizou o tal desconhecido, que estava fotografando sua filhinha de 6 anos, que brincava nua em um riacho no bosque. O pai gritou que havia anotado a placa do carro do homem e que chamaria a polícia caso ele não lhe entregasse o filme da câmera. Miyazaki, o responsável pelo rapto, implorou diversas vezes para que o pai da menina não fizesse isso, mas aguardou sem reagir enquanto as autoridades estavam a caminho.

==Alguns dias depois do início dos interrogatórios, Tsutomu Miyazaki admitiu ter raptado e matado Ayako N., uma menina de 5 anos que estava desaparecida havia dois meses.==

Quando começou a confissão, Miyazaki afirmou que seu primeiro assassinato tinha sido quase acidental, em meio a um surto de raiva: a garotinha havia tirado sarro das mãos deformadas dele, o que o levou a estrangulá-la. Da mesma forma, quando citou mais uma das vítimas à polícia, ele comentou ter cruzado o caminho dela por acaso; mais adiante, porém, alterou a história e reconheceu que havia entrado em um prédio de apartamentos à procura de uma menina para raptar, molestar e matar. Também contou à polícia que usava crianças para propósitos sexuais porque as imperfeições físicas que ele tinha o tornavam incapaz de atrair e despertar interesse de mulheres adultas.

Com a detenção e o interrogatório de Miyazaki, veio a solução para uma série de raptos que vinham assustando a população japonesa desde agosto de 1988. A maioria dos casos ocorrera em um raio de vinte quilômetros de onde Miyazaki morava, e todos aconteceram quando meninas em idade pré-escolar estavam sozinhas e sem supervisão, ainda que perto de casa ou dentro de apartamentos. Tudo começou com a morte do avô do assassino, a única pessoa que tinha algum tipo de influência emocional sobre o jovem. ==Miyazaki era tão apegado ao avô que comeu as cinzas dele após a cremação do cadáver.== O primeiro crime foi cometido três meses depois da morte do avô.

Nas semanas subsequentes, as pistas obtidas pela polícia, além dos depoimentos de Miyazaki, serviram para vinculá-lo a vários assassinatos violentos de garotinhas. Não eram casos de homicídio cometidos com discrição. O assassino vinha atormentando a família das vítimas, inclusive deixando na porta de uma delas o que alegava ser as cinzas da menina, junto de um bilhete descrevendo como ela havia sido morta. Uma carta macabra também fora entregue aos familiares de outra vítima. Ambas eram assinadas com um nome de mulher.

Enquanto os crimes continuavam e a investigação policial se intensificava, Miyazaki passou a assumir um comportamento ainda mais repulsivo — ele assou as mãos da última vítima e as comeu —, além de atormentar cada vez mais as famílias, inventando uma personagem chamada "Yuko Imada", um trocadilho com a frase "agora vou contar para vocês" em japonês, que em sentido literal significa "agora criei coragem". Em nome de Yuko Imada, ele escrevia várias mensagens aos familiares, assumindo ser responsável pelas mortes, afirmando que o perpetrador era outra pessoa, alegando que imitadores andavam emulando suas ações, informando que estava em processo de identificação de um cadáver para enviar os ossos de volta porque queria que a vítima tivesse um funeral adequado, ou ainda contando que a filha de Yuko Imada ("falecida [...] aos 5 anos de idade em um acidente por imprudência minha") seria enterrada junto das demais vítimas. Miyazaki costumava passar mais tempo com fitas de vídeo do que em seu trabalho na gráfica.

Com a detenção e o interrogatório de Miyazaki, veio a solução para uma série de raptos que vinham assustando a população japonesa desde agosto de 1988. A maioria dos casos ocorrera em um raio de vinte quilômetros de onde Miyazaki morava, e todos aconteceram quando meninas em idade pré-escolar estavam sozinhas e sem supervisão...

Quando a polícia revistou seu quarto, foi encontrada uma coleção gigantesca de 6 mil fitas VHS. A maioria era de filmes de ficção científica e desenhos animados, mas havia alguns vídeos pornográficos com derramamento de sangue acompanhando atos sexuais, e alguns envolviam pedofilia. Ele tinha também pilhas e mais pilhas de revistas de histórias em quadrinhos, a maioria delas com crianças e de tom sádico, além de revistas pornográficas, muitas ainda lacradas no plástico.

Tratava-se de um homem de hábitos regulares, como comparecer todo dia 10 à loja onde comprava suas revistas favoritas sobre desenhos animados, e um sujeito que não chamava atenção, cuja aparência (afora as mãos deformadas) não despertava o interesse de ninguém, e que passava boa parte do tempo sozinho.

Apesar de ser descrito como um indivíduo solitário com uma infância problemática, Miyazaki mantinha um certo nível de interação com a sociedade. Ele costumava trocar fitas VHS com outros colecionadores e fazia parte de associações de entusiastas desse tipo de mídia. A polícia acabou encontrando, escondidos entre episódios de programas que Miyazaki gravara em casa, trechos com imagens das quatro meninas assassinadas; a câmera com a qual os corpos foram filmados depois das mortes também foi localizada. Segundo declarou à polícia: "Eu queria ter o corpo [da menina morta] para mim. O corpo vai se decompor e se desintegrar, mas se eu fotografasse e filmasse poderia ver quanto quisesse".

Quando essas declarações foram tornadas públicas, o caso passou a dominar não só as manchetes, mas também o imaginário coletivo do país, de onde nunca mais saiu. Durante quinze dias seguidos, estampou a capa dos jornais mais lidos do Japão, e continuou sendo assunto de interesse durante meses. Em razão dos fatos revelados pelas investigações, categorias inteiras de vídeos foram retiradas de circulação por serem consideradas perigosas, e houve um questionamento profundo sobre a natureza de uma sociedade capaz de gerar um homem que elegia garotinhas como vítimas.

Depois da confissão, Miyazaki foi mantido em confinamento e examinado por diversos psicólogos e psiquiatras. Um deles afirmou ter detectado um transtorno de personalidade que o tornava incapaz de desenvolver empatia por outros seres humanos. Outro diagnosticou um caso de esquizofrenia e fragilidade mental. Vários laudos apontaram para o transtorno de personalidade múltipla, citando como evidências as figuras de Yuko Imada, a de uma certa "pessoa fria" citada por Miyazaki e a de uma "criança que mata por impulso". Essas alternâncias de identidade, argumentavam os especialistas, explicavam os lapsos temporais nas cartas assinadas por Imada, além de outros aspectos estranhos presentes na confissão de Miyazaki. Em 1996, passei um tempo em Tóquio como observador do julgamento de Miyazaki, em um esforço para entender melhor as similaridades ou diferenças entre criminosos norte-americanos e japoneses. Assim como a maioria dos assassinos de crianças que entrevistei nos Estados Unidos, Miyazaki parecia bastante distraído e distante durante os procedimentos. Não demonstrava interesse no que estava sendo dito e muitas vezes se dedicava a fazer desenhos peculiares, que eu tive oportunidade de analisar. Os profissionais da área médica que serviram como testemunhas não se revelaram capacitados a explicar o estado mental de Miyazaki, e se valeram de descrições tradicionais de distúrbios mentais para explicar seu comportamento e suas motivações.

Quando tomei conhecimento desse caso, eu lamentei muito. Pensei em todas as pesquisas feitas nos Estados Unidos sobre crianças molestadas e sobre os tipos de pessoas que as usam para esse fim. No Japão, porém, era um tema tratado como tabu; em um país em que as crianças eram tão valorizadas, quase ninguém era capaz de conceber que algum indivíduo pudesse cometer atrocidades contra elas. Na minha opinião, se esse assunto tão delicado fosse discutido de forma mais aberta, provavelmente a tragédia poderia ter sido evitada.

Reconheci em Miyazaki alguns dos sinais encontrados em vários outros assassinos que estudei ou entrevistei. Inclusive, os detalhes de sua história de vida e de seus crimes se encaixam perfeitamente nos padrões de comportamento observados em molestadores de crianças de diversas outras culturas.

Nos Estados Unidos, o Centro Nacional de Crianças Desaparecidas e Exploradas se tornou uma referência de informações sobre esses crimes e os problemas que representam para a sociedade. Durante alguns anos, fui consultor dessa instituição, fazendo pesquisa sobre os padrões, as motivações e as classificações desses criminosos.

Com as publicações do centro, aprendi muito sobre as atividades e inclinações dessas pessoas pervertidas que raptam, abusam e molestam crianças, e também sobre como tomar medidas para proteger os infantes.

Embora muita gente tenha fantasias sexuais com crianças, apenas alguns poucos se tornam pedófilos, e menos ainda chegam ao extremo de molestar pré-púberes. O dr. Nicholas A. Groth divide os abusadores em duas categorias: os que são obcecados em crianças como parceiros sexuais e os que recaem temporariamente nesse comportamento. O molestador obsessivo, segundo Groth, além da preferência sexual por crianças, também se identifica intimamente com elas. Um exemplo disso foi o "Monstro de Jersey", que abusou de meninos e meninas durante vinte anos nessa pequena ilha no canal da Mancha, mas sem chegar a matar as vítimas. O dr. Park Elliot Dietz e meu ex-colega de FBI Ken Lanning classificam os molestadores em duas categorias: situacionais, pessoas que abusam de crianças apenas em determinadas situações de grande estresse; e preferenciais, que sempre escolhem infantes como vítimas. Os criminosos pertencentes a essa segunda classificação, conforme escreveu Lanning, "têm um comportamento sexual extremamente previsível" em relação às crianças.

Dentro da categoria dos abusadores "preferenciais", Lanning fez uma distinção entre três fatores comportamentais principais que caracterizam os criminosos. O padrão do "sedutor" diz respeito a um adulto que corteja crianças dando-lhes atenção; essas pessoas podem abusar recorrentemente de crianças, mas é pouco provável que as matem. O padrão do "introvertido" é o de um molestador que "não dispõe das habilidades interpessoais necessárias para a sedução", de acordo com Lanning, e por isso fica rondando áreas de grande concentração de crianças para se exibir sexualmente para elas ou fazer chamadas telefônicas obscenas tendo-as como ouvintes. O pior dos padrões é o do abusador "sádico", que para obter excitação ou gratificação precisa infligir dor ou sofrimento à criança. Um bom exemplo disso é John Wayne Gacy (cuja entrevista comigo está reproduzida no próximo capítulo). Esses molestadores são os que com maior probabilidade vão raptar e matar suas vítimas. Miyazaki pertence à categoria dos sádicos, com fortes tendências de introversão. Ele exibia todas as características observadas no grupo documentado de "preferenciais-sádicos".

A primeira é que esses homens demonstram, em longo prazo, padrões consistentes de comportamento. O principal deles é o fato de em geral terem sido também vítimas de abuso sexual. Embora muito pouco sobre o histórico de Miyazaki tenha vindo a público, é bastante provável que tenha sido molestado na infância, talvez pelo pai, que cometeu suicídio depois que os psiquiatras consideraram seu filho mentalmente são e apto a ir a julgamento.

Esses homens em geral tiveram contato social limitado na adolescência. Isso se encaixava no perfil de Miyazaki, conforme revelam os relatos de contemporâneos seus na época de colégio e faculdade. Alguns dos colegas contaram ter tentado incluí-los em conversas e saídas em grupo, mas ele se recusava a acompanhar os demais jovens de sua idade nas atividades do dia a dia.

Além disso, esses homens assumem riscos significativos ao buscar crianças para sua gratificação. Seus ataques — assim como os de Miyazaki — envolvem alto grau de planejamento, e muitas vezes as vítimas são enganadas ou retiradas dos locais por meios habilidosos. As rondas de Miyazaki em parquinhos e condomínios de apartamento eram arriscadas, mas também permitiram que ele levasse várias crianças desses lugares sem ser detectado.

O molestador sádico em geral tem mais de 25 anos e é solteiro. Como tem dificuldade em estabelecer conexões sexuais com adultos, é pouco provável que se case. Na maioria dos casos mora sozinho ou com os pais, e não tem relacionamento afetivo estável. Além disso, demonstra uma identificação ou interesse excessivo em crianças e coisas relacionadas ao universo infantil. Mais uma vez, Miyazaki se encaixa no padrão, inclusive com relação às revistas sobre desenhos animados que lia, consumidas em maior parte por crianças. A maioria

das pessoas tem fantasias sexuais, mas é capaz de realizá-las, pelo menos em parte, dentro dos parâmetros de relações consensuais entre adultos. O interesse de Miyazaki por material pornográfico — e, para ele, os desenhos animados e demais elementos infantis eram eróticos — surge da inabilidade de satisfazer suas fantasias dentro de um relacionamento normal.

Em seus escritos e suas declarações, o molestador preferencial sádico com frequência se refere a crianças como criaturas imaculadas, puras e inocentes — ou então como objetos de posse. As mensagens de Miyazaki enviadas para os pais das vítimas, assim como as confissões para a polícia, contêm ambas as formas de descrição em abundância. Com essas cartas para os pais, Miyazaki torturou as famílias cujas filhas havia molestado e matado, o que também configura uma forma de sadismo.

Nos Estados Unidos, já examinamos muito mais abusadores de crianças do que as autoridades japonesas, e diversos outros padrões emergiram desses estudos. No histórico de quase todos os molestadores há abusos sofridos na infância, seja físico, psicológico, emocional ou sexual. Não sabemos se Miyazaki sofreu abusos ou simplesmente se considerava uma vítima, mas os padrões sugerem essa possibilidade. Em determinado momento, por exemplo, ele culpou o pai pelos assassinatos que cometeu. Caso o abuso tenha mesmo acontecido, devo enfatizar que isso seria contrário à relação habitual dos japoneses com as crianças, que em geral são apreciadas e cuidadas de perto até que aprendam a se comportar de maneira adequada. Parte do problema no Japão é que, como existem pouquíssimos casos de abuso infantil, as instâncias investigativas e judiciais não têm muita experiência no assunto.

Outro padrão descoberto nas pesquisas norte-americanas nos casos mais sinistros, em que se chega até o assassinato das crianças, é a ausência de arrependimento — os perpetradores não aceitam que seus atos são moralmente repreensíveis, pois sentem que foram compelidos a cometer os crimes.

Por essa razão, não existe um tratamento que seja efetivo para esses indivíduos. Eles não podem ser reabilitados, porque suas fantasias não podem ser apagadas da mente ou transformadas. Em termos gerais, isso significa que eles devem ser retirados do convívio social de forma permanente, mantidos na cadeia ou em um manicômio judiciário sem nenhuma expectativa de recuperação ou libertação mediante bom comportamento.

Nos Estados Unidos, alguém que cometesse crimes como o de Miyazaki não seria considerado legalmente insano, porque os elementos de planejamento e ocultação dos cadáveres estavam presentes, e são uma prova da intenção de cometer um crime e evitar que fosse descoberto. No Japão, porém, a sanidade de Miyazaki na ocasião dos assassinatos foi um tema central nas argumentações no tribunal, onde grupos de psiquiatras apresentaram diagnósticos conflitantes. No entanto, qualquer que seja o veredito sobre a saúde mental de Miyazaki, ele jamais deveria ser posto em liberdade outra vez.

O ciclo de abuso em que crianças molestadas se tornam adultos molestadores hoje é bastante conhecido. Minhas pesquisas, assim como a de outros investigadores nos Estados Unidos, demonstram que no histórico da maioria dos perpetradores de múltiplos homicídios, assim como no de abusadores de crianças, existem evidências de famílias disfuncionais, educação deficiente por parte dos pais e violência doméstica.

Na verdade, diversos aspectos importantes em nossa sociedade — tanto no Oriente como no Ocidente — contribuem para o desenvolvimento de uma cultura de violência que multiplica a ocorrência de crimes como múltiplos homicídios, estupro e outros tipos de crimes contra a pessoa. As famílias disfuncionais são um fator relevante, mas para além disso há uma cultura que celebra a violência e a agressividade em filmes, programas televisivos, videogames, livros e histórias em quadrinhos. Há um número excessivo de

produtos de entretenimento que retratam o comportamento agressivo e o derramamento de sangue como a única forma de resolver a situação enfrentada pelo herói ou heroína, glorificando o desejo de tirar vidas. Tais produtos costumavam ser considerados um lixo cultural produzido especificamente pelos Estados Unidos, mas em tempos recentes a glorificação da violência vem aparecendo como principal tema em peças de entretenimento produzidas e distribuídas em outros países também.

Um terceiro fator para o agravamento da violência interpessoal é a ampla disponibilidade de armas letais. Embora a maior parte dos casos de assassinato apresentados neste capítulo não envolva armas de fogo, dezenas de milhares de pessoas matam outros seres humanos todos os anos com esse tipo de armamento nos Estados Unidos. A presença de tantas armas em ambientes domésticos com propensão à violência aumenta a possibilidade de que desentendimentos corriqueiros tenham consequências fatais. Além disso, o nível de violência promovido pelo altíssimo número de armas em circulação afeta a percepção dos indivíduos propensos aos homicídios em série, por sugerir a eles que esse tipo de violência é aceitável em nossa sociedade.

PROFILE 2
profile 126

John Wayne Gacy

PALHAÇO MORTAL

"É tudo um sarro! Tudo que as pessoas valorizam ou se matam para ter... tudo é uma piada monstruosa e demente! Então, por que não ver a parte engraçada? Por que você não ri?"
Alan Moore, *Batman: The Killing Joke*

ROBERT K. RESSLER E TOM SHACHTMAN

MINDHUNTER
PROFILE 2
CAPÍTULO 5

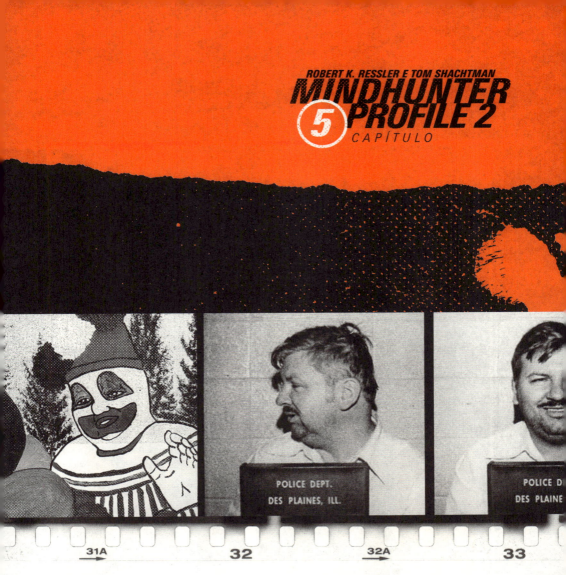

Depois que me aposentei do Bureau, o contato que eu mantinha com vários criminosos conhecidos dentro das cadeias continuou — sobretudo porque eles faziam questão de continuar me procurando através de cartas e telefonemas, e considerei que valia a pena responder. Eu não estava mais no FBI, porém meu esforço para entender os caminhos obtusos percorridos pelas mentes criminosas e assassinas

PROFILE
profile

se mantinha. Na verdade, desde então expandi ainda mais minha atuação, trabalhando como consultor em casos de vários países pelo mundo. Portanto, o diálogo com esses homicidas ainda era importante para minha atividade profissional.

Um dos mais conhecidos entre esses correspondentes era John Wayne Gacy, condenado em 1980 por matar 33 jovens do sexo masculino de 1972 a 1978, ano de sua prisão. Em termos de números absolutos, Gacy se destacava entre os piores assassinos em série já documentados, responsável por mais mortes por iniciativa individual do que qualquer outro antes dele. Jeffrey Dahmer pode até ter recebido mais atenção da mídia quando foi preso nos anos 1990 por dezessete homicídios cometidos em Milwaukee, porque a cobertura desses crimes por parte da imprensa cresceu de forma exponencial desde 1978, mas John Wayne Gacy fez quase o dobro de vítimas.

Como os leitores de *Mindhunter Profile* devem se lembrar, tomei conhecimento sobre Gacy e seus crimes por meio de uma reportagem de rádio, enquanto viajava de carro com a minha família para passar o Natal de 1978 em Chicago. As vítimas haviam acabado de ser desenterradas do subsolo da casa de Gacy em Des Plaines, no estado de Illinois, o que me fez correr até o local para me inteirar da investigação. No entanto, descobri mais tarde que minha interação com a figura de John Wayne Gacy vinha de muito antes, da época da infância, pois fomos criados a poucos quarteirões um do outro. Gacy se lembrava de ter feito entregas para o supermercado IGA, onde minha mãe fazia compras, em minha casa, da qual se recordava por causa da grande quantidade de vasos de plantas no jardim; além disso, as tropas de escoteiros de que cada um fazia parte se reuniam, ainda que em momentos distintos, nas mesmas instalações esportivas, e nós frequentávamos o mesmo cinema.

Os crimes de Gacy foram horrendos. Um divorciado de trinta e tantos anos, empreiteiro do ramo de reformas de edificações, ele atraía jovens do sexo masculino até sua casa com promessas de emprego ou de sexo em troca de dinheiro. Em seguida, os convencia a colocar algemas ou a ingerir bebidas alcoólicas e entorpecentes até que

se tornassem incapazes de reagir. Depois disso os torturava e matava, por estrangulamento com uma corda ou por sufocação. Entre as vítimas, 29 foram enterradas sob a casa de Gacy, e outras quatro foram desovadas em rio próximo de sua residência. Quando de sua prisão, a princípio ele admitiu a culpa, porém, mais tarde, após receber aconselhamento legal por parte de advogados, desmentiu sua confissão (que não havia sido assinada nem gravada, embora houvesse testemunhas presentes) e passou a alegar que os assassinatos eram obra de empregados seus com quem dividia a casa.

Em termos de números absolutos, Gacy se destacava entre os piores assassinos em série documentados, responsável por mais mortes por iniciativa individual do que qualquer outro antes dele. Jeffrey Dahmer pode até ter recebido mais atenção da mídia [...] mas John Wayne Gacy fez quase o dobro de vítimas.

Gacy se tornou suspeito apenas em dezembro de 1978, quando um adolescente local desapareceu depois de ter sido visto na companhia dele. O assassino era uma pessoa conhecida em sua comunidade, principalmente porque de tempos em tempos vestia uma fantasia de palhaço para proporcionar entretenimento a crianças e adultos em hospitais e desfiles cívicos. Além disso, era ativo no meio político, chegando a coordenar um evento para mais de 20 mil pessoas de ascendência polonesa, e tinha uma fotografia ao lado da então primeira-dama Rosalyn Carter.

Eu acompanhei de perto a investigação por intermédio do policial responsável pelos procedimentos, Joe Kozenczack, porque Gacy costumava viajar bastante a trabalho e considerei possível que tivesse

Robert Ressler com o assassino em série condenado John Wayne Gacy. Autorretrato de Gacy como palhaço, um presente dado a Ressler pelo artista.

cometido outros homicídios enquanto estava longe de casa. Essa questão inclusive não foi levantada durante o julgamento. Depois da condenação, entrei em contato com Gacy e, na companhia de colegas da Unidade de Ciência Comportamental, fui até onde ele estava preso para entrevistá-lo. John Wayne Gacy era um homem de estatura mediana, inteligente, articulado e um tanto acima do peso; parecia viver de forma tranquila na cadeia, sem dificuldades para se adaptar àquelas circunstâncias incomuns. Continuei em contato com ele depois disso, sobretudo com a intenção de resolver casos de jovens desaparecidos em outros estados, por onde ele havia passado durante suas viagens na época em que cometeu a série de assassinatos.

Quando se tenta obter informações de alguém, em geral é útil oferecer alguma coisa em troca. Foi por isso que eu disse a Gacy que considerava provável que a polícia tivesse ignorado de forma deliberada a potencial participação de seus empregados nos assassinatos. Na realidade, o que aconteceu foi que os policiais e o procurador distrital, por disporem de provas irrefutáveis contra Gacy, decidiram não ir atrás de todas as evidências que poderiam — ou não — ter implicado outros indivíduos nos crimes. Isso acontece com

(Esquerda) A polícia escava embaixo da casa de Gacy. (Direita) Corpos encontrados sob as tábuas do assoalho da residência.

frequência em casos dessa dimensão: os elementos mais evidentes acabam eclipsando as ocorrências menores. Naquelas circunstâncias específicas, Gacy era sem dúvida o principal perpetrador, e talvez o único, mas as pistas sugerindo que outras pessoas possam ter ajudado a atrair jovens até a casa em troca de sexo ou drogas ou se envolvido em atividades de tortura — e até assassinato — não foram investigadas até o ponto de serem descartadas. Para minha vergonha, porém, depois que saí do FBI, Gacy se aproveitou do que falei e tentou fazer tempestade em um copo d'água, escrevendo comunicados à imprensa segundo os quais: "O agente especial aposentado Robert Ressler, do Centro Nacional de Análise de Crimes Violentos, afirmou que a polícia de Des Plaines 'fez um trabalho preguiçoso de investigação'". Quando jornalistas me procuraram para falar a respeito, pedi a eles que levassem em conta a fonte da alegação, e revelei minhas verdadeiras opiniões sobre o assunto.

A correspondência de Gacy nos anos 1990 vinha com um logotipo estampado com o slogan "Executem a Justiça, Não as Pessoas", e ele continuou me mandando cartas e recortes de jornais e me convidando a fazer visitas. Fui vê-lo algumas vezes, em parte porque ele e o produtor de documentários televisivos Craig Bowley, que também o conhecia, queriam que eu fizesse uma entrevista como a peça central de um longa-metragem sobre o assassino e seus crimes. Gacy esperava que de alguma forma isso fosse garantir a exoneração de sua pena capital.

A entrevista foi realizada em maio de 1992, época em que, depois de treze anos encarcerado em penitenciárias e manicômios judiciários, Gacy estava no corredor da morte, com execução prevista para logo depois que as diversas tentativas de apelação se exaurissem. Nos anos transcorridos desde sua prisão, ele havia conversado com diversos psicólogos, psiquiatras, oficiais da lei e cidadãos comuns, porém nunca tinha concedido uma entrevista à mídia. Aquela seria a primeira vez. Ele acreditava ter sido demonizado pela imprensa, e por essa razão se recusava a falar com seus representantes. Mas em mim Gacy confiava, porque sempre fui muito direto em nossos diálogos, mesmo em ocasiões em que discordávamos, e ele respeitava meu conhecimento e interesse sobre os processos mentais das pessoas que cometiam homicídios.

Em uma visita anterior que fizemos ao Centro Correcional de Menard, no estado de Illinois, para combinar os termos da entrevista, Gacy tentou fazer uma demonstração de poder pedindo almoço para mim e para Craig. Estalando os dedos, solicitou a presença de um guarda e o tratou como se fosse o garçom de um restaurante; minutos depois, foram entregues três pratos de frango frito, com os quais Gacy pretendia mostrar que estava no comando da situação, apesar de se encontrar no corredor da morte. Mais tarde fiquei sabendo que outros dois prisioneiros haviam aberto mão do próprio almoço para que Gacy pudesse fazer essa exibição para nós; sem dúvida ele seria obrigado a retribuir com alguma das moedas de troca mais comuns na prisão — refeições para visitantes em ocasiões similares, cigarros, selos, drogas e favores sexuais; nunca descobri exatamente as bases dessas negociações.

No dia da entrevista, ele tentou mostrar seu poder nos fazendo esperar por um bom tempo, durante o qual desejava ler as partes que tratavam de seu caso em *Mindhunter Profile*, publicado nos Estados Unidos poucos dias antes.

Foram essas, portanto, as circunstâncias em que conduzi a primeira entrevista que o mais notório assassino em série concedeu diante das câmeras. Durante a conversa, Gacy se mostrou bastante agitado, e sua voz até desafinou algumas vezes em meio ao fluxo incessante de palavras. A seguir estão reproduzidos alguns trechos da entrevista, entremeados por comentários meus sobre o que Gacy *realmente* estava dizendo.

RESSLER: Então, como estávamos dizendo, hoje é a primeira vez que você fala com a mídia desde sua prisão? Contando inclusive o período anterior ao julgamento?

GACY: Isso mesmo. Nunca quis me envolver com a mídia, porque não concordava com a forma como eles lidaram com a coisa. Eles não informavam os fatos. Faziam sensacionalismo da maneira que achassem mais conveniente.

RESSLER: Então é um fato comprovado que é a primeira vez que você fala em público sobre seu caso?

GACY: Isso mesmo. Sempre senti que meus advogados sabiam o que estavam fazendo; e eles me diziam para não chamar a atenção e me manter longe disso; e considerando tudo o que foi usado contra mim na mídia — eles criaram essa figura de um monstro imaginário, e isso já dura doze anos; e eu nunca comentei nada; e não tinha necessidade de falar com a mídia pela simples razão de que eles estavam atrás de sensacionalismo, estavam atrás desse monstro.

RESSLER: Quando você diz "essa figura de um monstro imaginário", está se referindo a quê?

GACY: Ora, a essa ideia de que sou um assassino que mata para obter satisfação homossexual e tudo mais — essas bobagens; e eles pintaram essa imagem de mim, como se eu andasse pelas ruas assediando garotos para depois matar. Porra, se você visse a minha agenda, minha agenda de trabalho, saberia que eu nunca fiz esse tipo de coisa.

RESSLER: Quando você viajava, ia sozinho ou acompanhado de empregados?

GACY: Em geral eu viajava acompanhado de algum empregado; e, quando viajava com algum empregado, tudo era documentado. Como você bem sabe, eu gosto de manter registro de tudo. Todos os registros da minha empresa confirmam onde eu estava, e com quem, em que hotel fiquei, e o que comi. Estava tudo nos arquivos, e todos os arquivos foram confiscados em 29 de dezembro de 1978 pelo Departamento de Polícia de Des Plaines; e esses arquivos por si só provavam que eu não estava em Illinois em dezesseis desses assassinatos, quando eles finalmente estabeleceram as datas de quando esses assassinatos aconteceram; sendo assim, daria inclusive para... Se [os advogados] tivessem checado o álibi para o meu não envolvimento com esses crimes, poderiam fazer isso apenas verificando os registros. Em vez disso, decidiram basear minha defesa na alegação de insanidade.

Ao longo dos anos, minhas entrevistas com John Wayne Gacy tinham como objetivo principal fazê-lo ajudar as forças da lei a resolver casos de assassinato ocorridos em outros estados aos quais ele tinha viajado por razões de trabalho. Os assassinos em série atuam com base em dois fatores: desejo e oportunidade. O número elevado de homicídios cometidos por Gacy é uma evidência de que seu desejo era fortíssimo; e, no mínimo, ele dispunha da mesma oportunidade de cometer crimes quando estava viajando. Trabalhadores que passam muito tempo na

estrada, assim como outros indivíduos que não demonstram nenhum comportamento anormal, costumam ir a bares e outros pontos de encontro quando estão longe de casa, à procura da companhia temporária de mulheres (e, às vezes, de homens). Gacy provavelmente fazia o mesmo. No entanto, sempre se recusou a admitir ter cometido crimes em outras cidades; isso fazia parte de sua postura de negação, de não admitir que tivesse alguma coisa a ver com assassinatos — apesar de, conforme foi comprovado, haver vários corpos enterrados sob sua casa. Nos trechos seguintes, alguns nomes de vítimas, e de supostos comparsas de Gacy, foram alterados.

RESSLER: Quando os mandados de busca do seu caso foram executados, encontraram um monte [de corpos] embaixo de sua casa, não?

GACY: Pois é. Até me propus a vender a casa para eles, porque achei que não tivesse nada lá embaixo. Nunca tentei impedir ninguém de procurar nada. Uma porção de gente acha que aquela casa era usada como residência — sabe como é, a pessoa trabalha das 9h às 17h, vai para casa, come, bebe, dorme e recebe visitas lá. A casa da Summerdale não era usada assim. A casa da Summerdale era alugada para a PDM Contractors e, tipo, a sala de estar era a recepção [e] a sala de jantar daquela casa era uma espécie de alojamento.

RESSLER: Então você não morava lá o tempo todo?

GACY: Não. Eu diria que passava só um terço do tempo naquela casa.

RESSLER: Considerando o ano inteiro?

GACY: É.

RESSLER: E alguém mais tinha as chaves do local?

GACY: Havia doze cópias das chaves.

RESSLER: Doze cópias de todas as chaves?

GACY: Doze cópias de todas as chaves. Todo mundo que trabalhava para a PDM Contractors tinha um jogo de chaves da casa para entrar e sair quando quisesse.

RESSLER: Bom, quantos corpos foram localizados nessa propriedade, e onde?

GACY: Até onde sei, foi um total de 29 corpos; ou 28 na propriedade, e 26 ou 27 embaixo da casa.

RESSLER: E os outros?

GACY: Um estava enterrado na entrada para carros, outro na garagem. Daí o total de 29.

RESSLER: O caso Piest [Robert Piest foi a última vítima]. Você teve algum contato com Rob Piest?

GACY: Nunca tive contato com Robert Piest, nunca nem falei com o rapaz. Essa foi uma informação equivocada dada pela promotoria, a de que eu tive uma conversa com Robert Piest.

Em diálogos anteriores comigo — sem nenhuma câmera por perto —, Gacy me contou que, no dia do desaparecimento de Piest, o rapaz havia se dirigido até sua caminhonete no estacionamento de uma loja de conveniência que ele estava reformando e implorado por um emprego temporário de verão. Gacy também admitiu que havia levado o rapaz até sua casa, que os dois jogaram sinuca e que havia feito truques de mágica para entretê-lo, inclusive um que incluía o uso de algemas. Foi por isso que insisti em falar sobre Piest na entrevista.

RESSLER: Você acabou preso pelo desaparecimento de Piest e no fim...

GACY: Você está se adiantando demais na questão. No dia 12 de dezembro, e depois no dia 13, a polícia foi até minha casa querendo falar comigo, e Baker estava lá.

RESSLER: Quem é Baker?

GACY: Baker era um empregado da PDM.
RESSLER: E quantos anos ele tinha na época? Quem era ele?
GACY: Tinha 20 anos de idade; e na época dos acontecimentos a alegação da promotoria é que Robert Piest entrou na minha caminhonete, foi até a minha casa, beleza, e quando chegou na minha casa foi molestado e morto lá dentro. Que eu saiba ele não foi molestado. Se você ler o relatório patológico, o exame da região anal e também oral não revelou nenhuma evidência de ulceração ou contato abrasivo. O indivíduo não foi violado sexualmente. Eu não fiz sexo com Robert Piest. ==Mas fui acusado de rapto, de abuso sexual de menor e de cometer conduta indecente com um menor. O caso colocado pela promotoria foi todo baseado numa teoria sexual, e eu sempre discordei disso.==
RESSLER: Você discorda do aspecto sexual da coisa?
GACY: Com certeza.
RESSLER: Mas Piest acabou indo parar na sua casa naquela noite, não?
GACY: Robert Piest acabou indo parar lá na casa, mas o que dizem é que foi até lá por motivos sexuais; e quando foi parar lá, se conversou com outros empregados ou não, eu não sei. Ele ficou na casa até tarde, e eu falei isso para a polícia no dia seguinte, não fiz sexo com ele nem nada do tipo, mas a questão é que ele estava na casa quando os policiais vieram um dia depois.
RESSLER: E, nesse momento, em que lugar da casa ele estava?
GACY: No porão.
RESSLER: No porão da casa?
GACY: Sim.
RESSLER: Nesse momento, dentro da casa, ele não estava mais vivo, ou estava?

GACY: Não. Ele não estava mais vivo.

RESSLER: As razões para estar na casa, então — as pessoas disseram que ele foi até lá por motivos sexuais. Ele estava, acima de tudo, atrás de emprego. O que todos consideram no caso de Piest é que ele era um bom rapaz. Estava procurando trabalho. Não estava lá atrás de drogas, nem sexo, nem nada?

GACY: Não. Pois é. Se você ouvir o que a procuradoria fala — porra, acho que em um documento disseram que eu fiz sexo com 1500 pessoas diferentes. Em outro documento, e num período de seis anos — de 1972 a 1978 — disseram que eu fiz sexo com 1500 pessoas diferentes. Aí apareceu outro documento do Departamento do Xerife do Condado de Cook, acho, dizendo que eu tinha feito sexo com seiscentas pessoas diferentes; e na época falei para o meu advogado: "É melhor você providenciar uma lista, vai ver eles esqueceram de alguém". Porque era muito ridículo. O que eu disse foi, por que as pessoas não param para pensar direito, que colocando um número como esse, estamos falando de 1500 pessoas num período de seis anos, que são só 2190 dias; isso significa que eu seduzi e fiz sexo com alguém a cada um dia e meio ou, usando o número de seiscentos, a cada três dias. Como eu conseguiria trabalhar catorze, dezesseis ou dezoito horas por dia, sete dias por semana, e fazer sexo com tanta gente diferente?

RESSLER: A mídia retratou você como um assassino sexual. Qual é sua posição a respeito da homossexualidade?

GACY: Não tenho nada contra. Sou bastante liberal e nunca escondi isso. Não gosto de rótulos. Não gosto de nenhum rótulo, aliás.

RESSLER: Você confirma que é homossexual?

GACY: Não, com certeza não sou homossexual. Não tenho nada contra o que eles fazem, e não nego que já fiz sexo com homens, mas a questão é — eu sou bissexual.

RESSLER: Você é bissexual?

GACY: Isso. Minha preferência é por mulheres, e já fui casado e tenho filhos, e não vejo nada de errado nisso. Eles tiraram a coisa do contexto, porque, mais uma vez, isso reforçava o componente sexual do caso. Eu não sou homossexual em nenhum sentido da palavra, digo isso porque casei duas vezes; e só porque os casamentos não deram certo — meus casamentos foram pelo ralo porque eu trabalhava demais, sete dias por semanas e tudo mais...

Gacy demonstrava uma forte tendência à negação, em especial da ideia de que fosse homossexual. Em nossas conversas anteriores, porém, afirmara que os atos homossexuais eram uma questão de conveniência: ele era o tipo de sujeito que trabalhava oitenta horas por semana, e por causa desse ritmo puxado não tinha tempo para namorar mulheres. As mulheres precisam ser cortejadas — com jantares regados a vinho, flores, conversas por telefone —, e isso era uma atividade que demandava tempo e não caberia em sua agenda. Era muito mais fácil pegar um jovem qualquer para lhe fazer sexo oral, o que inclusive não custaria muito dinheiro; isso o manteria satisfeito por algumas semanas e permitiria que continuasse se dedicando ao trabalho. Mas por que, então, não recorrer a prostitutas do sexo feminino, que seriam igualmente acessíveis? Gacy fazia de tudo para negar sua homossexualidade, um traço que considerava condenável. Ele também alegava ter sido colaborador da polícia do Condado de Cook, e servido o Corpo de Fuzileiros Navais no Vietnã. Nada disso era verdade, mas ele precisava mostrar que era homem, que era machão, um sujeito aventureiro que gostava de desafiar o perigo. Mas essa conversa toda era pura ficção, no melhor estilo Walter Mitty.

A realidade é que ele era um "mentiroso em série" dos mais manipuladores, e mentia sobre quase tudo. Acho que Gacy odiava a si mesmo por ser homossexual. Isso remonta à relação com seu pai, que lhe dizia quando era criança: "Você não presta, nunca vai ser nada na vida". Em certas ocasiões o pai chegou a dizer "Você é uma bicha", ou "Acho que você vai ser bicha quando crescer". Embora o relacionamento com o pai nunca tenha sido bom, Gacy demonstrava uma grande necessidade de aceitação por parte dele. O pai morrera quando o filho estava preso, e Gacy quis ir ao funeral, apesar do tratamento que recebera por todos aqueles anos. O pedido foi negado, e Gacy não queria que os xingamentos do pai se tornassem uma profecia realizada, por isso se sentia confortável em admitir apenas que era bissexual. Na verdade, seus casamentos foram de fachada, uma forma de legitimar sua posição na sociedade. Sua segunda esposa declarou em público que o casal mantinha pouquíssimo contato sexual. No primeiro matrimônio ele teve filhos, mas os do segundo eram adotivos. Com o passar dos anos, Gacy se afastou cada vez mais da heterossexualidade e foi se aproximando da cena gay. Perto da época de sua prisão, vinha frequentando bares gays quase abertamente. Mesmo assim, odiava a si mesmo por sua homossexualidade.

No segmento seguinte da entrevista, Gacy ao mesmo tempo admite e nega sua culpa pela morte de cinco jovens.

RESSLER: Havia mais alguém na casa quando a polícia apareceu perguntando por Robert Piest? Além dos policiais e de você?

GACY: Alguns minutos depois, Baker chegou; e Baker foi impedido de entrar. Pedi para deixarem que ele passasse. A questão é que, no máximo, eu deveria ter sido acusado de cúmplice pelo ocultamento, sabe.

RESSLER: O ocultamento do...
GACY: Do assassinato de Piest.
RESSLER: Do assassinato?
GACY: Porque eu estava na casa. Sabia que ele estava lá, e escondi essa parte, mas eu não...
RESSLER: Como você acha, então, que ele foi morto lá dentro, e como foi parar no porão?
GACY: Como ele foi morto?
RESSLER: É.
GACY: Acho que foi estrangulado.
RESSLER: Por quem?
GACY: Acho que por Baker; mas, de novo, como eu falei — cúmplice. E isso me colocaria na cena do crime, sabe, mas...
RESSLER: Como foi, então, que ele foi retirado do porão? Como foi removido da casa?
GACY: Como ele foi levado?
RESSLER: É.
GACY: Baker se esgueirou lá embaixo, tirou o corpo e jogou no porta-malas do carro.
RESSLER: E quem levou o corpo embora?
GACY: Fui eu.
RESSLER: Foi você. E levou para onde?
GACY: Para a ponte 1-55.
RESSLER: E isso fica onde? Como ele foi tirado do carro e acabou no rio?
GACY: Eu abri o porta-malas e joguei o corpo lá de cima.
RESSLER: Ah.
GACY: Não teve nada muito elaborado nisso.

Esta entrevista apresenta um registro fascinante de negação por parte de um assassino em série, suas justificativas e tentativas de jogar a culpa em outras pessoas. Entre os critérios básicos para reconhecer o comportamento de um psicopata estão a negação, a mentira constante e as incessantes tentativas de manipulação. Isso é um exemplo típico da maneira como uma personalidade psicótica renega toda e qualquer coisa. Aqui, o assassino tenta transmitir uma imagem inofensiva de si mesmo — fornecer todos os detalhes que distorçam as coisas a seu favor. Muitos assassinos em série negam a própria responsabilidade, imaginando que, desde que continuem mentindo, vão conseguir se manter vivos.

Na política, já vimos muita gente pega com a boca na botija que continua negando até o último momento sua culpa. O verdadeiro psicopata tem essa capacidade: manter uma fachada impecável, com a certeza de que o ônus da prova cabe à sociedade e de que, desde que não admita a culpa, os representantes da comunidade vão ter que trabalhar pesado para provar isso. O slogan do logotipo nas cartas de Gacy — "Executem a Justiça, Não as Pessoas" — é um exemplo de que, como um rato encurralado, ele parte para o ataque contra quem o ameaça (no caso, a sociedade).

As racionalizações e negativas de Gacy são bastante reveladoras, pois são bem incoerentes.

> **GACY:** O que estamos fazendo aqui, o que estamos refutando é essa coisa de eles quererem que você acredite que eu — e apenas eu — cometi os assassinatos, e eu não tive nada a ver com a morte de ninguém. Havia quatro suspeitos, ou três suspeitos que conhecemos. Acreditamos no envolvimento de quatro pessoas; e essas pessoas seriam Baker, Chandler, Sandler. E eles trabalhavam juntos. Eu viajava bastante, sabe. Quando voltava, encontrava roupas em casa, sabe como é, casacos e jaquetas,

essas coisas; mas nunca liguei isso a nenhuma vítima de nada. Achava apenas que um empregado tinha deixado os casacos na casa. Pode ter sido ingenuidade da minha parte; e, se quiserem me culpar por isso, acho que posso ser acusado de cumplicidade na ocultação; mas eu não tinha conhecimento do que acontecia na casa quando não estava lá. Mas a polícia, em vez de investigar a fundo — e, como você disse em 1984, a polícia de Des Plaines fez uma investigação preguiçosa. Isso é... enfim, pode não ser a maneira mais correta de dizer, mas a questão é que eles tinham outros suspeitos, mas se concentraram numa coisa só, por assim dizer — "É a casa do Gacy, é mais fácil jogar tudo nas costas do Gacy".

RESSLER: Você admitiu ter conhecimento a respeito de cinco indivíduos. Quais indivíduos são esses?

GACY: Estamos falando de Robert Piest. Estamos falando de John B, John S, Gregory G e Rick J — não, perdão, Rick J não. Estamos falando de Robert Piest, John B, S, G, e o nome que descobriram depois, o do identificado como Número 9, que mais tarde se tornou Tim M. Supostamente é de 1972.

RESSLER: Você afirma ter conhecimento desses cinco? Que conhecimento é esse?

GACY: Conhecimento em termos pessoais. Enfim, B era um ex-empregado meu. S é aquele com quem supostamente me envolvi com o lance do carro, e a promotoria tentou argumentar que eu atraí John S até a casa enquanto bebia com ele, segundo disseram — eles acrescentaram sexo à história — e depois disseram que ele foi torturado. Não sei quem executou toda essa tortura, mas eu não me envolvi em nenhum tipo de tortura. Meu conhecimento do caso S é que cheguei em casa e S e Baker estavam lá. Isso é o mesmo que falei quando me injetaram o soro da verdade. Eles estavam na casa. ==Eu tomei alguns drinques. Fui para a cama. Quando acordei na manhã seguinte, Baker estava dormindo no sofá e S estava morto no chão. Eu fui cuidar das minhas coisas, e depois de um tempo ele não estava mais lá.==

RESSLER: E para onde foi? Onde ele foi parar?

GACY: Imagino que tenha ido parar embaixo da casa.

RESSLER: Você viu o corpo dele ser levado para lá?

GACY: Não. Eu não estava presente. Não participei da remoção.

RESSLER: Quando ele estava morto, estava no chão?

GACY: Estava morto no chão, isso mesmo, no chão do corredor.

RESSLER: Você conversou com alguém sobre isso?

GACY: Não. Sendo bem claro, fiquei de bico fechado porque não queria me envolver nessa história.

RESSLER: E quanto a B? Qual era o seu conhecimento pessoal a respeito dele?

GACY: B tinha trabalhado para a PDM Contractors por um tempo; e o que muita gente não entende é que, se as pessoas trabalharam para mim, não significa que tivessem contato comigo, porque eu tinha setecentas pessoas prestando serviços indiretamente para mim; e se você me perguntar sobre algumas delas, agora eu não saberia nada, porque eram terceirizadas. B trabalhou diretamente para nós como telhadista. Ele apareceu com três amigos [para buscar o pagamento] e se irritou porque não dei o cheque na hora, e esses três camaradas estiveram prestes a me atacar lá na casa da Summerdale.

Eles saíram da casa, foram jogar sinuca, arrumaram briga, e John se machucou por lá, porque fiquei sabendo que bateram com um taco na cabeça de alguém. Ele foi embora. Eu saí de casa, estava fora, e encontrei John B na rua. Então eu... ele desceu do carro e ficou lá de pé... Eu estava parado num sinal, e ele desceu do carro, entrou no meu. Fomos até a casa. A gente tinha... A gente estava conversando, e eu fiz um curativo na testa dele, ou no braço, ou onde estivesse machucado.

Nós conversamos, e ele voltou a falar sobre o cheque, dizendo que se eu não entregasse o cheque ia me bater. Eu respondi: "Bom, então vou pôr você na cadeia", porque não era obrigado a aturar esse tipo de coisa. Nós bebemos mais. Eu falei que se ele não sossegasse ia ser colocado para fora da casa. Então ele finalmente sossegou um pouco — não sei bem como aconteceu. Nós estávamos chapados, porque os dois estavam fumando uns baseados e bebendo. Ele acabou amarrado e eu caí fora. ==Segurei as mãos dele, e usei o próprio cinto dele, e falei que quando sossegasse eu soltaria.== Então deixei o cara lá e fui para a cama, e é só isso que eu sei.

RESSLER: O que...? Quando você o viu de novo, como ele estava?

GACY: Bom, quando o vi de novo foi só de manhã, quando Baker apareceu; e ele estava morto. Tinha sido colocado num saco emborrachado e levado até a garagem; porque a gente saiu para trabalhar; e ele ficou jogado lá.

Inacreditável, não? E um sinal indicativo de uma mente anormal. Gacy trata um jovem recém-falecido como se fosse um gato morto para ser jogado no lixo. Sua justificativa era que se livrar do corpo, sem pensar a respeito do assassinado, era a coisa mais aceitável a fazer. E isso é mais do que condizente com um homem sem ética ou moral — sem caráter, no sentido mais estrito da palavra. Era um elemento revelador de como ele lidava com outros aspectos do mundo, pois Gacy era um homem que sonegava impostos, enganava as esposas, empregava táticas antiéticas e às vezes ilegais nos negócios e coisas do tipo. Quando foi preso, em certo sentido, já não era capaz de contar a verdade sobre mais nada.

RESSLER: E quanto a Greg G, então?

GACY: Você sabe que o histórico dele ter sido travesti e garoto de programa foi usado pela promotoria. Acho que o que eles queriam, Bob, o que a promotoria estava tentando fazer era mostrar que teriam um caso mais sólido contra mim se fosse uma coisa sexual. O fato dos corpos terem sido encontrados sem roupas não prova que houve sexo.

RESSLER: Mas [Greg G] acabou embaixo da casa também, correto?

GACY: Correto. Pelo que sei, ele foi o Número 19.

RESSLER: Você viu quando ele foi levado para lá?

GACY: Não. Vi que ele estava morto dentro da casa, mas não tive nada a ver com isso. Como falei antes — e você e eu conversamos muito sobre isso ao longo dos anos —, sim, eu tinha conhecimento desses cinco, mas não matei esse indivíduo.

RESSLER: John, e quanto a Tim M, o último dos cinco que você disse que conhecia?

GACY: Tim M, apesar de ter sido o último, foi o primeiro... E o nome de Tim M só apareceu em 1988. ==Antes disso, ele era chamado de Desconhecido Número 9; e foi enterrado por mim embaixo da casa.==

RESSLER: Arrã.

GACY: Essa é a única coisa que sei sobre ele.

RESSLER: E quais foram as circunstâncias?

GACY: Ele foi morto dentro da casa num ato de autodefesa.

RESSLER: E foi morto por quem?

GACY: Foi esfaqueado por mim.

RESSLER: E foi... a princípio foi autodefesa? Por quê? Ele estava atacando você ou coisa do tipo?

GACY: Ele estava vindo para cima de mim com uma faca. Eu peguei a faca e virei na mão dele, e foi isso que o matou.

RESSLER: Então, depois disso, você mesmo o enterrou embaixo da casa?

GACY: Sim. E, se você reparar, vai ver que foi concretado.

RESSLER: Como você explica que o primeiro estava lá e depois, enfim, outros vinte e tantos foram enterrados lá também? Alguém sabia o que você tinha feito com esse primeiro, e foi daí que tiraram a ideia?

GACY: Muito provavelmente enquanto estava bebendo e fumando uns baseados com os outros, sim.

RESSLER: Você admitiu para eles. Então acha que os outros seguiram o caminho aberto por você de usar o lugar como cemitério?

GACY: Sem dúvida nenhuma.

As justificativas de Gacy revelam incoerências internas. Se uma pessoa relativamente normal fosse dormir e encontrasse um cadáver quando acordasse, sua reação seria gritar ou ficar em choque, chamar a polícia ou fugir — mas Gacy fala como se nada de extraordinário tivesse acontecido. ==Perceba como seus padrões de discurso parecem ensaiados: ele tem uma resposta para cada acusação ou evidência, e sua verbalização é feita como se as palavras fossem mantras, proferidas para exercer efeitos mágicos sobre si mesmo e o interlocutor.==

Na próxima seção, Gacy tenta explicar as algemas que usava para imobilizar as vítimas, além de seu conhecido truque da corda, do qual se valia a fim de obter permissão para passar uma corda em torno do pescoço dos jovens e estrangulá-los de forma rápida.

RESSLER: Me conte sobre as algemas, porque as algemas...
GACY: As algemas não são de verdade.
RESSLER: O truque das algemas sempre aparece na literatura sobre o caso, e nos livros, e no julgamento.
GACY: Ah, sim; ah, sim. O truque das algemas e o da corda.
RESSLER: E o truque da corda.
GACY: Pois é, isso fez muito sucesso. Certo. O truque da algema. Isso foi há... em 30 de janeiro de 1979, um mês e meio depois das buscas, eles puderam apresentar os itens confiscados na casa, e na lista tinha um par de algemas com a chave no mesmo saco plástico. Eram algemas de sex shop que comprei na avenida Wabash em novembro de 1977. Tinham menos de... essas algemas tinham menos de um ano, então, quando a promotoria alegou que eu algemei todo mundo, eu nem tinha algemas na época.
RESSLER: Como era exatamente o truque das algemas?

GACY: O truque das algemas, pelo que ouvi dizer — numa brincadeira no estilo comédia de cinema mudo, a gente tinha uma nota de dez dólares ampliada, e um cara pegava... A nota está jogada no chão, e um cara pega e, quando vai pegar, ela passa para outro cara.

RESSLER: É um número de palhaço?

GACY: Isso. Nesse número, era nisso que a gente ia usar; aí o outro palhaço, o que estava vestido de Keystone Kop, ele algemava você com as mãos nas costas, e acabou. E por isso disseram no tribunal que foram usadas — que as algemas foram usadas em todas as vítimas; e isso não é verdade.

RESSLER: E o truque da corda?

GACY: O truque da corda é... Do jeito como eu expliquei o truque da corda, era só um torniquete, e eu expliquei isso para eles, e até demonstrei. Na época, eu só tinha um rosário na mão, e só precisei de... Só o que você precisa fazer é enrolar o rosário na mão, dar uma volta e depois pegar e torcer.

RESSLER: E qual é o objetivo por trás disso?

GACY: É um torniquete. ==É para cortar a passagem do ar. Então, se você vai matar alguém, é só colocar em volta no pescoço e torcer três ou quatro vezes, sei lá, até a pessoa parar de se mexer==; só que, mais uma vez, eles disseram: "Bom, Gacy fez isso, Gacy fez aquilo". Enfim, foram eles que plantaram essa coisa na minha cabeça sobre ter acontecido ou não; porque hoje aparece como sendo tudo parte do meu depoimento. Isso não estava no meu depoimento.

John Wayne Gacy sempre se declarou legalmente são, e de forma nenhuma se encaixava na definição legal de um indivíduo insano que não pode ser responsabilizado por seus atos. Sua rejeição ao rótulo de insanidade, assim como sua necessidade de refutar todos os diagnósticos que poderiam revelar algo sobre ele, ficam bem claras na próxima passagem.

RESSLER: Então por que você aceitou a tese da alegação de insanidade [que os advogados queriam usar como estratégia]?

GACY: O que eu não sabia sobre esse tipo de defesa é que, no estado de Illinois, quando você se declara inocente por motivo de insanidade, está dizendo que cometeu os crimes, mas que não estava em seu perfeito juízo na ocasião, então deixa de ser uma questão de culpa ou inocência. O que eles tentam fazer é que seu julgamento como um todo vire um julgamento de insanidade em que vão decidir se a pessoa é sã ou insana; e, porra, não vejo como me considerar insano mesmo com os treze médicos no meio. Foi como uma partida de xadrez.

RESSLER: Então você foi examinado em detalhes pelos médicos da acusação e da defesa... certo?

GACY: Eu não diria "examinado em detalhes", porque eu achava que eles eram uns xaropes. Minha opinião pessoal é que alegação de insanidade não deveria existir num tribunal, nem no sistema de justiça como um todo. Não acho nem que poderia ser usada.

RESSLER: Você fez algum exame?

GACY: Vou contar uma coisa para você. Se o exame legal de insanidade — se Jeffrey Dahmer não for considerado insano pelo exame legal de insanidade, então que Deus ajude aquele que for. Quer dizer, precisa... Isso precisa significar alguma coisa. Se

Jeffrey Dahmer não for insano, então ninguém é; para mim é um subterfúgio psicológico — mas o problema é que usam mais do que deveriam a alegação de insanidade...

RESSLER: Qual foi a tese dos psiquiatras da defesa? O que eles apontaram ser seu problema? O que argumentaram do ponto de vista da...?

GACY: Que porra é essa? Nossa, não lembro disso assim de cabeça. Personalidade borderline, comportamento antissocial. Não vejo como alguém pode ser antissocial e ter um envolvimento tão amplo com a sociedade como eu tinha.

RESSLER: E a questão das múltiplas personalidades?

GACY: [O psiquiatra] veio me ver um dia de manhã, e eu falei: "Como vai, doutor, sobre o que vamos conversar?". Bom, ele ficou paranoico. Se encolheu todo na parede. Não queria que fechassem a porta, e eu só estava ali sentado na sala, e ele morrendo de medo. Eu disse: "Sobre o que você quer conversar hoje? Quer falar com John Wayne Gacy, o político? O palhaço? O pai de família? Ou o homem de negócios?". No dia seguinte, leio no jornal: Gacy tem quatro personalidades diferentes. Sobre isso de ter múltiplas personalidades ou ser mais de uma pessoa, não tenho nenhum conhecimento disso, pelo menos não de forma consciente; e não tenho sonhos, nem pesadelos, nem nada do tipo. Então, quando a gente entra nessa questão, acho que, como falei, a insanidade não tem nada a ver. Eu não tenho múltiplas personalidades. Não tinha motivo para cometer esses assassinatos. Sobre ser bissexual, se quisesse fazer sexo, Baker e Chandler topavam ir para a cama comigo quando eu quisesse, desde que recebessem alguma coisa em troca; e eles não estão mortos.

É possível que Gacy tivesse mesmo múltiplas personalidades? Certamente é uma possibilidade, em termos psiquiátricos, que ele estivesse em um Estado Mental A em determinado momento, cometesse um assassinato enquanto estivesse em um Estado Mental B e quando acordasse voltasse ao Estado Mental A, sem saber o que a personalidade B havia feito. O diagnóstico de múltiplas personalidades no DSM-IV enfatiza que uma personalidade renega os atos cometidos pela outra, e Gacy sem dúvida faz isso. Ele também demonstra uma forte necessidade de parecer um cidadão decente — dono de um negócio próprio, um pai de família, um cidadão envolvido na política local — que aparenta ser quase o oposto de um assassino em série. No entanto, não houve nenhum episódio — nem durante o julgamento, nem quando psiquiatras e outros profissionais de saúde o entrevistaram — em que uma personalidade pareceu ter assumido o controle em detrimento de outra, como acontece com frequência em casos de transtorno de múltiplas personalidades. Esse diagnóstico, porém, não pode ser descartado por completo porque, mesmo quando Gacy estava preso, ou isolado da sociedade em um manicômio judiciário, os fatores de estresse que caracterizavam sua vida em liberdade não se faziam presentes; tratava-se de um contexto rigidamente controlado, ao qual Gacy parecia se adaptar com certa tranquilidade. Durante esse período, não havia necessidade de que sua personalidade assassina se manifestasse.

Em liberdade, no entanto, havia não só esses fatores de estresse, mas também outras tentações e oportunidades. Na passagem a seguir, temos algumas pistas de como essas tentações agiam sobre Gacy, e de como ele se aproveitava das oportunidades que surgiam.

RESSLER: É fácil pegar um jovem — digamos um adolescente —, é fácil pegar um garoto como esse na rua e levar para algum lugar para fins sexuais?

GACY: Nos encontros que tive lá nos anos 1970, se eu tivesse trabalhando até tarde e aparecesse alguma chance... Quer dizer, sei que a promotoria quer

que você diga que eu rondava as ruas à noite com uma lanterna para amarrar, algemar e desaparecer com eles; isso nunca aconteceu. Nunca tive tempo para esse tipo de coisa, para começo de conversa. ==Meus encontros sempre aconteceram por acaso. Você para num sinal e tem alguém esperando o ônibus, aí você oferece uma carona e pergunta onde eles — sabe como é, onde eles fazem as coisas, ou se curtem drogas ou coisa assim; eles fogem de casa porque não têm atenção lá.== Eu fugi de casa, como você sabe, quando tinha 19 anos, porque não me dava bem com meu pai. Ele pegava pesado demais comigo. Eu era "burro e idiota e nunca ia ser nada na vida". Então dei o fora e falei "chega dessa porra". Sobre onde é possível encontrar gente — nossa! —, praticamente em qualquer lugar; pedindo carona; ou em restaurantes; ou em paradas de ônibus, lugares assim. Dá para encontrar gente numa faixa de, digamos, 15 a 23 anos batalhando algum, tentando faturar um trocado, cinco dólares, dez dólares, quanto você quiser dar; mas eles fazem quase qualquer coisa; e não é só — não é só um lance sexual; porque eu tive encontros em que peguei desconhecidos por aí e tive longas conversas com eles e não rolou sexo nenhum. Paguei alguns trocados, dei comida, e depois eles seguiram seu caminho; eu dizia para eles ficarem longe das ruas, porque...

RESSLER: Por outro lado, pelo que entendi, você disse que também explorou alguns desses jovens para fins sexuais, não?

GACY: Eu não explorei ninguém. Não sentia que estava explorando ninguém, porque eram eles que estavam se oferecendo.

Ao longo dos anos em que mantivemos contato, Gacy dizia com frequência que não teve uma infância normal, tanto em termos físicos como mentais; suas lembranças revelam, no mínimo, que a raiz de seus problemas estava na infância.

GACY: Aos 10 anos, me disseram que eu tinha o coração inchado e obstruído; certo, era verdade que eu desmaiava direto. Examinando mais a fundo, descobrimos que eu não podia fazer isso ou aquilo. Não tinha permissão para correr. Quando eu... Na escola, eu não fazia aula de educação física, então não podia praticar esportes. Aos 17 anos, diagnosticaram também que eu tinha epilepsia psicomotora.

RESSLER: Você tomava remédio para epilepsia, ou...?

GACY: Fenobarbital e Dilantina.

RESSLER: Você teve algum episódio de, enfim...?

GACY: Convulsões?

RESSLER: Convulsões e coisas do tipo.

GACY: Sim. As convulsões eram, de acordo com o médico, eles diziam que quando eu tinha um ataque epiléptico ficava oitocentas vezes mais forte. Num ataque epiléptico que tive, eu provavelmente não fui uma companhia das melhores, porque lembro que os amigos com quem saí junto com umas garotas — lembro de uma vez que fiquei agitado e desmaiei ou apaguei no colo da menina e precisaram me levar para o hospital e tudo mais.

RESSLER: Certo. E quanto ao abuso físico ou psicológico? Quando criança, vamos falar logo da questão sexual: você foi sexualmente abusado por alguém?

GACY: Aos 3 anos de idade, por uma menina de 15.

RESSLER: Aos 3 anos?

GACY: É, aos 3 anos; uma menina de 15; se você quiser, dá para dizer que fui molestado. Ela estava brincando de casinha, eu era o filhinho. Ela tirou minha roupa e brincou com o meu pênis.

RESSLER: Certo.

GACY: E os adultos apareceram e acabaram com a brincadeira. Aos 3 anos, como eu ia saber o que ela estava fazendo?

RESSLER: Pois é.

GACY: Aos 9 anos, tinha um cara que estava tocando uma construção que...

RESSLER: Um empreiteiro?

GACY: Ele estava construindo uma casa no terreno vizinho, e me levava para passear e me mostrava uns golpes de luta livre em que a minha cabeça sempre acabava no meio das pernas dele; e ele fez isso várias vezes; e costumava passar lá em casa; e falava com os meus pais. Meu pai conhecia o sujeito, sabe; não como amigo, mas da [empresa] 22 Construction, porque eles conversavam sobre várias coisas diferentes, e esse cara me levava — acho que você leu isso nos livros, mas eles entenderam tudo errado. Meu pai não foi atrás do cara para ameaçar nem nada disso. Um dia ele passou na minha casa para me chamar; e a minha mãe falou "fulano está procurando você, quer levar você até uma outra obra", e eu respondi: "Não gosto de sair com ele". Eu falei: "Sempre acabo com a cabeça no meio das pernas dele". Então quando meu pai chegou em casa, minha mãe contou — sabe como é, porque eu tinha 9 ou 8 anos e não sabia que porra estava acontecendo ali — então quando o meu pai chegou em casa, quando a gente explicou tudo, o meu pai falou "Vou conversar com ele", e disse para o cara: "Não aparece mais aqui para procurar o meu filho". Mas na época não parecia nada com intenção sexual. Ele estava me mostrando golpes de luta-livre em que prendia minha cabeça no meio das pernas e debaixo dos braços. E sempre me comprava sorvetes e coisas assim.

A história do empreiteiro é bem impactante, e Gacy me contou ela tantas vezes que passei a considerar um fator essencial para sua personalidade, independentemente de ter sido inventada ou não. A narrativa contém elementos de homossexualidade, de dominação por outro homem e de artifícios usados para subjugar os outros — além, claro, de envolver um empreiteiro, profissão que mais tarde ele seguiu, e que era também a de seu pai. Em termos psicológicos, depois de adulto Gacy inverteu as posições, para que em seus assassinatos John-a-criança-vítima-de-abuso se transformasse em John-o-agressor. Muita gente sofre traumas na infância que acabam moldando sua personalidade: esse pode ter sido o evento definidor para Gacy.

RESSLER: À primeira vista, um fator importante de sua personalidade é que você parece se satisfazer com poder e controle, sabe como é, essa coisa de ter seu próprio negócio, onde pode exercer poder e controle e se realizar. Isso foi um elemento psicológico importante na sua vida — é isso mesmo?

GACY: Eu não sou...

RESSLER: Realizado?

GACY: Bom, pensando sobre isso... É uma coisa da minha infância, Bob. O meu pai sempre dizia que eu era burro e idiota e nunca ia ser nada na vida. Então sempre me dediquei 100% nas coisas em que me envolvi; porque achava que, se você ia fazer algo, então tinha que fazer direito.

RESSLER: Era meio viciado em trabalho, então?

GACY: Pois é, eu me dedicava 110%. Me envolvi com política; me envolvi com serviços comunitários; e já aos 22 ou 23 anos fui homenageado como Homem do Ano em Springfield, Illinois; e participei de um monte de projetos por lá. Então me mudei para Waterloo, Iowa. Fui homenageado como Homem do Ano; porque, além de trabalhar em período integral, eu também liderava a Câmara de Comércio; organizei uma campanha para atrair mais membros; e, claro, usamos pornografia para isso.

RESSLER: Certo.

GACY: A gente fazia uns shows eróticos; e foi assim que o número de membros foi de 150 para quatrocentos, eram quatrocentos membros na Câmara de Comércio local.

RESSLER: Você já mexeu com algum tipo de pornografia que fosse violenta, coisas com elementos sadomasoquistas?

GACY: Não. Eu nunca... nunca; não. Para começo de conversa, não gosto de amarrar pessoas nem nada do tipo. Enfim, gosto de sexo oral e anal, de sexo oral e vaginal. Assim como não gosto de esportes aquáticos, não curto sadomasoquismo, ou correntes, chicotes e essas bobagens todas; não.

RESSLER: E a tábua de tortura?

GACY: Na verdade, nem consigo manter uma ereção quando tem correntes e essas coisas no meio.

RESSLER: E seu pai, John? Você comentou que nunca conseguia agradá-lo, que ele sempre fazia questão de rebaixá-lo, não?

GACY: Eu também não odiava o meu pai.

RESSLER: Mas você teve uma infância difícil com ele, não?

GACY: Meu pai era da velha guarda, teve uma formação bem limitada, mas nunca deixou faltar nada em casa e era um homem com força de vontade e opiniões fortes. E um alcoólatra também, infelizmente.

RESSLER: Ele era violento? Batia em você às vezes?

GACY: ==Quando bebia, ele praticamente virava outra pessoa. Sim, meu pai batia nos filhos o tempo todo.==

RESSLER: Eram surras mesmo ou ele simplesmente...?

GACY: Se você quisesse morar na casa do meu pai, tinha que seguir as regras dele. Se não estivesse em casa à meia-noite, era porque estava aprontando alguma. Era isso que meu pai pensava. Se estivesse fora de casa depois de escurecer e não tivesse deixado um telefone de contato, você estava aprontando alguma. Tinha um monte de coisas assim. Se você falasse no telefone por mais de dez minutos ouvia um "escreve uma carta". Meu pai tinha valores conservadores.

RESSLER: John, uma coisa que foi mencionada é que quando estava em Las Vegas você trabalhou em uma agência funerária. Isso é verdade?

GACY: Trabalhei como vigia noturno, só isso. Não precisava fazer nada com os corpos. Toda essa conversa de que eu dormia com os mortos e fazia sexo com os cadáveres, não existe nenhuma verdade nisso.

RESSLER: Você não morava na funerária?

GACY: Sim, eu morava na funerária, mas não onde embalsamavam os corpos. Eles querem fazer parecer que eu dormia com os cadáveres, sabe; nunca entrei num caixão nem nada do tipo. Isso é totalmente ridículo. É a mesma coisa, entendeu: a afirmação que eu passei a noite toda com Robert Piest. Não dormi com Robert Piest, porque Robert Piest já tinha sido tirado de lá por Baker. Eu não tinha como fazer isso. Se quiser dizer que eu dormi numa casa em que tinha um cadáver, tudo bem, vai em frente, eu aceito; mas no mesmo quarto não; além disso, os mortos não têm como prejudicar ninguém. É com os vivos que você precisa se preocupar.

Na prisão, Gacy passou a dedicar parte de sua prodigiosa energia à pintura; mais tarde, começou inclusive a vender algumas de suas obras. Não são grande coisa em termos artísticos, mas, como foram pintadas por um assassino que fez muitas vítimas, despertam um certo fascínio em muita gente. Em algumas de suas telas, ele se vale da figura de palhaços — inclusive me deu duas dessas — e pintou várias com o tema dos Sete Anões. Muitas vezes, para incentivá-lo a falar, puxei assunto comentando sobre sua arte.

RESSLER: Suas pinturas evoluíram ao longo dos anos.
GACY: Acho que aprendi com cada uma delas.
RESSLER: Está aprimorando a técnica, hein?
GACY: É.
RESSLER: Queria perguntar uma coisa. Por que os Sete Anões? Como você se interessou por isso?
GACY: Em 1947 vi o filme "Branca de Neve e os Sete Anões" pela primeira vez — no Montclair Theater, acredite se quiser; porque meu tio Art trabalhava lá; ele era manobrista. Então comecei a fazer os Sete Anões por isso; lembrei da música do "eu vou, eu vou". Mas, na verdade, se você examinar os sete personagens diferentes, e se pesquisar a obra do Disney, conseguir chegar a esses Sete Anões foi

uma luta que durou três anos. Acho que é por isso também que me identifico com Michelangelo, porque ele era obcecado pelo trabalho, assim como Leonardo da Vinci. As pessoas sempre me perguntam quem são meus artistas favoritos, sabe, e por quê; e eu não sabia que Michelangelo era homossexual, isso não faz diferença para mim. Ele era viciado em trabalho: era escultor, pintor, fazia um monte de outras coisas. Da Vinci era inventor e tudo mais; e, claro, sobre a minha vida, você sabe que sou carpinteiro, "um carpinteiro construtor por ofício"; mas também sou azulejista, sei assentar qualquer tipo de lajota, de cerâmica, de vidro, qualquer uma; e já pintei parede, fiz decoração, coloquei papel de parede; já fiz murais e coisas do tipo; já fiz aplicação de asfalto. Então também sou polivalente nessa área; mas acho que puxei isso do meu pai, porque ele era assim. Era pau para toda obra, não era um mestre em nenhum ofício, mas trabalhou como operário qualificado na montagem de mísseis balísticos durante mais de trinta anos. Era um cara trabalhador, não saía muito de casa, costumava beber no porão; e eu nunca fui muito de beber. Só quando Chandler e Baker começaram a trabalhar comigo comecei com os comprimidos. Nisso acabei abusando. Não sabia no que estava me metendo. Comecei tomando um ou dois Valium de manhã, sabe como é, para relaxar a tensão de ter tantos trabalhos rolando e precisar ir a vários lugares e fazer as coisas acontecerem, porque sempre gostei de vigiar tudo de perto. Sempre achei que, se você me contratasse, eu deveria participar do trabalho. Bom, quando você tem cinco obras rolando, não dá para estar

em todos os lugares, mas eu tentava; então era viciado em trabalho mesmo. Mas quando comecei foi tipo "Aqui, toma um Valium, vai ajudar você a relaxar". Bom, comecei tomando dois Valium e depois quatro. Lá para 1977 ou 1978 estava tomando 130 miligramas de Valium por dia; mas eu levava uma vida cansativa, sabe?

RESSLER: Você acha que a essa altura estava viciado?

GACY: Ah, com certeza sim. Em 1978 eu estava viciado, sem dúvida.

RESSLER: Bom, você fala bastante sobre lapsos de memória. Então é possível que as drogas e o álcool tenham contribuído para essa sua perda de memória também?

GACY: Sim. Tem um monte de coisas que esqueci e não consigo lembrar. Por exemplo, consigo recordar coisas da infância de memória, mas dos anos 1970 tem um monte de coisas que não consigo lembrar, a não ser que você me mostre algo que me traga alguma recordação. Então ainda consigo lembrar de muita coisa; e não é fingimento. É que eu preciso de ajuda, sabe, de alguma coisa que me oriente. Resumindo, se eu pegasse os registros de um trabalho ou outro poderia juntar alguns fatos, se tivesse informações sobre os lugares, as datas e os horários. A mesma coisa com as vítimas. Já examinei todas as... Não sei se você reparou, mas aqui nós temos fotos de todas as vítimas; e, acredite se quiser, durante os últimos doze anos eu estudei as fotos dessas vítimas; e não existe nada que... A gente tem uma aqui com todas as vítimas juntas; e olhando para as fotos não tenho recordação de ninguém, é um pessoal que nunca conheci.

As autoridades permitiram que Gacy mantivesse fotos dos jovens assassinados como parte do material reunido para sua defesa. Mas, para mim, a maneira como ele guardava essas imagens em sua cela, em um álbum de recortes, tinha implicações bem mais sinistras. Para Gacy, essas fotos eram pornográficas. Quando as olhava, ele podia reviver seus crimes, a maneira como havia matado cada uma das vítimas, e se excitar sexualmente com isso. O fato de conseguir fazer com que esse material fosse deixado em sua cela era mais um exemplo de como esse assassino paranoico podia ser manipulador com as autoridades.

Depois de concluir essa entrevista, Gacy deixou de se corresponder comigo com tanta frequência. Ele ficou irritado com o fato de *Mindhunter Profile* não afirmar sua inocência, e as poucas cartas que recebi depois da publicação do livro eram para me perguntar quando eu faria revisões no texto para retratá-lo de acordo com sua visão da realidade.

Gacy inclusive escreveu para o FBI se queixando de que o livro não o representava como um homem inocente como deveria. Era uma reclamação absurda. Ele tinha muito mais razão quando entrou em contato com o Bureau para contestar a afirmação de meu ex-colega John Douglas de que havia estado "cara a cara" com ele — os registros de fato mostravam que Douglas nunca conversou com Gacy pessoalmente.

O tempo passou. Joe Kozenczack se aposentou e se tornou detetive particular, mas nossa amizade continuou. Ainda trocamos opiniões profissionais e trabalhamos juntos em um outro caso, que aliás não tem nada a ver com aquele que proporcionou nosso primeiro contato. Assim como eu, Joe acredita que Gacy tenha sido responsável por muitos outros homicídios em vários outros locais pelo país além daqueles pelos quais foi condenado. No entanto, a procuradoria estadual de Illinois se recusa a contemplar essa possibilidade, e a investigar eventuais cúmplices de Gacy.

Em 1994, o tempo de John Wayne Gacy se esgotou. Na noite em que ele foi executado por injeção letal, na madrugada de 9 para 10 de maio, eu estava hospedado em um hotel de beira de estrada em outro estado. Me dei conta de que era o aniversário de sua primeira prisão em 1968, em Iowa, por sodomia. Liguei a televisão na CNN para me informar a respeito das últimas tentativas de adiar a execução, e perto das 23h, como nenhum anúncio foi feito sobre o horário exato da aplicação da sentença, pensei comigo mesmo "Não vou ficar aqui esperando acontecer", mudei de canal e coloquei em um filme antigo. Acabei dormindo com a TV ligada. Em algum momento da madrugada, enquanto ainda estava escuro do lado de fora, acordei sobressaltado. Estava com a respiração pesada, hiperventilando, quase como se tivesse acabado de despertar de um pesadelo — mas não era o caso. Meu peito estava ofegante, e me vi estranhamente ansioso. Levantei, bebi um copo d'água e cheguei a me perguntar se não estaria sofrendo um ataque cardíaco. Sentei na cama e coloquei de volta na CNN. E então ouvi: "Em tal e tal hora, John Wayne Gacy foi executado", e o horário anunciado foi o momento exato em que acordei assustado. Se John Wayne Gacy passou por meu quarto a caminho do inferno — só para pregar uma peça no caçador de assassinos em série que foi criado a apenas quatro quarteirões de sua casa na infância —, eu não sei, mas foi uma experiência bem perturbadora.

PROFILE 2
profile 166

Jeffrey Dahmer

CARNE
HUMANA

O arcebispo enforcado ao lado de Pazzi, com todas as suas vestes sagradas, não deu qualquer conforto espiritual; olhos esbugalhados, louco enquanto engasgava, o arcebispo trincou os dentes na carne de Pazzi.
Thomas Harris, *Hannibal*

CAPÍTULO 6
MINDHUNTER PROFILE 2

ROBERT K. RESSLER E TOM SHACHTMAN

Em janeiro de 1991, cerca de seis meses depois da minha aposentadoria do FBI, fui convidado para dar um curso sobre perfis psicológicos de criminosos e de abusadores de crianças em Milwaukee, sob a égide da Universidade de Wisconsin e junto de meu ex-colega Ken Lanning. Era um trabalho rotineiro para nós, e só fui pensar melhor sobre as consequências quando fiquei sabendo por meio das manchetes de jornais sobre a prisão de Jeffrey Dahmer em Milwaukee, no

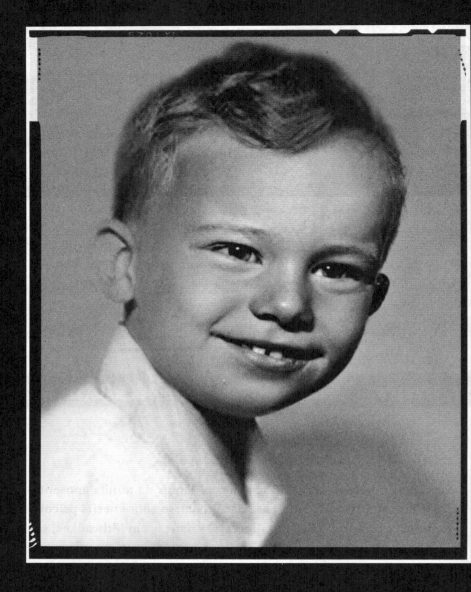

PROFILE
profile

início do segundo semestre de 1991. Dahmer era acusado de cometer dezessete assassinatos na região e na cidade de Bath, em Ohio, onde passara a infância. Para mim, sem dúvida foi gratificante receber em agosto daquele ano uma carta de um detetive de Milwaukee que fez o curso em janeiro e participou de forma ativa da investigação do caso Dahmer: "Não sou capaz de expressar como foram úteis para os recentes acontecimentos aqui em Milwaukee as informações apresentadas por vocês", ele escreveu. "Saber o que procurar foi de grande ajuda tanto para mim quanto para os demais investigadores [do caso Dahmer]."

Mais tarde, meu envolvimento com o caso se tornou mais direto e pessoal. Alguns meses depois, fui contatado pela defesa do assassino e por um policial que passou meu currículo para a acusação. Meu amigo Park Dietz colaboraria com a promotoria, mas nesse caso minha opinião era diferente da dele, e aceitei participar do processo como consultor para a defesa. Apesar de não achar que Dahmer era inocente por seus crimes em termos legais ou médicos, eu acreditava que havia circunstâncias atenuantes que o tornavam apto à alegação de insanidade. Do meu ponto de vista, Dahmer não era nem um criminoso "organizado" nem "desorganizado" pelas definições clássicas; um assassino organizado seria considerado legalmente são, e um desorganizado seria visto como insano aos olhos da lei, mas Dahmer era ao mesmo tempo as duas coisas e nenhuma — um "misto" de ambos os tipos —, o que tornava possível que um tribunal decretasse sua insanidade na época em que cometeu alguns dos últimos assassinatos.

Era bastante improvável que eu fosse convocado a depor como testemunha, em razão da presença de psiquiatras qualificados que haviam sido contratados por ambos os lados. No entanto, meu ponto de vista era diferente do da maioria desses profissionais por ser especializado nos aspectos criminais, e não nos aspectos desviantes, do comportamento humano. A ideia de que "Ressler faz parte da defesa" causou preocupação. O procurador distrital E. Michael McCann, que trabalhava na acusação, se opôs de maneira vigorosa a um potencial

depoimento meu. Ele chegou a afirmar no tribunal que até meus antigos colegas da Unidade de Ciência Comportamental fizeram objeções a minha participação. Começou a circular um boato de que eu fiz de tudo para me envolver no caso. Não era verdade. Como já expliquei antes, em minha atuação depois de sair do FBI nunca me ofereci para testemunhar como especialista em caso nenhum — costumava ser solicitado a fazer isso sem esforço de minha parte. Esse boato, iniciado por meus ex-colegas de unidade, continuou vinculado a mim e inclusive foi mencionado no julgamento de um homicídio no Texas, em uma tentativa de me impedir de depor no tribunal. A inveja no âmbito profissional costuma ser duradoura e difícil de erradicar.

Quanto a testemunhar a favor da defesa ou da acusação, acredito que um especialista deve ter uma única opinião, que deve estar disposto a afirmar e manter, e não mudar de acordo com o lado que o solicita a depor. No caso Dahmer, minha opinião não era contrária nem favorável a sua inocência. Eu não tinha como defender suas ações ou seu comportamento, nem ser complacente com o fato de ele ter matado dezessete seres humanos, mas achava que minha participação como especialista poderia contribuir para um entendimento maior do réu e de seus crimes, ajudando a criar a base necessária para uma avaliação justa do caso. Foi por isso que concordei em colaborar com Gerald P. Boyle, advogado de Dahmer.

O que me levou a essa decisão foi a declaração que Gerry Boyle desejava que Dahmer fizesse diante da corte. Em 13 de janeiro de 1992, Boyle anunciou à imprensa e ao tribunal que Dahmer, que originalmente se declarou "inocente por razão de insanidade", passaria a se declarar "culpado porém insano". Essa alegação é permitida pela lei estadual do Wisconsin, mas vetada em vários outros estados. ==Isso significava que, fosse qual fosse o resultado do julgamento, Dahmer passaria o resto da vida em alguma instituição de segurança.== Caso a defesa provasse sua tese, essa instituição seria um manicômio judiciário; caso a acusação prevalecesse, seria um presídio. "Esse caso diz respeito ao estado de saúde mental [de Dahmer]", declarou Boyle à imprensa.

Em uma tentativa de avaliar seu estado mental, marquei uma entrevista com Dahmer, programada para durar dois dias, uma semana depois do anúncio. Como forma de preparação para as conversas, fui conhecer o apartamento do réu, acompanhado por homens do Departamento de Polícia de Milwaukee, e analisei cada evidência. Estudei tudo o que havia disponível sobre o assassino e seus crimes a fim de proporcionar a Boyle uma avaliação de Dahmer dentro do contexto dos assassinos em série em geral e de seus padrões mais evidentes.

Filho de uma família de classe média de uma cidadezinha de Ohio, Dahmer tinha apenas 18 anos quando cometeu o primeiro homicídio em Bath, no ano de 1978. Oito anos se passaram antes que o desejo assassino aflorasse de novo, mas a matança foi ganhando uma escala cada vez maior: uma morte em 1986, duas em 1988, uma em 1989, quatro em 1990 e oito em 1991. Por fim, um jovem negro chamado Tracy Edwards conseguiu escapar das garras de Dahmer e acionou uma viatura da polícia de Milwaukee para ajudá-lo a se livrar das algemas com as quais o criminoso o havia subjugado.

No apartamento de Dahmer, depois de este ser preso, a polícia encontrou pedaços de corpos, fotografias das vítimas e muitos outros suvenires macabros dos assassinatos de jovens do sexo masculino, com evidências inclusive de canibalismo e tortura. As investigações revelaram que os policiais tiveram várias chances de pegar Dahmer antes que os últimos homicídios ocorressem. Por exemplo, em 1988 um garoto laosiano conseguiu escapar do apartamento dele, para onde Dahmer o atraíra com a promessa de dinheiro em troca de posar para fotografias, e então tentara dopar o rapaz. Dahmer, que já tinha passagens pela polícia relacionadas à bebedeira, foi condenado por atentado ao pudor, uma contravenção de segundo grau, e obteve permissão de permanecer solto sob fiança até a definição da sentença. Nesse meio-tempo, cometeu outro assassinato. Quando foi proferida, a sentença previa um ano de prisão em regime semiaberto e a participação em seminários sobre alcoolismo, em vez de trancafiá-lo na cadeia. Nessa época, já havia

muitas denúncias de jovens desaparecidos na região onde Dahmer encontrara o garoto laosiano, e provas suficientes para vinculá-lo a esses casos. No entanto, tal associação não foi feita pelas forças da lei. (Caso nessa época as autoridades tivessem usado como deveriam o sistema de análise de crimes vicap, do fbi, a conexão apareceria de forma bem mais clara, e os demais homicídios de Dahmer teriam sido evitados.)

Quando Dahmer entrou com pedido de liberdade condicional da prisão em regime semiaberto por bom comportamento, até mesmo o pai dele, um de seus defensores mais ferrenhos, escreveu à corte de apelações desaconselhando a soltura antes que completasse o tratamento de reabilitação, mas ele foi libertado mesmo assim. Depois disso, o frenesi assassino de Dahmer só acelerou. As autoridades tiveram pelo menos mais duas chances de pegá-lo. Em 8 de julho de 1990, os gritos de uma vítima em potencial forçaram Dahmer a libertar o garoto, e o incidente foi denunciado à polícia, inclusive com a descrição de um agressor chamado Jeff e o endereço de seu apartamento — mas a investigação não foi levada adiante. No fim de maio de 1991, mais uma oportunidade surgiu, com o rapto em um shopping center de outro garoto laosiano por parte de Dahmer, que inclusive era o irmão mais novo do jovem que escapara dele três anos antes. Esse outro também conseguiu se livrar do ataque sexual, e saiu correndo sem roupa pelas ruas, onde moradores locais se mobilizaram para ajudá-lo e cuidar dele até que a polícia chegasse. Dahmer apareceu no local instantes depois. Inacreditavelmente, os policiais e socorristas do corpo de bombeiros que atenderam à ocorrência acreditaram em Dahmer, que alegou apenas que o garoto era seu namorado e estava muito bêbado. A polícia inclusive levou o jovem de volta ao apartamento de Dahmer, onde o assassino lhes mostrou o documento de identificação do garoto e algumas fotos tiradas com ele antes de dopá-lo. A polícia ignorou o cheiro forte que havia lá dentro, e deixou Dahmer à vontade com a vítima; minutos depois que os policiais foram embora, ele estrangulou o rapaz.

Quando enfim foi preso pelo homicídio, no início do segundo semestre de 1991, Dahmer a princípio tentou negar os crimes cometidos, mas a montanha de provas coletada — um tonel contendo partes de corpos, crânios ressecados e envernizados, centenas de fotos de vítimas e assim por diante — logo o fez mudar de ideia, e ele forneceu uma confissão bastante detalhada dos assassinatos. Admitiu não apenas ter matado os jovens, mas também ações deploráveis como cópula com os cadáveres, canibalismo e tortura prolongada como um prelúdio para os homicídios. Dahmer torturou algumas das vítimas com furos no crânio para, logo depois, despejar ácido no cérebro.

Imagine, se for capaz, uma voz grave e ressonante, aparentemente lacônica, tranquila e articulada, mas com subtons de enorme tensão e tentativas de controlar o que está sendo dito. Com relação à voz e ao modo de falar, ele era diametralmente oposto a John Wayne Gacy. ==No caso de Dahmer, as palavras pareciam arrancadas da boca uma por uma, ou, no máximo, frase por frase.== Para mantê-lo falando, eu murmurava coisas como "um-hum" a cada frase, mas para não atrapalhar a leitura eliminei essas intervenções da transcrição. Dahmer queria transmitir uma ideia de cooperação, e causar em mim a impressão de que estava recordando seus atos de forma objetiva, como se tivesse sido outra pessoa que cometeu os assassinatos.

Por favor, tenha em mente que meu trabalho não era fazer Dahmer admitir os crimes — ele já havia confessado —, e sim tentar compreender suas motivações e determinar seu estado mental no momento em que os cometera. No início de nossa conversa, tentei fazer Dahmer entender que estava em uma posição privilegiada para fornecer informações valiosas que ajudariam a prevenir futuros crimes e que sua colaboração era fundamental para que Boyle o defendesse apropriadamente no tribunal. Depois das preliminares, começamos falando de suas lembranças mais antigas de atos violentos.

Ressler entrevista o assassino condenado Jeffrey Dahmer na biblioteca da prisão.

RESSLER: Voltando a Bath, em Ohio, seu primeiro crime contra uma pessoa, de tirar uma vida. Antes disso...?

DAHMER: Não teve nada.

RESSLER: Nenhuma agressão, nada do tipo?

DAHMER: Não. Violência contra mim. Eu fui agredido — sem nenhum motivo.

RESSLER: Me conte um pouco sobre isso.

DAHMER: Eu visitei um amigo, e, ao voltar para casa a pé à noite, três veteranos, três formandos do ensino médio, se aproximaram. Senti que alguma coisa ia acontecer e, de fato, um deles sacou um porrete e bateu na minha nuca. Sem nenhum motivo. Ele não falou nada, apenas me bateu. E eu fugi.

RESSLER: Imagino que tenha sido bem assustador para você.

DAHMER: Pois é.

RESSLER: Esse porrete ficou na sua mente por muito tempo?

DAHMER: Só depois que... É, ficou, sim, por mais ou menos um ano.

RESSLER: Então essa foi a primeira vez que você se viu envolvido em um ato de violência, como vítima. Vamos falar de sua família, da desintegração de sua família. É uma coisa dolorosa para muita gente, para pessoas que fizeram coisas como as que você fez, e isso se torna um elemento definidor de sua vida também. Então eu queria perguntar: aconteceu algum caso de abuso sexual contra você por algum membro de sua família em algum momento?

DAHMER: Não.

RESSLER: Nem dentro nem fora da família?

DAHMER: Não.

RESSLER: Então esse não é um fator relevante em seu caso. Mas eu li a respeito de seu interesse em atividades como dissecar animais e coisas do tipo. Quando isso começou?

DAHMER: Aos 15 ou 16 anos. Era uma coisa que ia e voltava.

RESSLER: Isso foi depois de apanhar daqueles caras, certo?

DAHMER: Hã... foi.

RESSLER: Começou nas aulas de biologia na escola?

DAHMER: Acho que sim. A gente teve que — a gente dissecou um filhotinho de porco.

RESSLER: E como você descreve seu fascínio por, hã, desmembramento [Dahmer dá uma risadinha], essa coisa com animais, sabe?

DAHMER: Era um lance meio... Bom, um deles foi um cachorro bem grande encontrado no acostamento de uma estrada, e eu ia arrancar a carne, limpar os ossos, reconstruir o esqueleto e vender. Mas não consegui chegar até esse ponto. Não sei o que me levou a começar a fazer isso; é uma coisa estranha, ter esse tipo de interesse.
RESSLER: É estranho, sim.
DAHMER: Pois é.

Alguns entrevistadores tentam ser objetivos ao lidar com uma pessoa nessa situação, imaginando que ao agirem de outra forma — endossando ou repudiando seus atos — acabariam interrompendo o fluxo da conversa. Minha técnica é diferente. Quando alguma coisa é estranha e não parece inapropriado no momento fazer um comentário, eu expresso minha opinião. Nesse exemplo, acho que isso ajudou Dahmer a sentir que eu também estava encarando com estranhamento as coisas com que ele acabou se envolvendo, e das quais estava tentando se distanciar.

RESSLER: Sobre o cachorro, tinha uma história sobre um crânio empalado atrás de sua casa, não?
DAHMER: Isso foi feito de brincadeira. Encontrei um cachorro, abri para ver como eram suas entranhas, e por algum motivo achei que seria engraçado espetar o crânio em um pedaço de pau e colocar no mato. E levei um amigo para ver e falei que tinha achado por acidente. Só para assustar.
RESSLER: E quantos anos você tinha?
DAHMER: Provavelmente... uns 16.
RESSLER: Em que ano foi isso?
DAHMER: No fim dos anos 1970.
RESSLER: Interessante.

Nessa época, eu estava na Academia do FBI em Quantico, mas ainda mantinha laços com a região de Cleveland, onde tinha atuado como agente por vários anos. Policiais de Ohio me encaminharam uma série de fotografias de animais desmembrados e sem cabeça, empalados em pedaços de pau arranjados em círculo em uma área de vegetação cerrada. Eles queriam saber se isso significava uma atividade relacionada a alguma seita ou ao satanismo, e perguntaram que tipos de personalidades poderiam ser responsáveis por atos como esse. Não havia informações suficientes para eu arriscar uma teoria na ocasião. Durante minha entrevista com Dahmer, porém, fiquei intrigado com a ideia de que poderia ter conseguido um vislumbre da mente de alguém que mais tarde se tornaria um dos piores assassinos em série do país — e não sabia disso. No entanto, mesmo se eu tivesse chamado a atenção para a possibilidade de o autor do círculo de cabeças ser alguém com potencial para se tornar um perigo real para a sociedade, nada aconteceria, porque o perpetrador era um adolescente, e sua atuação criminosa ainda não havia se desenvolvido por completo. Em nossa conversa, perguntei a Dahmer se estava envolvido de alguma forma nesse círculo de cabeças de cachorros, e ele negou que isso tivesse algum significado relevante para ele.

DAHMER: Eu não fazia parte de nenhum culto, foi só uma brincadeira.
RESSLER: Então você não estava envolvido de forma nenhuma com essas cabeças...?
DAHMER: Não. Onde foi que encontraram?
RESSLER: Em algum lugar ao sul de Cleveland.

A partir de então estávamos prontos para entrar no assunto mais sério, o dos homicídios em si. No trecho a seguir, perceba como Dahmer se vale do pensamento mágico para explicar como encontrou sua vítima, como se tudo tivesse meio que conspirado para que a coisa acontecesse. Esse tipo de raciocínio é uma tentativa de

absolver a si mesmo da responsabilidade sobre seus atos. Ele tinha um cenário em mente, pegar alguém que estava pedindo carona, e, quando a coisa começou a acontecer na vida real, se sentiu arrebatado pela situação e compelido a levar tudo até o fim.

RESSLER: Você tinha uns 18 anos quando cometeu seu primeiro homicídio? Me conte um pouco sobre isso. Era alguém pedindo carona, certo?

DAHMER: Fazia uns dois anos que eu vinha fantasiando em pegar alguém bonito pedindo carona e [pausa dramática] desfrutar sexualmente da companhia dele.

RESSLER: Isso veio de algum filme, livro ou coisa parecida?

DAHMER: Não; veio de dentro.

RESSLER: De dentro.

DAHMER: E acabou acontecendo numa semana em que não tinha ninguém em casa — minha mãe estava fora com David, num motel que tinham arrumado a uns dez quilômetros de lá; e eu estava com o carro, mais ou menos às 17h; e estava voltando para casa, depois de ter bebido; e não estava procurando ninguém — só que, a mais ou menos um quilômetro e meio de casa, ele apareceu! Pedindo carona. Estava sem camisa. Era atraente; me senti atraído por ele. Eu parei o... passei por ele e parei o carro e pensei: "Bom, eu pego esse cara ou não?". Aí perguntei se ele queria ir fumar um baseado, ele respondeu: "Quero, sim". Fomos para o meu quarto, tomamos umas cervejas e pelo tempo que passamos juntos deu para ver que ele não era gay. Eu, hã, não sabia o que fazer para não deixar que ele fosse embora, a não ser pegar o halter e dar na cabeça dele, e foi isso que fiz, e depois estrangulei ele com o mesmo halter.

RESSLER: Tá, vamos parar aqui. Você disse que as fantasias — você teve essas fantasias por vários anos? Isso começou quando, no estágio inicial?

DAHMER: Aos 16.

RESSLER: Pelo que você lembra, tem alguma ideia do que pode ter feito surgir esse tipo de fantasia em sua mente, de pegar alguém fisicamente à força ou — o assassinato também fazia parte? Tirar uma vida?

DAHMER: Hã, sim. É que tudo — tudo aquilo girava em torno de ter o controle completo. Por que e de onde isso veio, eu não sei.

RESSLER: Você se sentia deslocado em seus relacionamentos com as pessoas, como se não fosse capaz de estabelecer relações duradouras?

DAHMER: Na cidadezinha onde eu estava, a homossexualidade era o maior dos tabus. Não discutida, jamais. Eu sentia o desejo de ter alguém, mas não conhecia nenhum gay, pelo menos que eu soubesse; era bem frustrante em termos sexuais.

RESSLER: Certo. Você disse que o cara ia embora, e que não queria que fosse, e que bater nele foi uma forma de evitar. Você pegou o halter e o quê? Bateu nele até que desmaiasse? O que aconteceu depois?

DAHMER: Aí eu peguei o halter e usei para estrangular ele.

RESSLER: E depois? Aconteceu alguma atividade sexual antes disso?

DAHMER: Não. Eu fiquei assustado com o que tinha feito. Fiquei andando pela casa por um tempo. No fim acabei me masturbando.

RESSLER: Você ficou sexualmente excitado com o acontecido? Por ele estar lá?

DAHMER: Pela ideia do cativeiro.

Dahmer tentou me deixar chocado com a homossexualidade e a gratificação sexual pervertida, mas não deixei isso acontecer. Por outro lado, também queria que ele achasse que eu acompanhava o seu raciocínio e entendia o que ele falava.

RESSLER: Então ele estava inconsciente, ou morto, e estava a seu dispor, e você sabia que ele não ia a lugar nenhum, e isso foi excitante?

DAHMER: Isso. Aí mais tarde coloquei o corpo debaixo do piso. Enquanto estava lá, sem conseguir dormir naquela noite, voltei lá para cima. No dia seguinte, precisava arrumar um jeito de me livrar das provas. Comprei uma faca, daquelas de caça. Voltei na noite seguinte, abri a barriga dele e me masturbei de novo.

RESSLER: Então você ficou excitado com o aspecto físico da coisa?

DAHMER: Com os órgãos internos.

RESSLER: Os órgãos internos? O ato de evisceração? Você ficou excitado abrindo o corpo?

DAHMER: É. E depois arranquei o braço. Cortei pedaço por pedaço. Ensaquei tudo. Coloquei em três sacos de lixo bem grandes. Joguei no banco de trás do carro. Depois fui dispensar as provas em um desfiladeiro a uns quinze quilômetros de casa. Fiz isso às 3h da manhã. Na metade do caminho, numa estrada vicinal deserta, fui parado pela polícia. Por dirigir em cima da faixa de separação das pistas. O cara pediu reforços. Na central. Vieram dois. Fizeram o teste de embriaguez. Eu passei. Olharam o banco de trás com a lanterna, viram os sacos e perguntaram o que era. Disse que era lixo que eu não tinha tido tempo de levar para o aterro. Eles acreditaram, apesar do cheiro. Me deram uma multa por dirigir em cima da faixa — e eu voltei para casa.

Uma nota incidental: fiz uma conexão dessa descrição de Dahmer ensacando o corpo com um caso no Japão em que corpos foram descobertos em sacos de lixo apartados no parque público Inokashira, em Tóquio. Lá, esse tipo de desova chamou muita atenção, provocando comentários e perplexidade. No entanto, esse tipo de método já havia sido usado por Dahmer e por diversos outros assassinos em série nos Estados Unidos. O que pode parecer extremamente incomum para um determinado observador, na verdade não tem nada de novo — trata-se apenas de algo que a maioria das pessoas leigas desconhece.

RESSLER: Você ficou nervoso quando foi parado?
DAHMER: Nervoso é pouco.
RESSLER: Bom, ao que parece eles não perceberam o seu nervosismo, pelo menos não a ponto de querer ver o que tinha nos sacos ou coisa do tipo. Fizeram só uma abordagem-padrão.
DAHMER: É.
RESSLER: E então o que você fez com os sacos?
DAHMER: Coloquei de volta no porão. Arranquei a cabeça, lavei, coloquei no chão do banheiro, me masturbei e tudo mais, depois levei de volta lá para baixo com o resto dos sacos. Na manhã seguinte — a casa tinha um tubo de escoamento subterrâneo bem grande, de uns trinta metros — coloquei os sacos lá, fechei a abertura e deixei lá por uns dois anos e meio.
RESSLER: Quando você foi buscar?

DAHMER: Depois do Exército, depois de trabalhar mais ou menos um ano em Miami. Enquanto o restante da família estava fora, enquanto estavam trabalhando, abri o cano de escoamento, peguei os ossos, triturei em pedaços menores e espalhei pelo mato.

RESSLER: Por que você triturou os ossos?

DAHMER: Para pôr um fim na coisa. O colar que ele estava usando, e as pulseiras — dirigi uns dez quilômetros e joguei no rio, de uma ponte.

RESSLER: Você não guardou nada desse acontecimento?

DAHMER: Não. Queimei as roupas.

RESSLER: Certo. Não quero repassar caso por caso, mas existem alguns em que eu queria me concentrar, porque tenho umas perguntas.

No trecho a seguir, Dahmer fala não só do homicídio que cometeu depois desse, mas também sobre sua orientação sexual de forma mais específica. Ao ouvi-lo falar, me lembrei do assassino em série britânico Dennis Nilsen, cujas relações com suas vítimas do sexo masculino também seguiram pelo mesmo caminho — recusa da penetração e uso do corpo como objeto sexual em vez de um parceiro consensual, uma ação indicativa de uma orientação sexual bem diferente da homossexualidade em sua manifestação convencional. Nilsen declarou em uma entrevista para a Central Television que, para ele, a parte mais excitante do padrão sexo-e-assassinato era o momento em que erguia a vítima sem vida e via os membros inertes caídos ao lado do corpo, o que representava seu poder e controle sobre a outra pessoa, relegada a um papel de passividade total.

RESSLER: O homicídio seguinte aconteceu quando?

DAHMER: Em 1986. Convidei um cara que tinha conhecido na frente de um bar gay para ir comigo para o Hotel Ambassador passar a noite transando e curtindo. E eu já usava comprimido nas pessoas.

RESSLER: Que tipo de drogas você usava?

DAHMER: [Nome de medicamento de uso restrito], remédio para dormir.

RESSLER: Como você começou a usar isso?

DAHMER: Eu frequentava o Club Baths fazia um tempo, e muita gente que eu conhecia queria sexo anal, e eu não tinha interesse nisso, queria encontrar uma forma de passar a noite com eles, de curtir a presença deles sem precisar fazer isso, e como eu trabalhava...

RESSLER: Então virou uma forma de controle?

DAHMER: É. E, como eu trabalhava à noite, fui ao médico e falei que não estava conseguindo dormir direito durante o dia. Ele prescreveu o remédio, e eu comecei a usar.

RESSLER: Foi por isso que você pediu a receita? Para poder fazer os outros dormirem?

DAHMER: Sim.

RESSLER: E aí você começou a tentar fazer isso com o pessoal da sauna?

DAHMER: Isso. Usando uns cinco comprimidos.

RESSLER: O que você — você misturava na bebida ou coisa do tipo? E como sabia que estava fazendo efeito?

DAHMER: Em geral eles ficavam inconscientes por umas quatro horas.

RESSLER: Qual era a dosagem normal?

DAHMER: Um.

RESSLER: Então você estava multiplicando por cinco, queria um efeito rápido?

DAHMER: Isso.

RESSLER: Quanto tempo demorava para eles apagarem?
DAHMER: Meia hora.
RESSLER: Então você precisava causar uma distração por meia hora antes que eles dormissem. Pelo que sei, você teve problemas na sauna, não?
DAHMER: Fizeram uma reclamação contra mim, usando a desculpa do alcoolismo [para cassar a filiação de Dahmer].
RESSLER: Você tinha a intenção deliberada de aprender a usar esse tipo de drogas?
DAHMER: Isso. E ter controle sobre as pessoas sem precisar machucar ninguém.
RESSLER: Em que você pensava na hora de levar alguém para casa?
DAHMER: Absolutamente nada! Foi por isso que comecei a usar o manequim. Sabia disso? Eu queria arrumar uma forma de me satisfazer sem machucar ninguém.
RESSLER: Então o manequim era um substituto?
DAHMER: Isso. Começou aos poucos, indo a livrarias, voltando a beber, e a partir daí foi ladeira abaixo.
RESSLER: Você estava tentando manter distância dessas coisas?
DAHMER: É. Por uns dois anos. Lá por 1983, comecei a ir à igreja com a minha avó. Queria dar um jeito na minha vida. Ia à igreja, lia a Bíblia, tentava reprimir os pensamentos sexuais, e me saí muito bem por uns dois anos. Aí uma noite estava numa biblioteca, lendo um livro, totalmente na minha, e um cara jogou um bilhete no meu colo e se mandou rapidinho. Estava escrito: "Vai até o banheiro lá de baixo que eu te faço um boquete". E eu pensei — "Que ridículo, não vou me deixar levar tão fácil assim" — e dei risada, nem pensei nisso.

Mas depois de uns dois meses começou de novo, a compulsão, os impulsos. Desejo sexual cada vez maior. Voltei a beber. Comecei a ir às livrarias. Nessa época eu estava sob controle dos meus desejos, mas queria arrumar uma forma de me satisfazer sem machucar ninguém. Então fiquei sócio da sauna, comecei a frequentar bares gays e a me satisfazer com o manequim. E aí teve o lance do cemitério. Li nos obituários sobre um cara de 18 anos que tinha morrido. Fui até a funerária, vi o corpo, fiquei atraído por ele.[1] Quando foi enterrado, peguei uma pá e um carrinho de mão, ia levar ele para casa. Lá pela meia-noite fui até o cemitério, mas a terra estava congelada, então desisti.

RESSLER: De onde você tirou a ideia de pegar um cadáver?

DAHMER: O lance do manequim não me satisfazia. Não funcionava. Então comecei a frequentar a sauna. Por um tempo rolou. Depois fui expulso da sauna, e comecei a frequentar bares.

RESSLER: Você mencionou que era bem fácil pegar pessoas nos bares e levar para casa. Tipo uma rotina: no fim da noite, você arrumava alguém?

DAHMER: Isso. E ele era bonitão. Convidei ele para ir ao hotel. Nós bebemos, eu bebi um rum 151 com Coca-Cola. Fiz para ele também. Ele dormiu, e continuei bebendo, e devo ter apagado, porque só lembro do que fiz depois de acordar de manhã. Ele estava deitado de barriga para cima, com a cabeça na beirada da cama, e meus antebraços estavam machucados, e ele estava com as costelas quebradas e tudo mais. Pelo jeito eu bati nele até morrer.

---

1   Dahmer me contou mais tarde, quando o gravador estava desligado, que ficou tão excitado na funerária que precisou ir ao banheiro se masturbar.

RESSLER: Você não se lembra de ter feito isso?

DAHMER: Não lembro de ter feito isso e não tinha a intenção de fazer. Lembro de ter procurado a garrafa vazia de 151. Não estava lá. Pode ter voado pela janela ou coisa do tipo: nem sei o que aconteceu.

RESSLER: Então foi um apagão?

DAHMER: Um apagão total.

A alegação de não ter uma lembrança exata do momento do crime é comum entre os que cometem múltiplos homicídios, embora o contrário seja mais provável — eles não conseguem se esquecer do momento do assassinato, obtêm gratificação a partir do ato e querem repeti-lo. As explicações psiquiátricas de estresse e trauma reafirmam essa ideia de que um estado dissociativo é induzido no momento de maior tensão, o que causa um lapso de memória. Perceba que a situação é bem similar à narrada por John Wayne Gacy, mas, se por sua vez Gacy dizia não ter ideia de como um cadáver foi parar em seu quarto ou sua casa, Dahmer, embora não se lembrasse do assassinato no quarto do hotel, acreditava tê-lo cometido mesmo assim.

RESSLER: Então você acordou de manhã e ele estava morto. E o que você fez a partir daí?

DAHMER: Fiquei totalmente apavorado. Não tinha intenção nenhuma de fazer nada. Então fiquei pensando — eu tinha que fazer alguma coisa com o corpo. Coloquei no closet. Fui até o Grand Mall, comprei uma mala grande de rodinhas. Coloquei ele dentro. Reservei o quarto por mais uma noite. Fiquei lá horrorizado, sem saber que porra eu ia fazer. Aí, na noite seguinte, na outra noite, lá pela 1h da manhã, fiz o checkout, peguei um táxi, pedi para o cara me ajudar a pôr a mala no carro, fui até a casa da minha avó. Peguei a mala, coloquei na despensa do lado de fora e deixei lá por mais ou menos uma semana.

RESSLER: E não ficou cheirando, nem...?

DAHMER: Não, porque era novembro. Estava frio. E foi na semana de Ação de Graças, então não dava para fazer nada porque o pessoal da família estava vindo.

RESSLER: Por que você se sentiu obrigado a levar o corpo? Por que não deixar no quarto?

DAHMER: Porque o quarto estava no meu nome.

RESSLER: Mas se [o quarto] estivesse no nome dele, você teria deixado o corpo lá?

DAHMER: Com certeza.

RESSLER: Certo, então o corpo ficou lá por uma semana. Qual foi o passo seguinte?

DAHMER: Quando minha avó saiu por umas horas para ir à igreja, fui lá buscar; peguei uma faca, abri a barriga dele, me masturbei; depois arranquei a carne do corpo e coloquei nuns sacos; usei três sacos para esconder a carne, embrulhei o esqueleto num lençol velho e esmaguei com uma marreta; depois enrolei tudo e joguei no lixo na segunda de manhã. A não ser o crânio. Eu guardei o crânio.

RESSLER: Por quanto tempo você guardou?

DAHMER: Mais ou menos uma semana. Porque usei alvejante sem diluir. Ficou limpo, mas quebradiço também, então joguei fora.

RESSLER: Você não ficou com medo de colocar esse tipo de coisa no lixo? Os lixeiros poderiam ter visto — isso ia causar problemas ali, não?

DAHMER: Eu não sabia o que fazer. Foi por isso que usei três sacos, para ficar bem reforçado. ==Depois disso, o meu norte moral se desfez de tal forma, e o desejo, a compulsão, era tão forte que continuei nesse mesmo estado.==

RESSLER: Sua avó reparou que tinha alguma coisa estranha acontecendo?

DAHMER: Ela só reclamou do cheiro.

RESSLER: Mas em determinado momento você saiu da casa da sua avó. Por que fez isso?

DAHMER: Bom, depois de passar oito anos com ela, nesse momento achei que precisava de um lugar só meu, onde pudesse ficar mais à vontade. Continuei ajudando com o aluguel, cuidava do gramado, tirava a neve, e ela cozinhava para mim, então, quando arrumei um lugar só meu foi tudo bem tranquilo. A gente se ajudava.

RESSLER: E o primeiro lugar que você arrumou foi...?

DAHMER: Na 24th Street. E foi lá que tirei essa foto [da primeira vítima laosiana]. Não era minha intenção machucar ele.

RESSLER: Era um garoto bem novo, não? Quantos anos ele tinha?

DAHMER: Uns 13 ou 14, mas pensei que fosse mais velho. Sabe como é, um asiático pode ter 21 anos e continuar com aquela mesma cara de menino.

RESSLER: É, isso acontece. O que motivou a coisa?

DAHMER: Era domingo de manhã. Eu estava andando na rua. Atrás de alguma atividade sexual. Cruzei com ele. Um cara atraente. Ofereci cinquenta dólares para tirar umas fotos. Ele topou. Tirei duas fotos, dei a bebida e pensei que ele tivesse apagado. Ele fugiu, e a polícia apareceu.

RESSLER: Então o tiro saiu pela culatra? Você foi preso e tudo mais. Esse é o ponto central da história.

DAHMER: Uhum. Nós voltamos, o detetive e eu, para o apartamento. Eles fizeram uma revista. Não conseguiram achar um crânio que eu tinha numa cômoda no corredor. Mas acharam todo o resto.

RESSLER: Como eles deixaram isso passar?

DAHMER: Estava embaixo das roupas e tal. Da mesma forma como eles deixaram passar os sacos de lixo em Ohio, deixaram passar o crânio.

RESSLER: Puro desleixo da polícia. Se eles tivessem encontrado isso, as coisas teriam mudado consideravelmente, não?

DAHMER: É. E conseguir sair do hotel como eu fiz. Não costuma acontecer. Foi sorte.

No diálogo a seguir, perceba que Dahmer distorceu deliberadamente o que falei. O que eu estava dizendo era que a disponibilidade dos gays para sair com desconhecidos era uma prática perigosa para eles, mas Dahmer encarou essa afirmação como uma menção a um perigo para si mesmo, não para os outros.

RESSLER: A maioria de suas vítimas foi encontrada em bares gays, em bairros frequentados por gays. O que você acha dessa disponibilidade deles para sair com desconhecidos? Não considera um comportamento perigoso?

DAHMER: Eu pensava nisso, mas a compulsão era mais forte do que tudo.

RESSLER: Parece que você arrumou um bom esquema para convencer as pessoas a isso. Era quase previsível que, se saísse à noite com isso em mente, você conseguiria arrumar alguém?

DAHMER: Isso mesmo.

RESSLER: Mas às vezes não funcionava. Por quê?

DAHMER: Bom, às vezes — muito raramente —, eu ficava muito bêbado e acabava saindo com alguém que não era tão atraente quanto imaginava, então acordava de ressaca no dia seguinte e eles iam embora. Em outras ocasiões eu não queria matar, mas não queria ficar com eles. Isso aconteceu três ou quatro vezes. E tinha noites em que eu não queria ninguém, então voltava e via um filme, ou lia.

RESSLER: Você não tinha tantos filmes assim, certo?

DAHMER: Eu devo ter gastado milhares de dólares ao longo dos anos com filmes pornográficos.

RESSLER: Mas a polícia não encontrou uma coleção desse tamanho.

DAHMER: Com o tempo, fui descartando as fitas e revistas que não tinham tanto apelo para mim, para os meus gostos. Além dos vídeos pornô, nos filmes dos Jedi [a trilogia Guerra nas Estrelas], a figura do Imperador, ele tinha controle total, se encaixava perfeitamente nas minhas fantasias. Nessa época eu estava tão corrompido que me identificava com ele por completo. Acho que muita gente gosta de ter controle total, é uma fantasia comum para muitas pessoas.

RESSLER: Sobre esse conceito de dominação e controle. Você diria que isso foi crescendo da segunda vítima até a última?

DAHMER: Sim.

RESSLER: E você começou a aperfeiçoar sua técnica para levar as pessoas para casa e...?

DAHMER: Isso se tornou a motivação e o foco da minha vida, a única coisa que me satisfazia.

RESSLER: Você mencionou que mexeu com ocultismo. Foi uma tentativa de conseguir mais poder?

DAHMER: Sim, mas não foi nada muito sério. Fiz alguns desenhos. Frequentava umas livrarias ocultistas, comprava coisas, mas nunca executei nenhum ritual com as vítimas. Isso provavelmente aconteceria uns seis meses depois, se eu não tivesse sido preso.

RESSLER: Tenho uma cópia de um desenho feito por você. É uma coisa bem fantasiosa, não?

DAHMER: Teria virado realidade em uns seis meses.

Dahmer queria construir o que chamava às vezes de "centro de poder" e às vezes de "templo", composto por uma mesa comprida sobre a qual colocaria seis crânios. Haveria dois esqueletos completos nas laterais da mesa, apoiados sobre um suporte ou pendurados no teto. Um abajur grande ficaria no centro, emanando a luz de seis lâmpadas azuis sobre os crânios. Estatuetas de quimeras completariam o cenário. A intenção era criar um ambiente em que Dahmer conseguisse atingir outro nível da consciência ou do ser, para obter sucesso amoroso e financeiro.

RESSLER: Você queria comprar os implementos, todas aquelas coisas?

DAHMER: Bom, eu já tinha as lamparinas, os esqueletos.

RESSLER: Você achou mesmo que conseguiria acessar algum poder do além...?

DAHMER: Certeza mesmo eu não tinha. Minha experiência com isso era nula, mas...

RESSLER: Essa coisa de guardar esqueletos, crânios, cabelos, partes de corpos — me diga uma coisa, o que tinha por trás disso?

DAHMER: Guardar os crânios era uma forma de sentir que eu tinha mantido pelo menos uma parte da essência deles, que as mortes não foram um desperdício. Os esqueletos eu ia usar no templo, mas não foi essa a motivação para matar eles, essa ideia surgiu depois.

RESSLER: Por que você achava que uma parte do corpo do falecido manteria algum controle, alguma relação? Porque essas partes são inanimadas, e...

DAHMER: Eu não achava isso. Mas estava obcecado por esse aspecto da coisa.

RESSLER: Ao que parece você sempre teve um problema com a ideia das pessoas te abandonarem.

DAHMER: Todos os lances eram para durar só uma noite, eles deixavam claro que precisavam ir trabalhar. E eu não queria que eles fossem.

RESSLER: Isso era uma perspectiva realista? Você nunca pensou em se aproximar de alguém com base em interesses mútuos, em vez de recorrer a meios violentos, para tornar a coisa permanente? Uma espécie de casamento?

DAHMER: Eu não conseguia fazer isso. Quando entrava no apartamento, eu já estava totalmente voltado para esse modo de fazer as coisas — e nunca conheci ninguém que me despertasse confiança para um relacionamento assim.

RESSLER: Então o fato de estar envolvido nesse tipo de comportamento — você não tinha como compartilhar isso com ninguém?

DAHMER: Não.

RESSLER: E quanto a deixar de fazer o que fazia? Começar do zero, com um parceiro fixo?

DAHMER: Eu estava pensando exatamente nisso na noite em que fui preso. Já tinha me preparado para dissolver tudo em ácido.

RESSLER: Foi por isso que você comprou quatro caixas de ácido?

DAHMER: Nunca usei. Sessenta litros.

RESSLER: Era para isso, descartar tudo, interromper a coisa?

DAHMER: Não sei. Só sei que precisava sair do apartamento, e estava em dúvida se guardava os crânios ou deixava tudo para trás.

RESSLER: Você experimentou algum sentimento de perda com a ideia de se livrar daquilo tudo?

DAHMER: Demais. Foi por isso que fiquei tão dividido entre fazer e não fazer isso.

RESSLER: Considerando o outro lado da moeda: se conhecesse alguém de quem gostasse, e vocês fossem compatíveis, e decidissem consensualmente morar juntos, você teria se livrado de todas essas coisas, teria conseguido? Mesmo depois, digamos, da décima, da décima segunda ou décima quarta vítima?

DAHMER: A pessoa teria que ser de uma cumplicidade total, estar disposta a fazer o que eu quisesse, e não existe muita gente assim.

RESSLER: Verdade.

DAHMER: E tinha que ser alguém que fizesse striptease, talvez; mas é bem difícil encontrar alguém assim.

RESSLER: Então você está me dizendo que teria preferido que fosse assim, mas que não era possível encontrar alguém que topasse esse tipo de relação?

DAHMER: Eu não tinha muito tempo para procurar alguém, trabalhava seis dias por semana, tinha restrições de agenda, e queria uma coisa imediata.

Nesse momento da conversa, em vez de continuar discutindo a possibilidade de procurar uma relação homoafetiva mais convencional, Dahmer preferiu me contar sobre quando saiu com um cara e *ele* acabou sendo drogado, e estava tão bêbado que acabou amarrado com uma vela enfiada no ânus. Ainda que estivesse embriagado demais para se recordar da aparência do agressor, ele se lembrava da sensação de

ser vítima, embora alegasse que nem a situação nem o ataque sofrido tenham exercido algum efeito sobre seus crimes posteriores. Encerrei essa digressão e voltei ao cerne da questão, que eram suas técnicas de assassinato. Perguntei sobre as tentativas de transformar pessoas em zumbis fazendo furos na cabeça das vítimas — com uma furadeira elétrica — e injetando ácido nas cavidades cerebrais com uma pipeta para uso culinário. Sua intenção era aniquilar o intelecto da vítima, mas manter os corpos vivos e reativos. Essa ação me pareceu a expressão absoluta da incapacidade de Dahmer de se relacionar de forma normal com outro ser humano. Curiosamente, Park Dietz e eu tínhamos sido consultores dos litigantes — a família de uma vítima — em um processo na esfera cível contra Robert Bardella, que foi a julgamento em 1991-92. Nesse caso, o assassino também tentou transformar as vítimas em algo que definia como "brinquedos sexuais". Bardella injetava nas pessoas tranquilizantes para animais que obtinha em lojas de suprimentos veterinários.

RESSLER: Quando essa coisa do zumbi não funcionou no primeiro cara, você tentou de novo?

DAHMER: Achei que podia tentar de novo, dobrando a dose, e isso se revelou fatal. Não teve nenhum estrangulamento envolvido nesses casos. Depois tentei [injetar] água fervendo. Mais tarde ele acordou, estava grogue. Dei mais comprimidos, voltei a dormir. Fiz de novo na noite seguinte, deixei ele desse jeito durante dias.

RESSLER: Você o deixou amarrado ou...?

DAHMER: Não, simplesmente deitado. Aí ele morreu naquela noite.

RESSLER: Faleceu. E quanto a [nome de outra vítima]?

DAHMER: Injetei a primeira vez quando ele estava drogado, fui tomar uma cerveja, voltei e...

RESSLER: Isso foi antes ou depois de a polícia chegar?

DAHMER: Antes. Injetei primeiro antes. Ele fugiu do apartamento. Trouxeram ele de volta, achando que estava bêbado, e eu injetei pela segunda vez, o que acabou sendo fatal.

RESSLER: Foi uma coisa imediata ou...?

DAHMER: Imediata.

RESSLER: Mas a última vítima...

DAHMER: Ele era irmão daquele [que fotografei]. Eu estava andando pelo shopping, a gente se cruzou, não relacionei ele com Adam — qual é a chance de isso acontecer? Astronomicamente pequena.

RESSLER: Pois é. Muitas coisas se alinharam, por algum motivo desconhecido. A última é importante, vamos repassar tudo de A a Z. Você o encontrou onde? No shopping? Costumava ir muito ao shopping, para tentar esse tipo de contato?

DAHMER: Não, só para tomar cerveja e comer pizza. Eu estava saindo do shopping e ele entrando, então ofereci cinquenta dólares, tirei duas fotos, dei a bebida e fiz o furo.

RESSLER: O furo chegou a que profundidade?

DAHMER: Apenas o suficiente para atravessar o osso. Aí injetei nele, que estava dormindo; fui tomar uma cerveja rapidinho no bar da rua antes que fechasse; e no caminho de volta vi que ele estava sentado na calçada, e tinham chamado a polícia. Eu precisava pensar rápido, e falei que era um amigo que tinha se embebedado, e acreditaram em mim. No meio de uma rua escura, às 2h da manhã, com a polícia chegando de um lado e os bombeiros do outro. Não tinha como escapar. Eles pediram minha identidade, eu mostrei; tentaram falar com ele, que respondeu no idioma nativo. Não tinha nenhum

sangue à mostra, e examinando ele viram que estava bêbado mesmo. Me disseram para levar ele de volta; ele não queria; então um policial segurou ele por um braço, outro pelo outro braço, e levaram ele até o apartamento.

RESSLER: Ele foi examinado em busca de ferimentos?

DAHMER: Na verdade não. Só tinha um arranhão superficial aparecendo. Deitaram ele no sofá, deram uma olhada no apartamento. Não foram até o meu quarto. Se fossem, teriam visto o corpo de [nome de uma vítima anterior] ainda deitado lá. Eles viram as fotos que tirei antes, que estavam sobre a mesa da sala de jantar. Um comentou com o outro: "Ele está falando a verdade, está vendo?". E eles foram embora.

Aqui temos a evidência de uma tragédia se repetindo. Quando a polícia foi embora, Dahmer matou a vítima — e, depois disso, assassinou várias outras antes de ser detido. Um pouquinho de treinamento e de formação em elaboração de perfis de personalidades criminosas e em avaliação de cenas de crimes poderia ter ajudado bastante esses policiais a não cometerem esse tipo de erro clássico, permitindo que Dahmer matasse o jovem. No entanto, apesar de culpar a polícia por não ter compreendido direito a situação da vítima "embriagada" e por dar apenas uma olhada superficial no apartamento de Dahmer, deixando passar provas que estavam a poucos passos de distância, é importante assinalar aqui que Dahmer era bem persuasivo, uma pessoa com inteligência suficiente para convencer os policiais de que não havia nada de suspeito em sua residência nem em sua relação com aquele rapaz. Muitos assassinos em série são pessoas persuasivas e cativantes.

Depois de passadas várias horas no primeiro dia de conversas, decidimos retomar a entrevista na segunda sessão, a ser realizada no dia seguinte. O restante dos diálogos está reproduzido no próximo capítulo.

```
PROFILE 2
---------    198
profile
```

Jeffrey Dahmer / Parte 2
MAIS DO CANIBAL

Quando Lecter falar com você, lembre-se de que estará tentando descobrir algo sobre você. É a espécie de curiosidade que faz uma serpente fixar os olhos num ninho de pássaro. Ambos sabemos que numa entrevista é preciso ouvir um pouco e falar um pouco, mas não lhe diga nada de específico a seu respeito.
Thomas Harris, *O Silêncio dos Inocentes*

ROBERT K. RESSLER E TOM SHACHTMAN

MINDHUNTER
PROFILE 2
CAPÍTULO 7

Em nossa segunda sessão, tentei obter informações mais específicas a respeito das relações entre as fantasias de Dahmer e o processo do homicídio. Muitos assassinos em série guardam troféus ou suvenires relacionados a suas vítimas. Dahmer fazia isso de um modo que ia muito além dessa prática. No início da conversa, comentei que Dahmer tinha diversas fotos de modelos masculinos de cintura fina penduradas nas paredes do apartamento, e disse a ele que imaginava se tratarem de desconhecidos que, em essência, representavam fantasias em

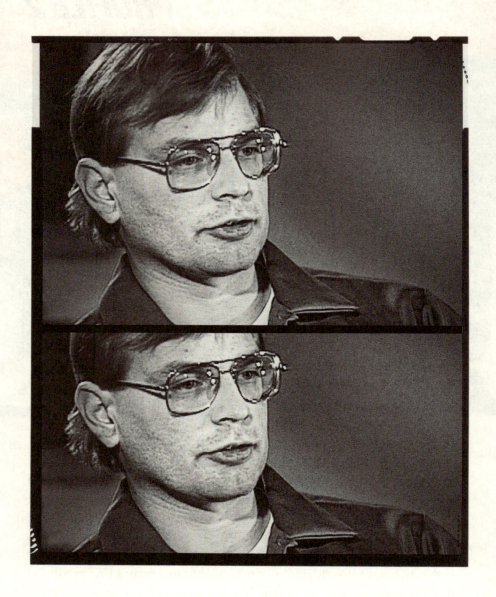

PROFILE 2
profile

relação a seus parceiros. Ele concordou com essa minha caracterização. Em seguida, perguntei se as poses naquelas fotografias das vítimas tinham a intenção de replicar algumas das imagens nas paredes.

DAHMER: Aquilo era só para acentuar o aspecto físico deles.
RESSLER: Antes e depois da morte, certo?
DAHMER: Certo.
RESSLER: Mas qual era sua intenção?
DAHMER: Era só uma forma de exercer controle, e fazer com que eles parecessem o que eu queria que fossem.
RESSLER: Guardar essas fotos, então, era importante para você.
DAHMER: Eu usava para me masturbar.
RESSLER: E você tinha muitas. E não escondia, elas estavam em cima da mesa e...?
DAHMER: Antes eu escondia; mas naquela época [a da prisão] estava ficando tão desleixado que...
RESSLER: Onde você escondia antes?
DAHMER: Tinha uma caixinha em que veio um dos meus alarmes, e eu guardava lá.
RESSLER: Mas no fim acabou deixando expostas pelo apartamento? E a polícia viu?
DAHMER: Não, elas estavam numa gaveta.
RESSLER: Percebi também que você guardava as carteiras de motorista das vítimas. Por que se apegar a isso?
DAHMER: Bom, o número de vítimas estava crescendo, e eu não tinha conseguido descartar todas as coisas.
RESSLER: E você quase montou um esqueleto completo?
DAHMER: Pois é. Mas a cola não funcionou, e eu ia juntar as partes com peças de metal, mas não consegui.
RESSLER: Mas esse era o plano, não? Como parte do lance de poder?
DAHMER: Isso.

Muitos homicidas em série desenvolvem a sensação de que não vão ser pegos, principalmente se as autoridades tiverem deixado passar todas as pistas que eles deixaram, seja de forma acidental ou deliberada. ==Esse sentimento se intensifica quando, como no caso de Dahmer, o criminoso parece ter obtido um triunfo momentâneo sobre as forças da lei.== Ele acaba desenvolvendo uma postura de onipotência: cometeu o maior dos crimes e conseguiu se safar, e há evidências mostrando que pode continuar a fazer isso. Esse tipo de postura é fundamental tanto para seu sucesso como para sua derrocada. É o que o mantém em atividade por um longo período, mas no fim o torna descuidado; e é nesse momento que costuma ser pego.

RESSLER: Voltando ao garoto no apartamento: depois que a polícia foi embora, você não achou que fosse acabar se encrencando?
DAHMER: Não achei, não.
RESSLER: Você achou que tudo tivesse acabado ali mesmo? Não imaginou que havia o perigo de eles voltarem e o garoto ainda estar no apartamento? Não sentiu que precisava tirá-lo de lá o quanto antes?
DAHMER: Ele já estava... lesado, então decidi matar ele e correr o risco.
RESSLER: E quando desmembrou e desovou o corpo?
DAHMER: No dia seguinte.
RESSLER: Quanto tempo demorou?
DAHMER: Umas duas horas.
RESSLER: Só isso?
DAHMER: Eu tinha ficado bom na coisa. Era sempre um trabalho sujo. Eu fazia tudo depressa.
RESSLER: Sempre em uma banheira?
DAHMER: Isso.
RESSLER: E você se livrou do corpo. Ia muita coisa pelo vaso sanitário? E nunca entupiu?
DAHMER: Não, nunca entupiu.

O orgulho perverso por parte de Dahmer de sua habilidade para esse tipo de trabalho e sua menção tão direta a esses detalhes macabros são suficientes para revirar o estômago de qualquer um — mas era apenas repassando essas questões com ele que eu poderia mantê-lo falando e assim conseguir entender melhor sua personalidade e seus estranhos atos. Eu sabia como falar sobre desmembrar pessoas dentro de banheiras porque havia estudado assassinos como Nilsen e Berdella, que usavam essa técnica para facilitar seus crimes. Às vezes, em casos assim, os examinadores forenses ficam impressionados com a precisão com que o assassino executou o desmembramento, e recomendam que os investigadores procurem como suspeitos alguém que exerça uma profissão como a de médico ou açougueiro. Em geral essas recomendações estão equivocadas, porque deixam de lado uma questão psicológica importante. ==Quando um assassino consegue se distanciar do horror do crime que cometeu e do aspecto humano das vítimas, é capaz de desmembrar um corpo sem o abalo emocional que uma pessoa normal sofreria ao, digamos, arrancar o braço de um cadáver.== Ao separar uma coxa do restante de um frango enquanto preparamos nosso jantar, não pensamos nas implicações desse ato em relação a nosso caráter humano. Da mesma forma, os assassinos em série que chegam ao ponto de desumanizar suas vítimas podem desmembrá-las com a mesma despreocupação.

Perguntei a Dahmer se havia lido alguma coisa sobre outros assassinos em série, como Gacy. Ele respondeu que só ficou sabendo a respeito de Gacy depois de ter matado várias pessoas. Não sei se estava mentindo ou não, porque os homicidas costumam se informar a respeito dos crimes de outros assassinos, obtendo satisfação com o fato de que outras pessoas também agem dessa maneira, e às vezes aproveitam para aprender novas técnicas.

Observe que, quando pergunto se torturou as vítimas, ele deliberadamente se recusa a reconhecer que jogar ácido no cérebro de alguém poderia ser considerado uma forma de tortura pela maioria dos seres humanos normais.

RESSLER: Algum desses garotos foi torturado?

DAHMER: Jamais. Jamais.

RESSLER: Sempre foi uma questão de eliminar a consciência deles por meio de drogas e no fim pela morte...?

DAHMER: Eu queria tornar tudo o mais indolor possível.

RESSLER: Quando a maior parte da atividade sexual acontecia?

DAHMER: Depois que as drogas faziam efeito.

RESSLER: Você considerava uma possibilidade realista mantê-los naquele estado?

DAHMER: Não, drogados não. ==Foi por isso que comecei com as perfurações. Porque as drogas não estavam funcionando.==

RESSLER: Você não via problema em infligir ferimentos? Quando eles estavam conscientes e com dor, isso era um problema?

DAHMER: Foi por isso que não consegui ir em frente com [nome da vítima].

RESSLER: Com o martelo?

DAHMER: Com a marreta...

RESSLER: Você bateu forte?

DAHMER: É. Eu bati forte.

RESSLER: Mas ele continuou consciente?

DAHMER: Sim. E acabou chamando a polícia. Mas não acreditaram nele. E já estava a alguns quilômetros da minha casa quando arrastei ele de volta. Não. Eu convenci ele a voltar. Estava com a faca, mas não consegui usar.

Nesse ponto da conversa, de forma surpreendente, Dahmer começa a dar mais detalhes em sua explicação sobre a prática do canibalismo.

RESSLER: Você costumava morder?

DAHMER: Ah, sim. No caso do primeiro na 26th Street.

RESSLER: E pode me contar mais sobre isso?

DAHMER: Bom, depois que ele morreu eu mordi o pescoço.

RESSLER: Só uma vez?

DAHMER: Bem forte.

RESSLER: E repetiu isso alguma vez? E o que tinha por trás disso, a motivação?

DAHMER: Ah, uma prática sexual perversa.

RESSLER: E você repetiu isso?

DAHMER: Não.

RESSLER: Foi só dessa vez?

DAHMER: Foi. A não ser pela coisa de comer.

RESSLER: E o que tinha por trás disso?

DAHMER: Só a sensação de fazer ele virar parte de mim.

RESSLER: De onde veio isso? Você leu em algum lugar?

DAHMER: Não. ==Era um lance interno. Ah, eu até posso ter lido sobre canibalismo em algum lugar, mas não... Foi só mais um passo, uma evolução da coisa.==

RESSLER: Com que vítima isso começou?

DAHMER: Com M. Foi depois [do laosiano]. Acho que o terceiro no apartamento.

RESSLER: Então seria o número 7 mais ou menos.

DAHMER: Acho que sim.

RESSLER: Como aconteceu?

DAHMER: Durante o desmembramento. Guardei o coração. O bíceps. Decidi colocar — cortar em pedaços menores, depois lavei, coloquei naqueles sacos plásticos para guardar congelados e enfiei no freezer, como uma evolução da coisa, uma tentativa de encontrar outra forma de me satisfazer. E eu cozinhava, e olhava para a foto e me masturbava.

RESSLER: Tudo isso depois? E esse ritual tinha algum efeito positivo?

DAHMER: Uhum. Isso me fazia sentir que eles eram uma parte de mim. Era estimulante sexualmente.
RESSLER: Certo. Quando você reservou o coração e tudo mais — você repetiu isso com algum outro?
DAHMER: Só... com o último. Guardei o coração e o bíceps.
RESSLER: Você comeu o coração mais tarde?
DAHMER: Não. Fui preso.
RESSLER: Mas tinha um componente sexual vinculado à coisa?
DAHMER: Isso.

Às vezes é melhor começar uma conversa sobre assuntos difíceis mencionando o tema, fazendo uma digressão para falar de outras coisas e depois voltar à questão principal. ==Dahmer queria deixar algo bem claro para o mundo, e eu o incentivei a discorrer sobre isso.==

RESSLER: Então você nunca teve interesse por crianças? Sua preferência era por quem?
DAHMER: Por homens adultos.
RESSLER: Da sua faixa etária.
DAHMER: Uhum.
RESSLER: Brancos, negros, pardos.
DAHMER: Aí é que está. Todo mundo pensa que é um lance racial, mas eles eram todos diferentes uns dos outros. O primeiro era branco, o segundo era índio, o terceiro era latino, o quarto era pardo. O único motivo para pegar negros era porque tinha um monte deles nos bares gays, e eu sempre acabava encontrando com vários deles.
RESSLER: A região em que você procurava pessoas ficava perto de sua casa? E era uma área habitada predominantemente por negros?

DAHMER: Negros e latinos. Se eu conseguisse engatar uma conversa com um cara branco e bonito, levava ele [para o apartamento]. Mas nunca conseguia. Sete eram negros, dos dezessete.

RESSLER: Então na verdade foi uma coincidência geográfica, e não...?

DAHMER: Pois é. Quero deixar isso bem claro.

RESSLER: Você foi confrontado na cadeia por isso, por detentos negros?

DAHMER: Pois é. Eles acham que é... um lance racial.

Passamos então a discutir sobre o sistema de segurança de sua residência, o costume de trancar evidências como fotografias dentro de caixas, e de esconder bem as partes de corpos dentro de sacos plásticos. Ele tinha medo de que o apartamento fosse arrombado e invadido e que seus troféus acabassem descobertos. No entanto, houve várias ocasiões nas quais pessoas que entraram no apartamento viram tais evidências.

DAHMER: É, [o zelador do prédio] apareceu, abriu o freezer, viu a carne. Mas estava embalada, e eu falei que tinha comprado no supermercado. E teve uma vez que um cara foi morto no apartamento dele, e o detetive me interrogou, entrou no apartamento.

RESSLER: A polícia entrou no apartamento? E conversou com você sobre isso? Como testemunha?

DAHMER: Isso. E pensei que estivesse sendo interrogado por alguma coisa que eu tinha feito. Mas ele não viu nada.

RESSLER: E o zelador do prédio? Não tinha nada na geladeira?

DAHMER: Não nesse momento, apesar de no caso do M — eu não tinha terminado o desmembramento, porque precisava ir para o trabalho, e metade do

corpo ainda estava na banheira. Ficou um cheiro forte. O zelador chamou a polícia no meio da noite, enquanto eu trabalhava. Eles arrombaram a porta de um apartamento quase vizinho ao meu, pensando que alguém tinha morrido lá dentro.

RESSLER: Minha impressão é que muita gente vê as coisas e não sabe o que está vendo, como os sacos de lixo no banco de trás do carro. E os policiais não eram muito bem treinados. Como no caso do [segundo] garoto laosiano, se a polícia tivesse treinamento adequado e se mostrasse um pouco mais atenta, a coisa acabaria por ali mesmo, não?

DAHMER: Provavelmente.

RESSLER: E se, naquela noite, [os policiais] tivessem dito, enfim: "Nós precisamos revistar o seu quarto". Você teria deixado?

DAHMER: Eu não teria outra escolha.

RESSLER: O que você teria feito se tivessem pedido seu consentimento? "Eu gostaria de revistar a casa. Você se importa se eu revistar a casa?"

DAHMER: Eu teria inventado uma história de que tinha — hã — umas fotos lá dentro que me deixariam com vergonha se fossem vistas por ele, e tentaria dar um jeito de me safar.

RESSLER: Então você não tentaria negar nem se recusar a colaborar, só convencer o policial a não ir até lá?

DAHMER: Eu tentaria convencer ele.

RESSLER: De onde vem tanta calma? Em situações como essa, as pessoas começam a tremer e...?

DAHMER: Eu estava, na primeira vez que apareceram... ah, sei lá.

RESSLER: Ao que parece, você conseguiu manter uma boa dose de calma, pelo menos na aparência, no caso do garoto laosiano; manteve a frieza e a compostura.

DAHMER: Era uma situação tão assustadora que — não sei de onde veio essa calma, sei lá!
RESSLER: Nessa hora você sentiu que podia ser o fim?
DAHMER: Ah, sim, tinha quase certeza, considerando a forma como a polícia estava agindo.
RESSLER: Sua única alternativa seria sair correndo, e isso seria...?
DAHMER: Não muito inteligente. Eu não podia fazer isso.
RESSLER: O zelador do prédio entrou no apartamento várias vezes, não? E o cheiro? Como você lidava com isso?
DAHMER: Eu punha a culpa no freezer ou no aquário.
RESSLER: No aquário? Isso é um pretexto plausível?
DAHMER: Eu achava que não, mas pelo jeito ele acreditou.

Quando Dahmer abriu um armário e o cheiro da lata de lixo de cem litros com o ácido que usava para dissolver os ossos veio à tona, o zelador quase desmaiou. Dahmer falou que ali era onde ele guardava a água suja do aquário, e o sujeito acreditou. Logo depois, Dahmer descartou a lata de lixo, com o conteúdo dentro, e adquiriu um tonel de óleo com tampa.

RESSLER: O que tinha lá dentro?
DAHMER: Os troncos sem cabeça.
RESSLER: Mas qual era a ideia, que fosse uma espécie de tanque de contenção para processar tudo mais tarde?
DAHMER: Era para o ácido. Enquanto agia sobre os troncos.
RESSLER: Você ia descartar esses troncos ou fazer esqueletos com eles?
DAHMER: Eles iam ser descartados.
RESSLER: Você ia guardar alguma parte, ou os ossos?

DAHMER: Não. Tudo que tinha lá dentro era para ser descartado.
RESSLER: Para ser descartado. Certo. Por que você guardava suvenires de uns, mas não de outros?
DAHMER: Bom, no começo eu guardava as coisas porque ainda não tinha usado a técnica do ácido. Mais tarde, guardei todos os crânios, menos dois. Tentei secar esses dois no forno, mas a temperatura estava alta demais, e eles esfarelaram.
RESSLER: Como assim, esfarelaram?
DAHMER: Depois de uma hora no forno a 120 graus, ouvi um estalo. Abri a porta e os crânios estavam esfarelados, porque a umidade dentro deles evaporou rápido demais. Então esses acabaram estragando. Os outros eu guardei. E tinha dois esqueletos completos.
RESSLER: Qual era a ideia por trás das luzes?
DAHMER: Eram lâmpadas azuis. Eu desligava a luz do teto para criar um ambiente sombrio e sinistro — só como um efeito mesmo.
RESSLER: Devia ser uma visão e tanto!
DAHMER: Como nos filmes dos Jedi.
RESSLER: Essa coisa de borrifar os crânios com spray. O que tinha por trás disso?
DAHMER: Era para dar um visual mais uniforme. Depois de algumas semanas, alguns não estavam mais tão brancos quanto os outros, e pareciam artificiais, uma coisa feita para vender.
RESSLER: Eu vi as fotos, e eles pareciam objetos comercializados. Você exibia todos? Deixava expostos?
DAHMER: Muito tempo atrás. Uma vez trouxe um cara de Chicago, e ele viu, e pensou que tivessem sido comprados numa loja.
RESSLER: Ele ficou preocupado?

DAHMER: Ele me perguntou se eu praticava ocultismo, eu respondi que não, que só comprava e colecionava.
RESSLER: E ele levou numa boa? Foi a única pessoa a ver?
DAHMER: Uhum. Um cara bonitão. Ficou se gabando de ter ganhado um concurso de habilidades com ferramentas em Chicago.
RESSLER: Isso de manter as coisas no apartamento — ossos, crânios, partes de corpos, cabeças —, você não tinha medo de que alguém entrasse lá?
DAHMER: Tinha, sim. Foi por isso que investi tanto no sistema de segurança.
RESSLER: Algumas das pessoas tiveram a parte debaixo dos pés decepadas. O que tinha por trás disso?
DAHMER: Era só para aumentar a superfície de ação do ácido para desintegrar a carne, porque as solas dos pés costumam ser bem grossas.

Dahmer ficou um pouco surpreso por ter sido questionado a respeito disso e por eu parecer entender sua necessidade de tomar essa medida para se livrar dos corpos com mais eficiência. Insinuou que eu daria um bom homicida em série. Respondi que convivia com assassinos fazia muito tempo, e nós demos risada. Então aproveitei essa aparente identificação mútua para tentar obter informações que Dahmer não compartilhava com ninguém. Por exemplo, me valendo de meu conhecimento sobre a progressão dos casos de outros criminosos, insinuei que Dahmer poderia ter tentado beber o sangue das vítimas. Ele admitiu essa tentativa, feita por "curiosidade", mas não tinha gostado da experiência nem a considerado estimulante — e seu critério para levar adiante qualquer prática era se provocava alguma excitação.

Continuamos a conversa falando sobre dois incidentes que não terminaram em homicídio. No primeiro, um jovem conseguiu se manter consciente depois de tomar "a bebida" na casa da avó de Dahmer,

que o deixou ir embora, porém mais tarde o sujeito foi parar no hospital e reportou o incidente à polícia, que não deu prosseguimento ao caso como deveria. A seguir temos a descrição do segundo.

RESSLER: E o garoto em quem você bateu com o martelo?
DAHMER: Ele saiu furioso, dizendo que ia chamar a polícia. Voltou quinze minutos mais tarde, bateu na minha porta. Deixei ele entrar. Ele falou que precisava de dinheiro para o orelhão ou para o táxi ou coisa do tipo. Achei inacreditável. Ele voltou — dá para acreditar?
RESSLER: Em vez de procurar a polícia ou...?
DAHMER: Fiquei com medo de deixar ele sair de novo, então a gente acabou brigando no chão da sala por uns cinco minutos. Os dois ficamos exaustos. Eu conversei com ele. Ficamos no quarto até as 7h da manhã. Tentei acalmar as coisas; ele disse que não ia mais chamar a polícia. Fomos até a esquina da 26th com a Wisconsin, chamei um táxi e nunca mais vi ele.
RESSLER: Foi incrível ele não ter feito a denúncia.
DAHMER: Ele fez, mas contou uma história maluca que eu tinha colocado na cabeça dele, e ninguém acreditou.

==Com frequência, o assassino tenta colocar a culpa por seus atos na bebida ou nas drogas.== Embora as substâncias intoxicantes com certeza diminuam as inibições das pessoas, quase nunca são "a causa" de atos homicidas. Mesmo assim, perguntas sobre drogas e álcool muitas vezes deixam o assassino mais à vontade para falar sobre seus crimes.

RESSLER: A bebida sempre foi um problema na sua vida, não?

DAHMER: Foi. Era minha forma de lidar com a vida que tinha em casa. Com o divórcio. E com as porradas. Eu bebia para embotar a memória. Por um tempo funcionou. E no Exército, ainda melhor.

RESSLER: Você sempre bebia quando ia pegar as vítimas?

DAHMER: Uhum.

RESSLER: Mas a ponto de não saber o que estava fazendo? Porque você me disse que gosta de ter controle sobre o ambiente. Se beber demais, você perde o controle.

DAHMER: Isso mesmo. Eu ficava só na cerveja.

RESSLER: Quando saía para conhecer alguém, você começava a beber antes, então?

DAHMER: É. Umas cervejas. E continuava bebendo durante a noite.

RESSLER: E depois de voltar e, digamos, antes de cometer o assassinato?

DAHMER: Eu sempre tinha cerveja no freezer.

RESSLER: E depois?

DAHMER: Uhum. Isso.

RESSLER: Enquanto esquartejava os corpos? Continuava bebendo?

DAHMER: Continuava bebendo.

RESSLER: Então você se mantinha em uma espécie de semi...?

DAHMER: Num estado lubrificado.

RESSLER: Você considerava isso necessário?

DAHMER: Parecia deixar tudo mais fácil.

RESSLER: Você sentia gratificação pelo ato de abrir os corpos?

DAHMER: No começo sim, mas depois virou rotina.

RESSLER: E a atividade sexual depois da morte?

DAHMER: Prazerosa.

RESSLER: E o esquartejamento?

DAHMER: Não era tão prazeroso quanto ter eles inteiros.

Perguntei se ele sabia que aquilo que estava fazendo era errado, por exemplo, no caso da primeira vítima, o caroneiro. Ele admitiu que era errado, o que explicava em parte os quase oito anos de intervalo entre a primeira vítima e a segunda. O assassinato era uma "realidade" que, apesar de misturada com a fantasia, "me deixava apavorado", admitiu Dahmer. Ele se deu conta de que esse crime tinha acontecido apenas alguns meses depois do desmantelamento de sua família, que o deixou bastante "deprimido".

RESSLER: Você sempre considerou isso errado, do primeiro ao último?

DAHMER: Ah, sim.

RESSLER: E chegou ao ponto de ter pensado: "Isso é uma loucura completa?".

DAHMER: De perder o controle? Sim. Quando estava fazendo os furos. Foi no décimo segundo ou coisa assim.

RESSLER: Nesse momento você sabia que...?

DAHMER: Estava indo longe demais.

RESSLER: Pirando?

DAHMER: É.

RESSLER: Mas chegou a dizer a si mesmo: "Eu não vou mais fazer isso?".

DAHMER: Não, eu queria tentar usar isso para a técnica zumbi.

RESSLER: Por que você acha que a dominação, o controle, o poder sobre os outros eram tão importantes? Para uma pessoa normal, esses fatores são importantes, mas não a ponto de chegar até onde você chegou.

DAHMER: Se eu tivesse interesses e hobbies normais, como esportes e coisas do tipo, se não fosse tão obcecado em fazer o que fazia, provavelmente não teria tanta importância. Mas, como eu tinha isso, não sei. [Longa pausa] Isso faria a vida parecer mais atraente, ou recompensadora.

RESSLER: Certo. Mas a questão é poder e controle — o que você quer dizer com controle? Hoje percebe que aquilo não era realista?

DAHMER: Hoje sim.

RESSLER: Você chegou ao ponto de duvidar de si mesmo, de dizer que "o que estou tentando conseguir, eu nunca vou conseguir", "só estou me arriscando com isso"?

DAHMER: Parecia que sim, depois de começar a técnica de perfuração. Mas antes não.

RESSLER: Você sentia que, quando a perfuração começou, ia acabar sendo pego?

DAHMER: Não. Eu achava que ia conseguir passar despercebido. Foi depois de perder o emprego que a torre de cartas começou a cair.

RESSLER: Isso não foi muito antes da prisão, certo?

DAHMER: Um mês antes, talvez.

RESSLER: Por que você perdeu o emprego?

DAHMER: Porque liguei uma noite para avisar que não ia — estava com um fisiculturista negro em casa. Pensei que tinha direito a mais uma falta por motivo de doença, mas não tinha. Então decidi passar a noite com ele, achando que ainda teria um emprego no dia seguinte. Só que não tinha mais.

Tivemos uma longa conversa sobre essas faltas no trabalho. Insisti nesse ponto por achar que as datas em que Dahmer alegou estar doente deveriam estar vinculadas ao desaparecimento de pessoas, a fim de determinar se havia possíveis vítimas cujo assassinato ele não confessara. Além disso, fui atrás desse assunto por acreditar que os registros dos empregadores das faltas por motivo de doença (e das folgas previstas em contrato) de suspeitos de crimes devem ser consultados em todos os casos nos quais um surto de assassinatos ou estupros aconteceu em uma determinada comunidade.

Depois voltamos ao assunto principal: as práticas de Dahmer com os cadáveres. Ele tentou confeccionar máscaras faciais, de acordo com as instruções que encontrou em uma revista de taxidermia, mas o resultado "ficou meio podre", por isso jogou fora. Dahmer tinha a fantasia de montar um esqueleto completo, envernizar os ossos, e colocar ganchos e argolas para juntar tudo. Observei que ele poderia ter comprado um esqueleto em uma loja de suprimentos para faculdades de medicina, mas Dahmer explicou que "não seria um suvenir — teria sido um corpo estranho". Sua ideia era que esqueletos, crânios e outras partes de corpos integrassem "centro de poder" que sonhava em criar. Perguntei a ele qual era o propósito desse centro de poder.

DAHMER: Eu ia tentar desenvolver uma espécie de encantamento ou ritual para ganhar poder, poder espiritual. Nessa época, achava que esse tipo de coisa fosse possível, mas não tinha certeza.

RESSLER: O que você acha dessa ideia agora?

DAHMER: Ridícula. Isso ficou bem óbvio.

RESSLER: Então você se sentaria na cadeira, observaria a cena e o que mais... meditaria?

DAHMER: Isso.

RESSLER: E essa coisa das lentes de contato amarelas?

DAHMER: Os personagens centrais dos dois filmes [O Retorno de Jedi e O Exorcista III] tinham olhos vidrados e coloridos que exalavam poder. E isso era parte da fantasia.

RESSLER: Você realmente usava [as lentes de contato] às vezes, não?

DAHMER: Só nos bares.

RESSLER: As pessoas comentavam?

DAHMER: Elas reparavam. Diziam que os olhos ficavam bonitos. Não experimentei nenhuma sensação de poder, mas a coisa se encaixava na minha fantasia.

Discutimos o que caracterizei como "descuidos equivocados" da parte dele — sair para tomar cerveja enquanto o garoto laosiano dormia, o que permitiu à vítima ir para a rua. Dahmer admitiu que isso foi um erro, além de não remover as manchas de sangue da parede do apartamento. Isso aconteceu, segundo contou, por uma "rápida perfuração de artéria" de uma das vítimas antes da morte — o sangue jorrou em maior quantidade do que ele imaginava. O incidente provocou também manchas no tapete. Dahmer alegou que estava "tão envolvido" que nem sequer se preocupava com essas questões. Ele mandou lavar o tapete várias vezes, e dizia que as manchas vermelhas eram do corante alimentício que usava no trabalho — mentira jamais questionada pelos funcionários da lavanderia.

Passei então para o tema da seleção das vítimas. As pessoas que Dahmer pegava em shopping centers ou na rua nem sempre eram gays. Ele dizia que não fazia diferença, porque se baseava apenas na aparência física dos indivíduos, e de qualquer forma os atos sexuais que cometia eram realizados de modo não consensual, com a vítima inconsciente ou morta. ==Dahmer falou que um a cada três homens que abordava nos shoppings aceitava acompanhá-lo até sua casa para uma sessão de fotos, e que nos bares gays a proporção subia para dois em cada três.== No caso de um deles, Dahmer misturou os copos com "a bebida", tomou o que preparou para dar à vítima e quando acordou o sujeito não estava mais lá, e havia lhe roubado trezentos dólares.

Continuei repassando toda a lista de assassinatos, em busca de pistas sobre seu estado mental em cada caso. O evento definidor, em minha opinião, foi o ocorrido no Hotel Ambassador em 1986. Perguntei a ele o que estava acontecendo em sua vida naquele momento específico.

DAHMER: A essa altura eu já tinha desistido de resistir aos desejos, mas estava só conhecendo pessoas, levando para casa e tomando o [nome do medicamento de uso restrito]. Tudo se resumia a uma noite de sexo. Não tinha nenhum pensamento violento na minha cabeça.

RESSLER: Isso era na casa da sua avó?
DAHMER: Sim, eu estava morando com a minha avó.
RESSLER: Então por um tempo você tentou resistir, mas acabou cedendo?
DAHMER: É. Eu só estava frequentando os bares, as livrarias, a sauna...
RESSLER: Mas dessa vez em particular, quando você acordou o cara estava morto. Desse dia para janeiro de 1988 houve um intervalo de dois anos, mas de janeiro a março de 1988 foram apenas dois meses. Depois do Ambassador, você começou a achar prazeroso...
DAHMER: Não.
RESSLER: ...ou assustador?
DAHMER: Assustador.
RESSLER: Por qual motivo?
DAHMER: Não foi absolutamente nada planejado, foi uma surpresa total para mim, o que aconteceu.
RESSLER: Então sobre janeiro de 1988, o primeiro. Havia um plano em andamento quando você saiu e cometeu esse crime?
DAHMER: Não. Eu não pretendia encontrar ninguém, mas por acaso ele estava no ponto de ônibus. Nem precisei ir aos bares naquela noite. Minha ideia era dar uma passada nos bares e beber um pouco...
RESSLER: Então você não saiu com a intenção de encontrar alguém para levar para casa?
DAHMER: Minha intenção era só beber. E voltar para casa. Ia ter um show de striptease.
RESSLER: Ele voltou para a casa de sua avó com você, mas foi... só um acaso?
DAHMER: Isso. Nós tiramos a roupa. Ficamos deitados. Se esfregando. Se masturbando. E eu, ah, ele era atraente para mim a ponto de não querer que fosse embora. Então preparei a bebida, e aí pronto.

PROFILE 2
profile

Perceba que mais uma vez na mente do assassino o incidente foi, pelo menos em parte, provocado pelas ações da vítima — a morte teria sido provocada no mínimo parcialmente por culpa do outro. Minha série de perguntas seguintes teve como intenção descobrir se um determinado assassinato havia sido planejado ou espontâneo. Nós conversamos a respeito em ordem cronológica, começando por março de 1988.

RESSLER: Você o encontrou onde?
DAHMER: Nuns bares. Eu estava bebendo a noite inteira e, quando saí, ele estava na porta, aí fiz a proposta.
RESSLER: E depois foram para a casa de sua avó, e você o dopou e tudo mais?
DAHMER: A mesma situação, uhum.
RESSLER: Enquanto voltava para a casa de sua avó, você ficou pensando em como a coisa ia acabar?
DAHMER: Uhum.
RESSLER: A essa altura, você sabia o que...?
DAHMER: A essa altura, sem dúvida — a situação... uhum.
RESSLER: E depois disso se passou um ano. Estamos falando de março de 1989. Nesse momento, quando você saiu, estava procurando alguém?
DAHMER: Estava. É. Estava. Já era fim de noite. Bar fechando. Eu estava quase indo para casa. Ele puxou conversa, veio com uns papos... estranhos. E eu perguntei se ele queria ir embora comigo, então fomos — e, depois disso, foi aquela mesma história.
RESSLER: Você tinha planejado fazer algo do tipo?
DAHMER: Sim. Sim. Estava procurando alguém para levar para casa comigo.
RESSLER: Você sabia que um homicídio ia ser cometido?
DAHMER: Quando conheci ele, sim. Antes não. Como eu disse, estava indo embora, e ele deu em cima de mim.

O assassinato seguinte aconteceu catorze ou quinze meses depois. Perguntei sobre as circunstâncias desse crime.

DAHMER: Conheci ele na frente de um bar. Era um garoto de programa, muito bonito. Ofereci dinheiro, fomos para casa e — a mesma situação.

Começamos a conversar sobre nomes, datas, locais e circunstâncias, com Dahmer se limitando a responder "Isso", ou "Uhum" ou "Milwaukee era assim mesmo". Era chocante vê-lo falar das coisas de forma tão casual, como se estivéssemos verificando uma lista de itens mandados para a lavanderia para ver se tudo havia sido devolvido. Ao falar de um assassinato, por exemplo, Dahmer resumiu as ações de premeditação, caçada e morte à seguinte afirmação curta e grossa: "Eu estava procurando alguém, mas não sabia se ia encontrar; encontrei, e aí planejei tudo". Dahmer sabia exatamente onde e em que circunstâncias havia conhecido suas vítimas, e não se esquecera de nomes nem características. Em termos psicológicos, o mais importante era que ele descrevia os assassinatos em que buscava por vítimas como "planejados", e como "espontâneos" aqueles em que conhecera alguém mais ou menos por acaso — embora fizesse suas rondas em lugares onde esse tipo de encontro costumava acontecer, portanto havia uma expectativa razoável de levar alguém para casa.

RESSLER: Quando você foi a Chicago, era para encontrar alguém?
DAHMER: Sim.
RESSLER: Você achava que fosse acabar em assassinato?
DAHMER: É, provavelmente.

Perguntei sobre o papel desempenhado pela fantasia na preparação para o homicídio. Para os assassinos em série, o problema é que a realidade — o ato de matar uma vítima — nunca corresponde às expectativas. A fantasia é sempre melhor, e vai sendo continuamente refinada e aperfeiçoada, por isso está sempre um passo à frente dos crimes em si. Perguntei a Dahmer se, em meio à matança, ele fantasiava muito sobre o que aconteceria antes de sair à caça de uma vítima.

> **Perceba que mais uma vez na mente do assassino o incidente foi, pelo menos em parte, provocado pelas ações da vítima — a morte teria sido provocada no mínimo parcialmente por culpa do outro.**

DAHMER: Só... usando fotos de vítimas anteriores. Os vídeos, os filmes pornográficos, as revistas. Eu não criava fantasias elaboradas antes de sair.

RESSLER: Mas era tudo uma continuação [da fantasia], usar essas coisas, os crânios, coisas dessa natureza?

DAHMER: Isso mesmo.

RESSLER: Houve um momento em que as fotografias e as partes de corpos não estavam mais dando conta, e surgiu um desejo de sair e fazer tudo de novo? Era uma coisa consciente, um desejo seu...?

DAHMER: Sim. Era, sim. As fotos não eram a mesma coisa do que ter alguém lá.

RESSLER: Então as fotos e a pornografia eram só uma coisa que você podia [usar] para preencher as lacunas entre...

DAHMER: Isso.

RESSLER: Entre um acontecimento e outro.

DAHMER: Isso.

RESSLER: O que você sentia quando via os corpos e os desmembramentos?

DAHMER: Ver as fotos não era a mesma coisa do que ter eles lá, mas me dava a satisfação de pelo menos ter alguma coisa para lembrar deles.

RESSLER: Mais perto do final, quando as coisas estavam ficando mais complicadas, esses problemas pesavam mais que a satisfação?

DAHMER: Mais perto do final, sim. Com... [nome da vítima].

RESSLER: Você estava ficando cansado da coisa toda?

DAHMER: Era por isso que eu estava usando o tonel.

Perguntei de novo sobre suas preferências sexuais — se as circunstâncias permitissem, que tipo de pessoa ele gostaria de ter como parceiro.

DAHMER: Eu queria ter, como nos vídeos, um cara branco com um físico bacana, que atendesse aos meus desejos. Iria preferir que ele continuasse vivo e ficasse comigo de forma permanente.

RESSLER: Ele poderia sair e trabalhar fora, ou teria que ficar lá só para você?

DAHMER: Teria que ficar lá só para mim.

Segundo Dahmer explicou em uma resposta, uma situação mais distante da ideal, porém ainda assim desejável, era colocar uma pessoa no "estado de zumbi". Caso isso não fosse possível, ele afirmou que preferia então "o que eu fazia", ou seja, pegar homens em bares e levar para matar em casa. Descendo ainda mais na escala do desejo, entretanto, relatou que havia o "nada". Nem o relacionamento homoafetivo normal, nem o sexo heterossexual, mas simplesmente não ter parceiros. E, talvez, pornografia.

RESSLER: Fora isso?
DAHMER: O celibato.
RESSLER: Sem angústia ou tormento mental como fatores...?
DAHMER: O celibato, nenhuma atividade sexual.
RESSLER: Nada de desejos, nada de compulsão.
DAHMER: Isso. Era esse o estado em que eu estava tentando me colocar nos dois anos em que frequentei a igreja com a minha avó.
RESSLER: Então era uma tentativa consciente, sabendo que isso manteria você longe de encrenca?
DAHMER: Isso, isso.
RESSLER: Enquanto os assassinatos aconteciam, você sentia que de alguma forma eram justificáveis, como se tivesse o direito de fazer aquelas coisas?
DAHMER: Eu sempre tentei não conhecer muito bem a pessoa. Assim parecia que era um objeto inanimado. Despersonalizado. Mas sempre soube que não era certo. Sentia culpa.
RESSLER: Você chegou a pensar que a outra pessoa tinha feito alguma coisa errada, que justificasse...?
DAHMER: Não. Isso foi o que Palermo, o psicólogo da promotoria, achou que eu estava fazendo, para livrar o mundo de pessoas ruins, mas não, nunca senti isso.
RESSLER: Não tem nada dessa coisa psicológica profunda, né? Nem sempre é assim. Talvez Palermo tenha lido meu livro.

Nós demos risada, e a entrevista terminou. Dahmer concordou em se encontrar comigo para mais sessões e colaborar com minha pesquisa quando o julgamento terminasse. Parecia gostar de minha companhia. Falei para ele se cuidar, porque fumava demais. Dahmer respondeu que, se morresse de câncer, resolveria o problema de todos quanto ao que fazer com ele.

Ficou claro para mim, por meio da entrevista, que Dahmer precisaria continuar encarcerado pelo resto da vida, porém o local mais apropriado para mantê-lo afastado da sociedade seria uma instituição psiquiátrica, não um presídio. Ele era um doente mental, apesar de às vezes parecer são e saber racionalizar seu comportamento.

Nossa sociedade parece incapaz de entender as gradações da doença mental — quando alguém é considerado louco, esperamos encontrar uma pessoa que passa o tempo todo babando, de olhos arregalados, incapaz de assumir o controle de suas faculdades normais por um instante que seja. No entanto, existem indivíduos insanos que muitas vezes parecem sãos e funcionais, ainda que no fundo, no nível mais elementar, estejam muito distantes da sanidade: Dahmer, em minha opinião, era um deles.

Minhas sessões com ele, além das conversas com os psiquiatras, serviram como base para a defesa, ainda que, em razão de todo tipo de manipulações e negociações ocorridas nos meandros do processo judicial, eu não tenha sido chamado a depor.

Durante os procedimentos, E. Michael McCann, o procurador distrital do condado de Milwaukee, argumentou que Dahmer estava com a sanidade mental intacta durante os assassinatos porque, por mais que seus atos fossem macabros, ele sabia o que estava fazendo o tempo todo, e sabia diferenciar o certo do errado a ponto de fazer de tudo para esconder seus crimes. Com base nisso, McCann alegou que Dahmer demonstrava ter consciência de que aquilo que estava fazendo era errado. Entre os especialistas chamados a testemunhar pela acusação estava o dr. Park Dietz, que considerava Dahmer são em virtude do nível de premeditação de que se valia para escolher e abordar as vítimas, além do nível de controle que demonstrou ao enganar a polícia, desovar os corpos e assim por diante.

Pelo lado da defesa, Gerry Boyle argumentou que, embora Dahmer soubesse o que estava fazendo e fosse capaz de diferenciar o certo do errado, não tinha condições de agir de acordo com o que sabia ser o certo. Boyle foi além de uma simples generalização da insanidade, explicando que Dahmer sofria de uma doença mental específica, a necrofilia e, portanto, não podia ser considerado legalmente responsável por suas ações e deveria ser internado em um manicômio judiciário. No entanto, a tática de definir Dahmer como necrófilo acabou fracassando, porque a acusação conseguiu provar que ele havia feito sexo com algumas das vítimas enquanto estavam vivas, e usado preservativo. A promotoria também usou a seu favor a questão do controle, afirmando que Dahmer conseguia conter seus impulsos de forma a cometer assassinatos apenas quando e onde quisesse. A lei do estado de Wisconsin é bem explícita ao estabelecer que, quando o indivíduo está no controle de suas ações, deve ser considerado são.

O júri, formado por pessoas leigas na área, concordou que um doente mental deve agir como um louco a maior parte do tempo, caso contrário não pode ser considerado insano de fato. Seguindo esse raciocínio, portanto, consideraram Dahmer legalmente são ao cometer seus crimes. Depois de chegar a essa conclusão, ==os jurados declararam que Dahmer era culpado por quinze assassinatos, e o réu foi sentenciado a quinze prisões perpétuas, um período estimado em 936 anos, já que não existe pena de morte em Wisconsin==.

Ele permaneceu na cadeia durante vários anos, e ao longo desse tempo, de acordo com Boyle, seu advogado, Dahmer se recusou a receber proteção especial por parte da administração prisional e fez questão de se manter no convívio com o restante da população carcerária. Em novembro de 1994, Dahmer acabou assassinado por um presidiário negro — como temia que fosse acontecer. Em um dos banheiros da penitenciária, foi espancado até a morte por Christopher J. Scarver, que também cumpria sentença de prisão perpétua por homicídio. Scarver foi condenado depois de afirmar que um grupo de vozes em sua cabeça lhe dizia que ele era o Filho de Deus, e lhe apontava em quem deveria ou não confiar.

A maioria das pessoas considerou essa morte violenta um fim apropriado para ele, enquanto outros, inclusive alguns articulistas da imprensa, se mostraram irritados com o fato de Scarver ter privado a população de ver Dahmer continuar sofrendo por anos a fio em razão dos crimes que cometeu.

Em minha opinião, nem Dahmer nem Scarver poderiam estar em um presídio, e sim internados em uma instituição para doentes mentais.

O verdadeiro problema é que pessoas como Dahmer representam um dilema para a sociedade, que não evoluiu a ponto de ser capaz de resolvê-lo de forma apropriada. Esse apego a noções de certo e errado não é nem de longe uma abordagem condizente com a realidade complexa dos atos cometidos por Dahmer. Nos anos 1970, quando perguntei ao assassino em série Edmund Kemper se sua personalidade e seus problemas mentais estavam descritos no DSM-II, ele achava que sua condição só apareceria no DSM lá pela sexta ou sétima edição — que deve ser publicada apenas em meados do século XXI.

PROFILE 2
profile 228

Colin Ireland

REINO
UNIDO

Ali estava a criatura que ajudara a estabelecer residência em Londres [...] em meio à multidão fervilhante da cidade, haveria de saciar sua sede de sangue e criar novo e sempre crescente exército de seres demoníacos para se refastelar com os indefesos.
Bram Stoker, *Drácula*

ROBERT K. RESSLER E TOM SHACHTMAN

MINDHUNTER PROFILE 2

CAPÍTULO 8

OS ASSASSINATOS DE GAYS NO DISTRITO DE KENSINGTON EM 1993

No Ano-Novo de 1993, um homem do distrito de Southend tomou uma estranha resolução: matar um ser humano. Levou alguns meses para decidir quando, onde e como cometer o homicídio, mas no início de março partiu para o ataque. Depois que o diretor teatral do West End londrino

PROFILE 2
profile

Peter Walker foi encontrado morto em seu apartamento em Battersea, no sul de Londres, um homem fez uma ligação anônima ao tabloide *The Sun* assumindo o crédito pela morte, afirmando que o homicídio se dera como cumprimento de uma promessa de Ano-Novo. Conforme declarou ao jornal: "Eu amarrei ele e matei. Ele era homossexual e curtia umas extravagâncias no sexo". O responsável pelo telefonema também demonstrou preocupação com o destino dos dois cães de Walker.

Quando a polícia examinou a cena do crime, encontrou coisas estranhas, mas nenhuma das pistas habituais. Walker estava sem roupa quando foi assassinado. Havia uma camisinha aberta sobre sua cabeça, e dois ursinhos de pelúcia aninhados junto a seu corpo — obviamente colocados ali pelo criminoso depois da morte. Ele tinha sido vendado com preservativos amarrados um no outro e algemado antes de ser estrangulado. Não havia impressões digitais no plástico ou em qualquer outro lugar do apartamento. Nenhum vestígio de sangue. As algemas eram do tipo mais comum, que podem ser encontradas em uma ampla variedade de lojas. Ninguém vira nenhum desconhecido entrando ou saindo do imóvel. Parecia um crime quase perfeito. A investigação rotineira sobre a vítima estabeleceu que Walker era um homossexual de 45 anos que costumava frequentar bares gays.

Uma segunda vítima foi encontrada morta em um apartamento em Wealdstone, no norte de Londres, no fim de maio. Christopher Dunn, de 37 anos, era bibliotecário. Estava nu, a não ser por uma coleira de couro e um cinto com tachinhas afiadas. As mãos estavam algemadas à cama; e os pés, amarrados. Dunn parecia ter sido torturado, e seus cartões bancários e de crédito não foram encontrados. A corda de nylon usada para amarrá-lo também era do tipo mais comum, que podia ser comprada em qualquer lugar; assim como as algemas, eram impossíveis de rastrear. De novo, não havia impressões digitais nem outro tipo de pista. No entanto, houve um saque em dinheiro da conta corrente da vítima após a morte. Isso só poderia ser feito por alguém que soubesse a senha, e a polícia supôs que o assassino havia torturado Dunn para conseguir o número. Mais uma vez, o alvo era um homossexual que frequentava bares de clientela gay masculina.

Alguns dias após o crime, houve um segundo e provocativo telefonema, dessa vez para a polícia, assumindo o crédito pelo assassinato e questionando por que os investigadores não entendiam que os dois homicídios eram relacionados. Com esse contato, ficou claro que haveria mais vítimas no futuro.

> **Pôsteres foram espalhados por vários locais frequentados por homossexuais do sexo masculino; um deles pedia informações que poderiam levar ao assassino, mas o segundo [...] era um apelo para que os gays revelassem o nome de seus parceiros eventuais à polícia, o que enfureceu a comunidade.**

Meu velho amigo Ken John, da Scotland Yard, foi encarregado do caso. Já fazia quase duas décadas que eu viajava à Grã-Bretanha para dar aulas em Bramshill, a instituição de ensino superior da polícia, e para dar consultoria à Scotland Yard e outros departamentos policiais do Reino Unido. Isso explicava minhas relações de amizade em diversos níveis das forças de aplicação da lei locais. Conheci Ken durante um curso de duas semanas oferecido pela Nova Scotland Yard sobre negociação envolvendo refém; fui palestrante no evento, participei do restante das atividades como aluno e passei horas e horas trocando informações sobre o trabalho policial na Grã-Bretanha e nos Estados Unidos. Em 1993, Ken era superintendente-chefe dos detetives e comandante da força policial do distrito londrino de Kensington, o coração das comunidades gay e teatral da cidade. Estava prestes a se aposentar e, como a maioria dos bons policiais, não queria fazer isso deixando um caso importante pendente. Pôsteres foram espalhados por vários locais frequentados por homossexuais do sexo masculino;

um deles pedia informações que poderiam levar ao assassino, mas o segundo — que também tinha o mesmo objetivo principal — era um apelo para que os gays revelassem o nome de seus parceiros eventuais à polícia, o que enfureceu a comunidade.

Surgiu a informação de que ambos os assassinados eram frequentadores regulares do Coleherne — um pub na Brompton Road, em Earls Court, no oeste de Londres —, que era de propriedade da cervejaria Bass. O local era um ponto de encontro de homossexuais com interesse em sexo violento e sadomasoquismo. Por trás das janelas escurecidas, muitos encontros furtivos entre desconhecidos foram combinados. Homens vestidos com roupas de couro circulavam pelo bar em busca de parceiros que compartilhassem do gosto por chicotadas, golpes com palmatórias e imobilização com algemas e cordas.

O fato de Walker e Dunn serem clientes do Coleherne causou arrepios em Ken John e vários outros policiais com mais de uma década de experiência. Assim como os pesquisadores de mentes criminosas de todas as partes do mundo, eles conheciam a história de dois notórios homicidas em série da Inglaterra que passaram por esse pub em busca de vítimas. Dennis Nilsen, que matou quinze jovens gays no início dos anos 1980, havia encontrado seus alvos justamente lá, assim como Michael "Wolf" Lupo, que assassinou nove homossexuais mais tarde naquela mesma década. Esses casos dominaram as manchetes no Reino Unido, e na época provocaram um temor generalizado na comunidade gay. Ambos os assassinos estavam presos; portanto, o responsável não podia ser nenhum dos dois. No entanto, havia outro criminoso à solta perseguindo e matando homossexuais.

Quando ficou claro que os dois homicídios estavam interligados, e que o assassino pretendia fazer mais estragos, surgiu um compreensível temor em meio à comunidade gay londrina — e causou ainda mais tensão na já fragilizada relação entre essa parcela da população e a polícia.

Na primeira semana de junho de 1993, um terceiro homem foi encontrado morto em Kensington. Perry Bradley III era um executivo norte-americano de 35 anos, filho do falecido colaborador do diretório

texano do Partido Democrata Perry Bladley Jr. Ao contrário das duas vítimas anteriores, Bradley não admitia abertamente suas tendências homossexuais, mas os frequentadores do Coleherne o reconheceram, pois ele havia ido várias vezes ao bar.

A cena do crime era semelhante às demais: uma vítima nua amarrada à cama, estrangulada até a morte com uma corda de nylon. Os cartões do banco e de crédito do morto não estavam lá. Não havia impressões digitais nem pistas da identidade do assassino, mas o corpo tinha sido posicionado de uma forma ritualística que parecia uma provocação à polícia: uma boneca fora colocada sobre o cadáver.

Foi depois desse assassinato que começou minha participação no caso, porque o criminoso fez outro telefonema para a mídia e para a polícia assumindo a autoria do homicídio — e, aparentemente, meu nome, ou pelo menos o título de um livro do qual sou coautor, acabou envolvido. A ligação, na prática, era um desafio para que a polícia oferecesse uma solução para os crimes, pois o homem disse algo do tipo: "Vocês têm boas indicações sobre minha identidade nas pistas deixadas no local". O assassino estava quase exigindo que os investigadores o informassem a respeito do progresso dos trabalhos. Irritado com o fato de a polícia não lhe dar as informações que queria e não relacionar suas ações conforme o esperado, ele partiu para a provocação. O perpetrador afirmava ser um assassino em série, mas que sabia que pelo "manual do FBI" precisaria matar pelo menos quatro pessoas para ser classificado assim — e estava determinado a isso; portanto, haveria mais mortes. "Eu tenho o livro", ele falou. "Sei quantos assassinatos preciso cometer."

Além de *Mindhunter Profile*, o livro teórico *Sexual Homicide: Patterns and Motives* e o *Manual de Classificação de Crimes* do FBI tinham sido publicados pouco tempo antes no Reino Unido, e eu sou o autor principal dos dois primeiros e coautor do terceiro. Como a última parte do comunicado do assassino foi levada a público, e meus livros tinham adquirido certa notoriedade na Grã-Bretanha, essa questão chamou muita atenção — o pior tipo de atenção possível. Houve gente na mídia dizendo que eu era o responsável pelos assassinatos!

Recebi telefonemas (nos Estados Unidos) de diversos jornalistas britânicos, em especial os dos tabloides. O principal questionamento que me fizeram em várias conversas diferentes foi: como o assassino obviamente havia lido *Mindhunter Profile* e se sentira incitado a matar, o livro não deveria ser retirado das prateleiras para impedir que outras pessoas o lessem e saíssem assassinando gente por aí?

Era uma pergunta do tipo "quando você parou de espancar sua mulher?" — um questionamento tão carregado de acusação que é quase impossível de responder sem admitir algum nível de culpa! Mas eu tentei mesmo assim. Falei que, para começo de conversa, não

Colin Ireland, o assassino do distrito londrino de Southend que se declarou culpado no Old Bailey pela morte de cinco homossexuais (PA News).

Ressler com Kenneth John, o detetive da Scotland Yard designado para o crime de Wimbledon Common.

havia nenhuma evidência direta comprovando que o assassino lera algum livro meu, já que diversas publicações diferentes poderiam ser consideradas "o manual do FBI". Além disso, o inspetor Ken John tinha os três livros, e já me dissera em outras ocasiões que foram muito úteis para seu trabalho; portanto, o fato de terem sido lidos, a princípio, não incitava ninguém ao crime. Em terceiro lugar, e o mais importante, uma mente doentia era capaz de distorcer qualquer tipo de material e tomá-lo como base para qualquer que fosse a atrocidade que quisesse cometer; até a Bíblia já havia sido usada como pretexto para vários assassinatos cometidos por indivíduos desequilibrados, e nunca se sugeriu que deixasse de ser publicada por causa disso.

Também declarei à imprensa que os telefonemas do assassino à polícia eram apenas uma forma de atrair atenção para tentar superar os sentimentos de inadequação do próprio sujeito. Criando um cenário no qual se tornava o centro de uma caçada policial, o criminoso obtinha muito mais gratificação do que conseguia com os homicídios em si.

Mais ou menos na mesma época, Ken John me procurou para saber se eu poderia ajudar no caso. Ele me passou um resumo do que a polícia descobrira até então. Minha opinião era de que o assassino agia sozinho, tinha trinta e poucos anos — a complexidade dos crimes e a maneira de eliminar os rastros mostravam que não se tratava de alguém muito jovem —, provavelmente estava desempregado e era frequentador habitual da cena gay.

Ken também entrou em contato com o psicólogo Dick Walter, que trabalha no sistema prisional do estado de Michigan, e Paul Britton, um dos maiores especialistas em mentes criminosas do Reino Unido. Todos os perfis tinham pontos em comum, e foram úteis na caçada ao assassino.

==A captura dele, entretanto, só se deu em razão de um bom trabalho de base da polícia e da cooperação conquistada a duras penas por parte dos integrantes da comunidade gay local.== Mas isso só aconteceu após mais dois assassinatos.

Andrew Collier, um morador de 33 anos de Dalston, na região nordeste de Londres, trabalhava em um asilo de idosos; sua função era fazer a manutenção das instalações e prestar serviços variados aos residentes. Conheceu o assassino no pub Coleherne no mês de junho, e o levou para seu apartamento.

A cena do crime do quarto homicídio revelava mais a respeito do assassino do que os casos anteriores. O corpo havia sido posicionado de forma incomum e grotesca: o gato de Collier, com o pescoço quebrado, tinha sido colocado com as presas sobre os testículos do dono. Foram encontrados sinais de que Collier tentara resistir ao estrangulamento; suas mãos estavam algemadas atrás das costas, e ele estava deitado de pernas abertas na cama. Além disso, havia uma impressão digital diferente da sua no apartamento, no parapeito da janela.

Após a morte de Collier, o assassino ligou para a polícia e falou: "Se vocês não me impedirem, vai ser um por semana. Começou como um exercício para ver se era possível, se eu conseguia me safar". Em um segundo telefonema, alguns dias depois, ele disse: "Sempre sonhei em cometer o assassinato perfeito". E perguntou aos policiais: "Por que vocês ainda não fizeram a conexão entre os quatro assassinatos?".

Naquela noite o assassino voltou ao Coleherne e saiu de lá com Emanuel Spiteri, um chef de cozinha de 41 anos nascido em Malta que morava em um apartamento estilo quitinete em Catford, na região sudeste de Londres. Depois do assassinato, ele mais uma vez telefonou para provocar a polícia, dizendo: "Matei mais um homem. Vocês já descobriram?". Pouco tempo depois, a polícia encontrou Spiteri algemado e estrangulado, assim como as demais vítimas.

O quinto assassinato levou a Scotland Yard a ir a público de forma ostensiva. A data da parada anual de gays e lésbicas de Londres estava próxima, e a polícia temia que o pânico se espalhasse e que mais assassinatos acontecessem, cometidos por eventuais imitadores. Por isso foi realizada uma coletiva de imprensa, com a divulgação das fotos das cinco vítimas e alguns detalhes das mortes — inclusive chegaram a pedir ao próprio assassino para "entrar em contato conosco com urgência".

Não houve mais homicídios, porque dessa vez a polícia conseguiu uma pista sólida. Depois de estabelecer que o trajeto do Coleherne até o apartamento do chef provavelmente havia sido percorrido de metrô, os investigadores foram até a estação de Charing Cross e solicitaram aos responsáveis as gravações das câmeras de segurança da plataforma e outras partes das instalações. As fitas costumavam ser apagadas alguns dias após o uso, mas os policiais conseguiram obtê-las a tempo, antes que fossem reutilizadas. Os vídeos mostravam Spiteri acompanhado por um homem. A imagem desse segundo homem foi mostrada a frequentadores regulares do Coleherne e amplamente divulgada ao público em geral.

Foi quando um homem chamado Colin Ireland procurou seu advogado e contou ser o homem identificado pela polícia nas imagens das câmeras de segurança. Admitiu ter saído com Spiteri, mas negou que tivesse ido à quitinete.

Essa alegação até poderia ter sido aceita, caso as digitais de Ireland não fossem compatíveis com aquela encontrada no parapeito da janela da quarta vítima. Ao ser confrontado com esse fato, ele confessou. Tinha matado os cinco homens, quatro deles em um período de dezessete dias entre maio e junho daquele ano.

De diversas maneiras, Ireland se encaixava no perfil esboçado pelos criminólogos profissionais consultados. Era um homem de 39 anos desempregado e solitário, uma espécie de andarilho com um histórico de atos violentos e relacionamentos sexuais conturbados. Era filho ilegítimo de um atendente de banca de jornal, e fora criado pela mãe e pelos avós em Dartford, no condado de Kent. Declarou à polícia que quando criança sofria bullying dos colegas de escola: "Eu era um moleque magricela que sempre levava porrada".

Sua ficha criminal incluía condenações por furto, roubo e estelionato, cometidos ainda na adolescência. Esses crimes o levaram a passar dois anos em um reformatório, depois dos quais foi para a França se alistar na Legião Estrangeira. Acabou rejeitado, apesar de ser um homem robusto de quase um metro e noventa de altura. Tinha também interesse em parafernália militar e treinamento de sobrevivência, e gostava de acampar nos pântanos de Essex. Já havia trabalhado como bombeiro voluntário, cozinheiro de restaurante e barman em um estabelecimento voltado à clientela gay.

Aos 27 anos, casou-se com uma mulher sete anos mais velha que tinha o corpo paralisado da cintura para baixo em razão de um acidente automobilístico. O matrimônio terminou em divórcio. Foi depois do fim do casamento que Ireland começou a se mudar com frequência e adquiriu o hábito de acampar. Desenvolveu também uma obsessão por se alimentar apenas de comida fresca e água mineral pura. Decidiu se casar de novo, mas o segundo casamento também logo se desfez.

Ireland então se candidatou a uma vaga de trabalho em um abrigo para sem-tetos, onde logo se tornou subdiretor. Parecia uma função para a qual seu perfil era adequado. O administrador do estabelecimento relatou que Ireland demonstrava ter muitas coisas em comum com os "hóspedes", era querido entre os residentes e sabia se comunicar bem com eles. Sua namorada na época, porém, relatou o seguinte: "Eu nunca sabia em que estado de humor ele estaria. Ele podia ser bonzinho, mas também terrível". Ireland relatava fantasias de matar pessoas. A namorada o deixou quando ele quebrou o dedo de um ex-namorado dela.

Em dezembro de 1992, ele foi forçado a pedir demissão do cargo de subdiretor do abrigo após denúncias de que havia subjugado à força um dos hóspedes. Era o único emprego do qual tinha gostado na vida. Ireland passou a trabalhar em uma instituição de educação profissional para adultos, onde realizava tarefas insignificantes, como desmontar caixotes de madeira. O diretor do abrigo, que continuou em contato com Ireland, relatou que nessa época "ele estava perturbado, frustrado, sem saber o que fazer da vida".

Foi quando chegou o Ano-Novo, e surgiu a resolução de se tornar um assassino. Ele planejou os homicídios de forma meticulosa, se valendo do que tinha aprendido nos treinamentos de sobrevivência. Carregava consigo um kit contendo algemas, cordas, sacos plásticos e uma muda de roupas. Antes de cada assassinato, saía sem nada nos

bolsos a não ser dinheiro, para que nada capaz identificá-lo pudesse cair no chão da residência de alguma vítima. Usava um par de luvas diferente para cada crime. Como as vítimas já esperavam ser amarradas e sofrer um certo nível de violência no ato sexual, obter consentimento para colocar as algemas não era difícil. Em um dos casos, o homem a ser assassinado foi escolhido por levar um par de luvas no bolso de trás da calça, um sinal entendido entre os homossexuais de que se tratava de um "submisso". Depois de matar, ele limpava cuidadosamente todas as superfícies e descartava todos os alimentos deixados pela metade (para evitar que fossem obtidas impressões de sua mordida). Levava consigo inclusive os pratos e talheres que usava. Esperava o dia raiar e saía dos apartamentos das vítimas vestido com a muda de roupa que levara, e se deslocava por Londres até um local de onde pudesse pegar um trem para Southend, onde morava; no caminho, ia se livrando das evidências, como roupas, pratos e cartões de créditos partidos ao meio. Os assassinatos eram financiados pelo dinheiro sacado da conta das vítimas, que eram torturadas até que passassem os números das senhas bancárias. Alguns morreram sem fornecer a informação.

Ireland declarou que havia colocado o gato sobre o corpo de Collier porque, ao remexer nas coisas dele, descobrira que o homem era HIV positivo. Bradley, a terceira vítima, ele deixou que dormisse; conforme mais tarde relatou à polícia: "Fiquei sentado no quarto pensando, e em um determinado momento considerei não fazer nada com ele. Aí pensei: 'É mais fácil matar'. Fui até lá e simplesmente puxei o laço". Na janela da quarta vítima acabou deixando a digital no parapeito, para onde os dois haviam se dirigido após ouvirem um barulho estranho na rua, de acordo com o que Ireland se lembrava.

Quanto a suas motivações, Ireland foi bem menos direto. "Acho que foi porque não gostava das pessoas em geral. Isso foi crescendo dentro de mim, uma repulsa pelas pessoas. A coisa transbordou, a deterioração foi bem rápida. Não consigo explicar de outro jeito", ele declarou à polícia. Embora negasse ser gay ou ter algum ressentimento contra esse grupo específico, afirmou tê-los escolhidos como vítimas em potencial por considerá-los mais vulneráveis e porque a opinião pública era menos compassiva com eles do que com as mulheres. Disse também que odiava as práticas homossexuais, e garantiu não ter feito sexo com as vítimas.

Para mim era provável que, apesar dessas negativas, Ireland fosse homossexual ou bissexual, como Gacy admitia ser, e cometera os crimes depois de fantasiar por muitos anos. Obviamente era uma pessoa inteligente, que dedicara uma boa dose de planejamento e intelecto tanto para matar quanto para não ser pego, mas o ritmo em que se sentiu compelido a agir — quatro assassinatos em dezessete dias — parecia sugerir que estava perdendo o controle e não conseguiria seguir matando por muito mais tempo antes de se entregar ou cometer suicídio.

==Em dezembro de 1993, Colin Ireland se declarou culpado pelos cinco assassinatos e foi condenado a cinco penas de prisão perpétua.== Em minha opinião, a Nova Scotland Yard fez um belíssimo trabalho no caso, com o qual lidou com eficiência e demonstrando o devido respeito pela comunidade gay. Os perfis psicológicos elaborados foram usados de forma apropriada, assim como todos os demais recursos disponíveis para ajudar na resolução dos homicídios. Ken John pôde se aposentar depois de resolver sua última investigação importante, e ainda fez a gentileza de declarar à imprensa que a assistência oferecida por mim e outros estudiosos de mentes criminosas havia sido de grande utilidade para o desfecho bem-sucedido da investigação.

E, no fim das contas, quando a residência e os pertences de Colin Ireland foram revistados, nenhum de meus livros foi encontrado em sua posse no momento de sua prisão. Mas isso não significa que não possa ter lido ou comprado algum deles, claro.

O ASSASSINATO EM WIMBLEDON COMMON

Menos de duas semanas antes de minha chegada a Londres para a divulgação de *Mindhunter Profile*, uma jovem mãe de 23 anos chamada Rachel Nickell foi brutamente assassinada. O crime ocorreu perto das 10h da manhã de 15 de julho de 1992, em um parque público de 4500 metros quadrados chamado Wimbledon Common. Foi cometido em plena luz do dia, e na presença de Alex, o filho de Rachel, que na ocasião ainda não tinha nem 3 anos de idade.

Alguém obviamente tinha avistado Rachel com Alex e seu cão de um ponto mais elevado no bosque vizinho, Windmill Wood. Quando os três entraram em um caminho mais isolado, o criminoso se aproximou, desferiu um golpe no garoto para afastá-lo e, com uma faca afiadíssima, arrastou Rachel dez metros mata adentro e a esfaqueou 49 vezes, perfurando todos os órgãos vitais no processo. Enquanto ela estava moribunda, ele a virou, baixou sua calça jeans e sua calcinha e, então, violou seu ânus com o cabo da lâmina.

Em seguida, o assassino fugiu. Não muito tempo depois, um passeador de cachorros viu o menino agarrado ao corpo da jovem. O garoto estava coberto pelo sangue da mãe, dizendo: "Levanta, mamãe, vamos embora". Foram as últimas palavras que o apavorado pequeno conseguiu pronunciar pelas 24 horas seguintes.

==Como o crime ocorreu em um local público movimentado, foi um ato extremamente desumano e o perpetrador era sem dúvida uma pessoa violentíssima; o assassinato de Rachel Nickell deixou a população britânica em polvorosa.==

Quando cheguei à Inglaterra, em um domingo, as coisas não aconteceram exatamente conforme o esperado. Pelo que eu sabia, minhas passagens aéreas, diárias de hotel e despesas pessoais estavam sendo pagas pela Simon & Schuster, a editora de *Mindhunter Profile* e de outras duas obras das quais sou coautor. Também tinha sido informado de que o tabloide *The Sun* havia negociado diretamente com a editora a publicação de três trechos de meu novo livro, então a princípio não fiquei surpreso nem estranhei quando pessoas do jornal foram me buscar no hotel e me levaram para Wimbledon Common a fim de realizar uma entrevista. Por que lá? Segundo me disseram, porque seria um belo cenário para fotos, e também porque a polícia queria falar comigo para tentar obter alguma ajuda no caso Rachel Nickell.

Ao ouvir isso, meus sinais de alerta se acenderam: se as autoridades quisessem mesmo me consultar, seria muito mais lógico que me contatassem quando eu estava em casa, antes de ir a Londres. Mesmo assim, resolvi ir. No pátio de um restaurante à sombra do famoso moinho de vento de Wimbledon Common, dei uma entrevista ao *Sun* sobre os temas abordados em *Mindhunter Profile*. Depois disso o pessoal do jornal sugeriu que, enquanto aguardávamos a polícia, fôssemos dar uma olhada no lugar onde Rachel foi assassinada.

O local, sob uma árvore em formato de Y em um ponto distante do parque, já quase no bosque, havia sido transformado em um santuário por familiares, amigos e até mesmo desconhecidos que ficaram abalados com seu assassinato brutal. Foi estranho ver buquês, coroas de flores, velas, incensos e objetos afins em uma área ainda isolada pelas fitas da polícia, tendo como pano de fundo uma paisagem natural em pleno florescimento no início do verão. Havia também uma placa enorme pedindo para que qualquer testemunha que soubesse algo sobre o crime, ou que tivesse passado por Wimbledon Common na manhã dos acontecimentos, entrasse em contato de forma anônima com um serviço de linha direta estabelecido para esse fim ou procurasse um policial. O pessoal do *Sun* me pediu para ficar ao lado desse aviso, e uma fotografia foi tirada. A essa altura, eu já estava desconfiadíssimo e sugeri que, como os policiais não haviam aparecido, era melhor encerrar a entrevista e voltar para o hotel.

Na manhã seguinte, uma segunda-feira, dei de cara com uma manchete do *Sun* em letras garrafais: CASO RACHEL — SUN TRAZ AO PAÍS CONSULTOR DO FBI EM O SILÊNCIO DOS INOCENTES. Junto à chamada havia fotos minhas no quarto do hotel, abrindo minha maleta

Ressler e "Hannibal Lecter". Ressler foi consultor de Thomas Harris, autor de O Silêncio dos Inocentes.

e transmitindo ao mundo a impressão de que estava me preparando para uma investigação. O texto se estendia por várias páginas, e não continha apenas trechos de *Mindhunter Profile*, conforme o contratado, mas também partes de outras obras, intercaladas com fragmentos da entrevista que concedi, de forma a fazer parecer que eu estava comentando o caso Rachel Nickell. Por exemplo, foi publicado em destaque que eu teria dito que era o primeiro assassinato do perpetrador, que ele visitava o parque duas vezes por semana e não pararia de matar nem mesmo se achasse que a polícia estava em seu encalço. Eram coisas que de fato escrevi, mas sobre o caso Richard Trenton Chase, ocorrido mais de uma década antes.

Indignado, telefonei para a Simon & Schuster e solicitei que fosse exigido que o *Sun* parasse de afirmar que eu estava lá para prestar consultoria à polícia por iniciativa do jornal, e que a publicação deixasse de distorcer minhas palavras para fazer com que se encaixassem naquele caso específico. A editora marcou uma reunião com todos os envolvidos para resolver a questão na tarde de terça-feira.

Nesse meio-tempo, liguei para o inspetor Ken John, da Scotland Yard, a fim de explicar minha vergonhosa situação. Esclareci que havia sido praticamente sequestrado pelo *Sun* e não tinha intenção nenhuma de desrespeitar a polícia britânica e sua investigação. Ken deu risada e falou que o restante do pessoal da Yard entendia bem a situação, e muitas vezes eles mesmos já haviam sido manipulados pela mídia mais ou menos dessa forma antes; era um dos perigos de ter uma imprensa cada vez mais dominada por tabloides sensacionalistas já há duas décadas. Também falei para Ken que, se pudesse ser útil no caso Nickell, estava à disposição, e garanti que nada do que eu fizesse seria revelado para a mídia, pelo menos não por mim. Ken se comprometeu a conversar com o inspetor-chefe John Bassett, encarregado da força-tarefa mobilizada para capturar o assassino, e tentaria marcar um encontro entre nós para o dia seguinte.

Na terça-feira de manhã, foi publicada uma segunda reportagem no *Sun*, igualmente absurda, alardeando mais declarações de minha "entrevista exclusiva" sobre o caso Nickell e usando a fotografia que fizeram de mim ao lado da placa colocada pela polícia no local do crime. ==Naquela tarde, na sede da Simon & Schuster, me encontrei com vários representantes do *Sun*, inclusive o editor, que parecia particularmente satisfeito com todo o constrangimento causado.== Quando lhe pedi para parar de colocar palavras na minha boca, ele me informou que era o tabloide, e não a editora de meus livros, que estava pagando minha estadia, e queria mais informações em troca do investimento. Respondi que não haveria mais declarações, avisei que ele estava usando trechos dos outros dois livros sem permissão e que, se eu estivesse nos Estados Unidos, encontraria uma maneira de processar a empresa jornalística por quebra de contrato e outros atos ilegais. Além disso, pedi à Simon & Schuster que me tirasse do hotel pago pelo *Sun* e me colocasse em outro, pago pela editora. Pensei que isso fosse resolver a questão, mas o editor do *Sun* ainda não havia acabado de expor suas demandas. Ele queria um perfil do caso Nickell para ser publicado no tabloide, e que, ao lado de John Bassett — a quem eu nem ao

menos havia sido apresentado —, comparecesse na sexta-feira a um simpósio organizado pelo *Sun* sobre o assassinato, no qual a polícia diria ao público que o jornal vinha colaborando tremendamente na solução daquele terrível assassinato. Avisei que, se fosse fazer um perfil psicológico, seria apenas para o uso das autoridades, e abandonei a reunião.

Naquela noite eu iria me encontrar com John Bassett no pub favorito de Ken John, e estava um pouco nervoso, porque esperava receber críticas sobre minha participação no caso até então. Mas não precisava ter me preocupado tanto. Em meio a canecas de cerveja, Bassett se mostrou cordial e simpático; parecia até se divertir com o fato de que daquela vez os tabloides britânicos tinham enrolado um norte-americano em vez das vítimas de sempre, o pessoal da Yard. Inclusive, quando se espalhou pela Scotland Yard a notícia de que seu velho conhecido Ressler, agora aposentado do FBI, viria à Inglaterra para divulgar seu novo livro, os oficiais da lei já meio que esperavam que algo do tipo pudesse acontecer.

"Mas, considerando que já está aqui e a dimensão pública que o caso tomou, você teria como nos ajudar?", Bassett pediu. Respondi que poderia tentar e que, se ele providenciasse para mim os relatórios e as fotos da cena do crime, o relatório da autópsia e qualquer outra informação que a Yard considerasse relevante, eu esboçaria um perfil do provável assassino. Combinamos que o material requisitado seria entregue para mim na noite seguinte.

Bassett e eu não falamos sobre valores, pois ele e a maioria dos agentes da lei já conheciam minha política a respeito, mas gostaria de explicar esse aspecto de meu trabalho aqui, por considerá-lo relevante nesse contexto, já que o *Sun* insinuou que estava me pagando para elaborar um perfil psicológico do criminoso. Eu não cobro nada pela colaboração que puder oferecer a qualquer instância de aplicação da lei, seja onde e quando for, em relação a algum caso específico. Quando sou convidado para dar um curso ou uma palestra, esse serviço é remunerado, mas a ajuda àqueles que estão na linha de frente durante uma investigação de assassinato não. Sinto que é parte de meu dever como especialista da área prestar a assistência que for possível, dentro dos limites do razoável.

Na quarta-feira, dei uma volta em um carro da polícia pelos arredores de Wimbledon Common, e fiz perguntas a meus colegas sobre diversas áreas residenciais por onde passamos. Eu considerava provável que o criminoso tivesse ido a pé até o parque, e que inclusive fosse um frequentador regular do local, provavelmente atrás de mulheres, e depois de vê-las se masturbaria no bosque e talvez realizaria algum outro tipo de ritual.

Mais tarde, Bassett e eu tivemos outro jantar agradabilíssimo, e ele me entregou alguns materiais sobre o caso Nickell, inclusive uma avaliação de Paul Britton, mas sem revelar o perfil elaborado por ele. Em casos como esse, tento evitar escrever um perfil caso tenha lido um trabalho do mesmo tipo elaborado por outra pessoa; a força de meu trabalho depende de maneira direta de minha autonomia na avaliação das evidências. Nesse caso, nem precisei examinar em minúcias as fotos da cena do crime ou o relatório da autópsia. Poderia me basear em grande parte nos recortes de jornais que Bassett me entregou.

O perfil ocupou sete páginas escritas à mão. Fiz uma cópia para guardar em meus arquivos e entreguei o original para Bassett.

Classifiquei o caso como um "homicídio sexual desorganizado", e por essa razão "não planejado, espontâneo e de caráter oportunista". Nickell havia sido morta em um ataque "agressivo" e "frenético", no qual o assassino passou "apenas alguns minutos com a vítima". Por isso, eu achava que a penetração sexual em si não ocorrera, e que o criminoso poderia ter inserido algum objeto no corpo da vítima. Em outros casos similares, o assassino se masturbava sobre ou perto do corpo, mas considerei que, como aquele crime ocorrera em plena luz do dia e quase em público, essa possibilidade era remota.

Outras evidências que apoiavam esse diagnóstico de homicídio "desorganizado" era que "a abordagem, o ataque, a morte e o abandono do corpo" se deram todos no mesmo lugar. Além disso, a cena

do crime era aleatória e mal pensada, os atos sexuais ocorreram após o assassinato e o cadáver não foi escondido. Um assassino "organizado", se estivesse à procura de uma vítima, teria evitado Rachel porque ela estava com a criança, ou então mataria o filho com a mãe.

Com base nessa avaliação, concluí que o assassino era um homem branco solteiro entre 25 e 30 anos que vivia sozinho (ou com um dos pais). De inteligência mediana a baixa, teria um "desempenho acadêmico pobre" e poderia até nunca ter se formado na escola. Além disso, "é socialmente inepto e tem pouca ou nenhuma vivência em assuntos relacionados ao sexo. Não se relaciona com mulheres, nem tem amizades masculinas significativas". Na verdade, era "sexualmente incompetente", com "pouca ou nenhuma experiência sexual". Sua vida nesse quesito era "limitada a fantasias e atos de autoerotismo, provavelmente em exposição a algum tipo de pornografia". Também considerei que "o assassino é visto como alguém tímido e introvertido, e age de forma impulsiva sob estresse".

Era probabilíssimo que essa pessoa morasse a pouca distância das áreas de vegetação mais cerradas de Wimbledon Common, provavelmente em um enclave residencial de baixa renda, e tivesse bastante familiaridade com o local, por ter percorrido suas trilhas diversas vezes. Ele teria perseguido Rachel naquela manhã, mas não devia conhecê-la de algum contato anterior.

O assassino possivelmente estava desempregado e, caso tivesse trabalhado alguma vez, teria sido em tarefas braçais, em algum lugar próximo ao parque. Eu acreditava que ele não vinha acompanhando a cobertura do caso pela mídia muito de perto, em razão de seu estado mental, mas poderia ter levado algum tipo de suvenir da cena do crime, como a carteira da vítima ou uma peça de roupa, portanto a polícia poderia procurar por algo do tipo quando revistasse a moradia dele. Considerei improvável que o assassino fugisse; "ele pode até manter sua rotina habitual, mas talvez de forma mais introvertida e isolada" do que antes. Também não parecia provável que se tratasse de um usuário pesado de álcool e drogas.

Mesmo assim, ele devia ser visto entre vizinhos e conhecidos como alguém com "comportamento e aparência incomuns e estranhos". Por estar "no limiar da esquizofrenia", devia parecer "imaturo" e buscar amizade com pessoas mais jovens, provavelmente crianças. Tratava-se de uma pessoa com histórico de problemas mentais que poderiam remontar à pré-adolescência, época em que esses transtornos começam a chamar a atenção das autoridades escolares. Portanto, aconselhei, a polícia deveria verificar hospitais psiquiátricos da região em busca de pacientes não submetidos à internação ou vizinhanças em que pudesse haver um filho com deficiência mental morando com um dos pais.

De certa forma, o perfil era parecido com um dos primeiros que fiz, relacionado ao caso Richard Trenton Chase — um exemplo clássico de assassino "desorganizado" —, com a diferença de que nesse caso a doença mental do assassino era bem menos grave que a de Chase. Mesmo assim, o ataque a Rachel Nickell representou um enorme risco ao agressor, pois aconteceu quase em público. Qualquer um poderia ter passado por lá e visto tudo; isso tornava o crime uma "loucura", por assim dizer.

Entreguei o perfil para Bassett e conversamos a respeito. Duas questões que abordei nesse diálogo não estavam registradas no documento escrito. A primeira era que eu considerava bastante significativo o fato de o perpetrador não ter matado a criança, e achava que isso tinha relação com sua própria infância, provavelmente das mais atormentadas. A segunda informação que passei para Bassett era que não se tratava de um assassino em série — pelo menos não ainda.

Em virtude da aparição no tal programa televisivo no dia seguinte, perguntei a Bassett se havia alguma coisa no perfil que pudesse ser revelada ao público ou que fosse ajudá-lo na investigação. Ele sugeriu que eu comentasse sobre minha percepção de que não se tratava de um assassino em série, de que aquele era seu primeiro homicídio e que ele poderia nunca mais voltar a matar. Dizer isso, argumentou Bassett, ajudaria a acalmar os ânimos da opinião pública. Concordei com essa colocação, apesar de não ser exatamente o que eu pensava. De fato não achava que se tratasse de um assassino em série — ainda.

Minha impressão era de que o criminoso era uma pessoa perigosa, mas que ainda não havia adquirido o gosto pelo derramamento de sangue; aquele primeiro assassinato "bem-sucedido", porém, poderia incutir esse gosto nele e fazê-lo querer agir de novo. Mas, se minha declaração de que não se tratava de um assassino em série teria utilidade para Bassett e para a população, então era isso o que eu faria.

No dia seguinte, uma sexta-feira, Bassett e eu aparecemos na mesma transmissão televisiva, mas a partir de locais diferentes. Fizemos nossas considerações sobre o assassinato de Nickell e pensei que o assunto estivesse encerrado, pelo menos em termos de minha participação pública. Bassett entregaria o perfil escrito por mim a Paul Britton, e internamente a Yard faria o que fosse possível com as informações. De qualquer forma, se um suspeito fosse a julgamento, era improvável que a Scotland Yard me convocasse para depor como perito, pois já tinha para isso um especialista local de competência reconhecida como Britton.

Robert Ressler faz observações na cena do crime de assassinato de Rachel Nickell, em Wimbledon Common (Rex Features).

No entanto, o assunto *não* estava encerrado, pois no sábado, a caminho do aeroporto, vi um exemplar do *Sun* e, para meu espanto, descobri que o tabloide havia publicado um perfil psicológico do assassino, anunciando que fora escrito por mim. Aquele não era o texto que entreguei para Bassett, e sim uma compilação de trechos de *Mindhunter Profile* e outros livros meus aplicados ao caso Nickell. Uma tentativa vergonhosa de se beneficiar mais um pouquinho de minha visita! Em termos de perfis em si, aquele não era ruim, só não era meu, porque usava uma linguagem que eu não empregaria; por exemplo, o texto afirmava que em minha opinião o carro do suspeito, caso ele tivesse um, seria "um pau-velho imundo e cheio de lixo". Eu nem sequer sabia que esse termo podia ser usado para descrever um carro em péssimo estado de conservação. Depois de ler esse perfil espúrio, telefonei para o Centro de Comando da Scotland Yard; Bassett não estava lá, mas garanti ao encarregado no momento que o perfil publicado no *Sun* não era o que entreguei à polícia, apesar das alegações do tabloide em contrário. Por fim, com um profundo alívio de deixar para trás um ambiente em que alguns jornais se julgam no direito de escrever peças de ficção e publicá-las como se fossem a opinião de um especialista conhecido, e provavelmente sem sofrer nenhuma consequência legal por isso, embarquei no avião e voltei aos Estados Unidos.

Mais tarde fiquei sabendo que Bassett de fato entregou meu perfil a Britton, que já havia feito o seu. Britton ainda viajou aos Estados Unidos e visitou meu antigo local de trabalho, a Unidade de Ciência Comportamental do FBI, onde pediu a meu ex-colega Roy Hazelwood, perito em casos de abuso infantil, para elaborar um perfil adicional. Eu morava a pouco mais de quarenta quilômetros de lá, mas Britton não se deu ao trabalho de falar comigo. Os três perfis, descobri mais tarde, apresentavam conclusões semelhantes a respeito do provável assassino.

Diversas testemunhas afirmaram terem visto um jovem perambulando por Wimbledon Common na manhã do assassinato, ou então lavando as mãos em um riacho próximo não muito depois do horário

do crime. Com base em tais descrições e em meu perfil, um artista da polícia compôs um retrato falado do suspeito. Quatro pessoas da vizinhança de Anton Estates reconheceram no desenho um vizinho seu, Colin Stagg, de 29 anos; um deles inclusive lembrou que Stagg andara agitado logo após o homicídio, e fizera comentários sobre o local exato do crime — isso antes de a informação vir a público. Além disso, uma das testemunhas que vira o suspeito no parque o reconheceu em uma acareação.

Stagg se encaixava na projeção apresentada nos perfis de diversas maneiras. Por exemplo, morava no prédio de apartamentos que apontei como um provável domicílio do assassino. Tinha vinte e tantos anos, vivia sozinho e estava desempregado; além disso, não tinha experiência sexual. Na porta de seu apartamento havia um letreiro com os dizeres "Cristãos Mantenham Distância: Um Pagão Vive Aqui", e no interior do imóvel foi descoberto um quarto todo pintado de preto com círculos de pedras, um altar, um pentagrama e imagens que costumam ser relacionadas a rituais de magia negra. Quando foi detido pela polícia, Stagg admitiu ter visto Rachel Nickell "alguns anos atrás. Ela sorriu para mim e sentamos bem perto um do outro na beira da lagoa de King's Mere. Mas nunca fui atrás dela".

Depois dessa admissão, feita em 18 de setembro, Stagg se tornou o principal suspeito do caso.

Morava sozinho com um cachorro em um apartamento espaçoso, antes habitado por mais membros de sua família. O aluguel e as demais despesas eram pagos pelos cheques recebidos da assistência social do governo, já que ele estava sempre desempregado.

Uma revista feita pela polícia no local não localizou nenhuma evidência concreta — nada de faca com sangue, ou de roupas sujas de sangue ou de terra. Quando interrogado, Stagg mudou sua versão e contou ter visto alguém que lembrava Rachel três meses antes, empurrando um "bebê num carrinho". Era "uma garota bonita. Vi quando ela tirou a blusa para tomar sol de biquíni. Fiquei lá um tempão". Segundo Stagg, a moça sorriu para ele, que voltou no dia seguinte para ver se conseguia conhecê-la melhor, porém nunca mais a encontrara. Na manhã do assassinato, como de hábito, ele estava passeando com seu cachorro pelo parque, mas não ficou muito tempo por lá e foi para casa, segundo sua alegação, uma hora antes do horário do crime. A polícia não encontrou ninguém que pudesse confirmar a história. Certamente não era um álibi irrefutável, mas também não havia provas para desmenti-lo porque, embora houvesse pessoas dizendo que o viram em Wimbledon Common no momento do homicídio, o ato em si não tivera testemunhas além do pequeno Alex, que só soube informar aos investigadores que o criminoso era um homem branco.

Ainda que não tenha confessado o assassinato, Stagg relatou que era um exibicionista, e que havia assustado uma mulher certa vez usando apenas um par de óculos escuros. Na ocasião, foi condenado por atentado ao pudor e sentenciado a pagar uma multa.

A polícia descobriu que a infância de Stagg fora dificílima; seu irmão havia sido condenado por um estupro ocorrido enquanto passeava com um cachorro; ele afirmava ser membro de uma antiga religião chamada Wicca; tinha em casa uma faca grande e afiada o bastante para esfolar coelhos. No entanto, não havia evidências para acusá-lo pela morte de Nickell, e por isso Stagg foi solto.

Havia outros duzentos homens condenados por crimes sexuais vivendo nos arredores de Wimbledon Common, e vários se encaixavam nos perfis sugeridos — desempregados e solitários convictos de vinte e tantos anos, que moravam perto do parque — e nenhuma evidência para descartá-los como suspeito ou levá-los a julgamento. A partir daí, que destino dar ao caso? A polícia continuava convicta de que Colin Stagg era o suspeito mais provável do assassinato de Rachel Nickell. Caso o criminoso fosse mesmo ele, como tirá-lo de circulação ou impedi-lo de cometer outros homicídios?

Nesse momento as coisas começaram a sair dos trilhos, e fiquei satisfeito por não ter me envolvido em nada do que aconteceu a partir daí.

Uma mulher telefonou para a polícia. Tinha visto Stagg na televisão depois que ele foi multado por atentado ao pudor, e o reconheceu como o sujeito com quem costumava se corresponder em 1990.

Os dois começaram a trocar cartas depois de tomarem conhecimento da existência um do outro na seção de "anúncios pessoais" nos classificados de uma revista. Stagg mandara uma fotografia e diversas cartas; a mulher informou à polícia que interrompeu a correspondência quando as mensagens dele se tornaram sexualmente violentas. Os investigadores decidiram tentar reativar esse tipo de correspondência, dessa vez usando uma policial como isca. Nas cartas, telefonemas e comunicações afins, ela se identificava como "Lizzie James".

A primeira carta enviada conseguiu despertar o interesse de Stagg, o que levou a uma extensa troca de correspondência, com o texto da mulher escrito em parte pelo psicólogo Paul Britton. Ele tentou conduzir a interação de forma que Stagg, caso fosse mesmo o assassino, acabasse revelando detalhes nunca divulgados sobre o crime ou de alguma forma fosse levado a confessar.

O conteúdo das cartas foi se tornando mais pesado. "Lizzie" sugeriu que tinha se envolvido com um homem e que "as coisas que aconteceram quando estava com ele não eram do tipo que as pessoas normais gostam. Envolviam ofender e muitas vezes machucar um ao outro. [...] Eram coisas bem feias, e eu deveria me sentir culpada, mas não consigo esquecer como isso me excitava".[1] Stagg respondia narrando fantasias sexuais envolvendo prazer e dor ao ar livre, perto de bosques e riachos; admitiu que ver jovens casais passeando por Wimbledon Commons o fazia se sentir solitário e desprezado.

Um encontro foi marcado entre Lizzie e Stagg; mais de trinta policiais à paisana estavam espalhados pelo local. Stagg entregou uma carta em que o sexo se combinava com o derramamento de sangue e, quando ela fingiu interesse, a excitação dele foi visível.

Em outro encontro, ele entregou uma mensagem que, entre outras coisas, dizia:

---

[1] Esses trechos de cartas foram extraídos de transcrições de interrogatórios com Stagg conduzidos pela polícia, dos quais "Lizzie" participava às vezes lendo em voz alta parte da correspondência trocada. As partes que se referem a encontros e telefonemas são dos registros policiais da gravação dessas conversas.

Estou escrevendo mais uma das nossas cartas especiais. Tem um ar de perigo, e espero que deixe você cheia de tesão e molhadinha, sabe como é. [...] Eu levo você até um lugar que conheço no parque perto de casa. É meio afastado, quase nunca passa alguém por lá. É uma tarde de sol, e eu estendo um lençol e uma toalha grande no chão para a gente deitar.

A ideia era que houvesse alguém espiando, e então "por que a gente não faz alguma coisa para ele ver, alguma coisa de verdade, e você concorda". No fim, nessa fantasia de Stagg, eles convidam o desconhecido a participar. Uma faca aparece na cena, e no texto confuso da carta é impossível saber na mão de quem, do desconhecido ou do próprio Stagg. Sangue é derramado, caindo sobre Lizzie, "fazendo você sacudir a cabeça de um lado para o outro enquanto tem um tremendo orgasmo". O fim da mensagem sugere o assassinato da mulher.

Durante outro encontro, ela contou uma longa história envolvendo sangue, sexo e bebês, e ele responde apenas com monossílabos até o seguinte trecho:

LIZZIE: É horrível tentar contar para alguém que não entende, mas é mais fácil se o outro entende, porque eu não sou má pessoa, sabe, não fiz nada de errado. Você não acha que eu fiz. Não vai contar para ninguém, certo?

COLIN: Não, claro que não. Eu nem falo com ninguém mesmo, você sabe disso. Sou meio recluso mesmo.

LIZZIE: Pois é. Mas é importante deixar bem claro.

COLIN: Bom, todo mundo aprontou das suas no passado, né, coisas que ninguém pode saber e, há, dá até vergonha de algumas coisas que eu fiz, sabe, mas como eu falei, sabe como é, a gente vive do jeito que [ininteligível].

Em conversas telefônicas posteriores, Stagg disse que era inexperiente com mulheres, se sentia muito sozinho, não conversava com as pessoas e que Lizzie era sua "última esperança" de ter uma companhia feminina. Ele admitiu também que se masturbava em Wimbledon Common — mas continuava afirmando não ter nada a ver com o assassinato de Rachel Nickell.

Stagg mais tarde admitiu para Lizzie que estava em Wimbledon Common perto do horário do assassinato de Rachel, e que ficava excitado só de pensar nisso. Falou sobre os ferimentos sofridos por ela em detalhes que não poderiam ser inferidos por meio da única fotografia do corpo publicada na imprensa, lembrando inclusive que ela estava deitada em posição fetal e oferecendo uma descrição detalhada da região vaginal e anal do corpo da moça; ele se justificou dizendo lembrar-se disso de uma fotografia mostrada pela polícia quando foi interrogado no distrito policial de Wimbledon. (Os policiais garantiram que Stagg não viu foto nenhuma desse tipo enquanto estava lá.) Ele também admitiu em um telefonema: "Bom, essas coisas nas cartas, enfim, esse sou eu, sabe".

Durante outro encontro, depois de Lizzie contar uma história envolvendo sexo, sangue e assassinato bastante parecida com a do assassinato de Rachel Nickell, houve o seguinte diálogo:

LIZZIE: Eu queria alguém como o homem que fez isso. Quero esse cara, é esse tipo de homem que eu quero, e sei que é errado dizer isso, e sei que ninguém no mundo concordaria comigo, mas não consigo deixar de querer esse homem para mim, e agora só consigo pensar nele...

COLIN: É melhor a gente parar por aqui então, porque eu, eu não sou esse cara, certo?

LIZZIE: Bom, você que sabe, você que sabe.

COLIN: Quer dizer, eu estou a fim de tentar, mas não acho que você... Eu sei o que você quer, pois é. O lance é que não tenho como competir com isso, sabe. Não tenho essas vontades, sabe. Só consigo fantasiar sobre essas coisas, mas sei que poderia fazer isso...

Foi então que Stagg confessou ter feito algo terrível no passado — quando tinha 12 anos, junto de seu primo, ele estuprara ou matara uma garota ou uma mulher, e escondera o corpo em uma floresta.

Tudo isso, segundo o psicólogo James Britton disse à polícia, era consistente com a tese de que Stagg era o assassino de Rachel Nickell.

Pouco tempo depois, Stagg deu uma entrevista a um tabloide no aniversário do crime, afirmando que não era o assassino.

A combinação da entrevista, a qual indicava que Stagg poderia nunca confessar, com a probabilidade levantada nas cartas e conversas com a policial disfarçada de que outras mulheres estavam em perigo iminente, levou a polícia a fazer Lizzie confrontá-lo. Apesar do provável choque de descobrir que Lizzie era uma oficial da lei, e de que suas conversas haviam sido gravadas e suas cartas foram mostradas para diversas pessoas, Stagg — aconselhado por um advogado — deu a resposta-padrão "sem comentários" a todas as perguntas. Seu único comentário foi o seguinte:

COLIN: Eu só queria dizer uma coisa, sou totalmente inocente do assassinato de Rachel Nickell, e a correspondência que mantive com hã, hã, Lizzie James, seja por carta ou por conversas, tudo isso é, hã, fantasia e imaginação, porque ela me falou que era com isso que ficava excitada comigo. A ideia de usar facas durante o sexo não me provocava nada, e como ela falou do passado, sobre o que tinha feito, achava que isso dava tesão pra ela, achei que podia contar essas histórias pra deixar ela com tesão.

A polícia argumentou que a ideia de usar uma faca em uma sessão de sexo violento foi introduzida na correspondência por Stagg, não por Lizzie.

Stagg acabou detido. Embora um dos procuradores do Serviço de Promotoria da Coroa tenha se recusado a levá-lo a julgamento, um outro se prontificou de imediato, afirmando que, apesar de se tratar de um caso sem precedentes, deveria ser julgado justamente para estabelecer um.

Nessa época, recebi telefonemas de jornalistas em busca de comentários sobre o suspeito; eu me recusei a falar, porque não é apropriado opinar sobre um caso que está em processo judicial. Só disse que minha convocação para depor como especialista recrutado pela promotoria seria improvável.

Os procedimentos começaram em fevereiro de 1994, e Colin Stagg a essa altura parecia um homem mudado. Os cabelos estavam mais compridos, ele havia perdido bastante peso e apareceu acompanhado de uma namorada, além de um grupo de residentes de Alton Estates que acompanhou tudo da galeria do tribunal e fez protestos a favor da inocência de Stagg.

O julgamento se arrastou por um bom tempo, e em maio daquele ano, para minha enorme perplexidade, recebi uma carta do advogado de Stagg me pedindo para testemunhar em sua defesa, já que meu depoimento não seria requisitado pela promotoria! Nem ao menos respondi ao contato, por sentir que, caso fizesse isso, seria uma traição ao trabalho que fiz para meus amigos da Scotland Yard. Apesar de ter afirmado várias vezes que um especialista deve ter apenas uma opinião, que deve ser emitida independentemente do lado que o esteja pagando para isso, nessa situação específica eu não queria que minha perspectiva pudesse ser entendida como favorável à defesa.

Mais uma informação sobre esse caso em relação a mim: recebi outro contato de uma pessoa da imprensa afirmando que teve acesso ao perfil psicológico que elaborei — não aquele inventado pelo *Sun*, mas o documento que entreguei a John Bassett. Para minha surpresa, descobri que havia sido usado como evidência na composição do caso, portanto estava aberto à apreciação pública. Mesmo assim, me abstive de fazer comentários.

Diversas evidências exibidas provaram que o álibi de Stagg não era incontestável. Um vizinho afirmou tê-lo visto logo depois do horário do assassinato de Rachel Nickell, vindo da direção de Wimbledon Common e carregando uma sacola. Outra testemunha avistou um homem parecido com Stagg levando uma sacola descrita de forma similar, caminhando até o local antes de o crime ser cometido. Uma terceira testemunha reconheceu Stagg em uma acareação e afirmou que se tratava do homem que vira no parque pouco antes do homicídio, alguém que a deixara com medo.

Por outro lado, o tribunal considerou que a correspondência entre Lizzie e Stagg, um estratagema policial executado com auxílio de Paul Britton, ia além do que poderia ser considerado legalmente aceitável e constituía uma tentativa de incriminação. Sendo assim, Stagg foi libertado.

Imediatamente após o encerramento do caso, Paul Britton foi duramente criticado por sua atuação nas investigações e, por extensão, foi levantada uma dúvida sobre a atividade de elaboração de perfis psicológicos de criminosos. Perguntado a esse respeito pela mídia, tentei esclarecer algumas coisas com a maior ênfase possível. A primeira era que eu concordava com a determinação do tribunal de que houve tentativa de incriminação. Além disso, para mim ainda havia razões suficientes para afirmar que Colin Stagg era o principal suspeito do assassinato de Rachel Nickell; talvez nunca seja possível condená-lo, mas o fato de a polícia ter tentado incriminá-lo não comprovava nada a respeito de sua culpa ou inocência. Em terceiro lugar — e, para mim, o mais importante —, o tribunal não havia feito nenhuma consideração sobre a eficácia ou aplicabilidade de trabalhos como o meu. Na verdade, o juiz reafirmara que os perfis psicológicos de prováveis criminosos desempenhavam um papel importante no trabalho policial, em especial em casos como homicídios, e que a polícia tinha todo o direito de levantar suspeita com base nesses relatórios.

Inevitavelmente, o debate subsequente sobre perfis psicológicos que se seguiu ao julgamento acabou contaminado pela rivalidade entre Paul Britton e o professor David Canter, da Universidade de Surrey, o outro grande especialista britânico no estudo de mentes criminosas, um homem com um admirável currículo de perfis de criminosos violentos. Se por um lado Britton é um psicólogo clínico que se especializou na descrição da personalidade de pessoas condenadas por ataques sexuais, Canter vem do ramo da psicologia ambiental, cuja especialidade reside nas interações sociais. Em entrevistas e reportagens escritas após o caso de Wimbledon Common, Canter se mostrou extremamente crítico à atuação de Britton. Convocado a depor pela defesa, Canter afirmou que a opinião de Britton "não tinha nenhum apoio em relatos científicos" e insinuou que a polícia confiou demais nos critérios estipulados por ele.

Eu discordei da afirmação de que a opinião de Britton não tinha embasamento, mas fui obrigado a concordar com Canter de que se tornar um especialista no ramo de perfis psicológicos é difícil e exige um longo tempo de maturação, e que esse tipo de trabalho deve ser acima de tudo uma ferramenta para auxiliar a investigação policial.

Indivíduos em busca de holofotes se aproveitaram da controvérsia para fazer ataques ao campo da psicologia forense. Um deles a definiu como uma "nova espécie de bruxaria", e sugeriu que os esboços de perfis psicológicos eram como previsões do horóscopo, por serem vagos o bastante para comportar qualquer coisa.

No inquérito oficial estabelecido por sir Paul Condon, o comissário da Polícia Metropolitana de Londres, os métodos usados na investigação do caso de Wimbledon Common foram aprovados, e foi afirmado que o uso de perfis psicológicos era justificável quando todos os demais métodos já foram esgotados. O autor do relatório ainda ressaltou que a sentença não deveria ser vista como um desincentivo ao uso do perfil psicológico como recurso investigativo, e sugeria que as pesquisas nessa área fossem ampliadas. A Nova Scotland Yard, não muito tempo depois, inaugurou sua própria unidade de ciência comportamental, que realiza pesquisas sobre crimes violentos e participa da apuração de casos do tipo. Além disso, foi criada a Faculdade Nacional do Crime de Bramshill, a instituição de ensino superior para os policiais britânicos, tendo como modelo o Centro Nacional para Análises de Crimes Violentos do FBI, a fim de promover a colaboração entre profissionais de saúde mental e agentes de aplicação da lei. Tudo isso estava de acordo com as recomendações dos responsáveis pelo inquérito, que fizeram ainda uma última observação: quando a opinião de um elaborador de perfis psicológicos servir como base para uma operação envolvendo policiais disfarçados, uma segunda opinião deve ser consultada antes de ser dado o sinal verde.

Depois de tudo isso, Colin Stagg se tornou uma espécie de subcelebridade, e de vez em quando era procurado pela mídia para dar entrevistas. Alex, o filho de Rachel Nickell, foi morar em outro país com o pai. O assassinato de sua mãe foi arquivado como um caso não resolvido.

PROFILE 2
profile
262

Simons & Sithole

ÁFRICA
DO SUL

Você espera expiar os crimes
do passado sofrendo no presente?
J.M. Coetzee, *Desonra*

CAPÍTULO 9 — MINDHUNTER PROFILE 2

O ESTRANGULADOR DA ESTAÇÃO

Nos anos anteriores à libertação de Nelson Mandela e da inclusão da maioria negra da população no processo democrático, a África do Sul foi cenário de repetidos episódios de violência — ainda que não o mesmo tipo de crime contra a pessoa que afeta os Estados Unidos e outros países tecnologicamente mais avançados. No entanto, no

PROFILE 2
profile

início de outubro de 1986, houve uma série de assassinatos de meninos em uma região próxima da Cidade do Cabo, o que deixou o país assustado, confuso e perplexo.

Depois que quatro ou cinco cadáveres foram encontrados, foi possível estabelecer alguns parâmetros. Os alvos dos assassinatos eram "de cor" — ou seja, mestiços, e não membros pertencentes a uma única linhagem tribal —, garotos entre 11 e 15 anos de idade raptados em plena luz do dia nos arredores de alguma estação de trem. A maioria tinha as mãos amarradas nas costas com as próprias roupas, e havia sido estrangulada ou sufocada na areia fofa. Com frequência, suas vestimentas estavam intactas, mas com as peças íntimas removidas e deixadas perto do corpo, e se constatou que as vítimas tinham sido sodomizadas. Vários meninos foram encontrados em matagais perto de estações ferroviárias.

Quando os primeiros casos emergiram, acreditou-se que os garotos tivessem sido mortos por uma pessoa branca, e que os crimes provavelmente eram relacionados ao clima de violência política que assolava o país. No entanto, diversas testemunhas oculares afirmavam ter visto alguns dos meninos entrarem no carro de um homem de pele escura. Com base nesses relatos, surgiu a teoria de que os jovens estavam indo a pé de casa para a estação a fim de pegar o trem para a escola e teriam aceitado carona de um desconhecido.

Nem preciso dizer que nos Estados Unidos uma criança andando pela rua jamais teria aceitado uma carona. O lado triste disso, porém, é que em nosso país existe um medo tão justificado da violência interpessoal que os pais, as escolas e as forças policiais locais precisam alertar continuamente os pequenos para não aceitar nada de desconhecidos. Nossos filhos foram educados desde cedo a refutar esse tipo de abordagem. O fato de os meninos da Cidade do Cabo terem topado pegar uma carona com um estranho era uma evidência da falta de experiência dos sul-africanos com esse tipo de lamentável incidente. Na cultura de famílias estendidas da população pobre da África do Sul, os meninos tinham permissão para ir passar alguns dias com os avós, por exemplo, e podiam viajar grandes distâncias

sozinhos para isso. Em virtude da precariedade dos meios de comunicação do país, em geral não havia um telefonema por parte dos avós para avisar aos pais que a criança chegara bem. Em um ambiente como esse, era comum encontrar garotos sozinhos em trens ou viajando quase sem nenhuma supervisão de adultos. Muitos adolescentes aproveitavam esse tipo de liberdade para passar o tempo em fliperamas, estações ferroviárias e outros locais onde se tornavam vulneráveis à abordagem de desconhecidos oferecendo carona, dinheiro ou algum outro objeto de interesse.

Se em termos culturais esses assassinatos provavam alguma coisa, era que os múltiplos homicídios eram um fenômeno urbano e que, onde quer que surgissem cidades grandes, a incidência desse tipo de violência interpessoal se tornaria maior do que em um ambiente mais rural de cidade pequena. **As metrópoles são um ambiente propício à alienação, ao anonimato e à raiva, que são os três componentes principais dos assassinatos em série.**

Entre 1986 e o fim de 1993, acredita-se que o Estrangulador da Estação tenha raptado, sodomizado e estrangulado nove meninos "de cor", que eram então enterrados em covas rasas. A maior parte dos crimes, porém, ocorreu no final dos anos 1980, e nos primeiros anos da década seguinte ele se manteve em relativa inatividade. Durante esse intervalo especulou-se que o perpetrador pudesse estar morto ou preso por crimes não relacionados, e que por isso foi impedido de continuar matando. Fosse como fosse, sua identidade era desconhecida. A população negra local continuava furiosa com a incapacidade da polícia de resolver o caso. As forças de aplicação da lei eram compostas majoritariamente por brancos, e acreditava-se que estivessem fazendo corpo mole na procura por um assassino que só atacava meninos de pele escura. O caso estava sob a responsabilidade do detetive Reggie Schilder, e era motivo de grande frustração para ele. Ao contrário de Ken John, da Scotland Yard, Schilder precisou se aposentar deixando para trás essa perturbadora série de homicídios não solucionados. (Mais tarde ele foi trabalhar em uma loja de bebidas.)

No início de 1994, de repente os assassinatos voltaram a ocorrer, e em um ritmo assustadoramente mais acelerado. No mês de janeiro, em um intervalo de dez dias, a polícia encontrou meia dúzia de meninos mortos perto de Mitchell's Plains, na região da península do Cabo. Reggie Schilder era um dos que afirmavam com convicção que os homicídios eram obra do mesmo homem que ele tentou prender sem sucesso no fim dos anos 1980. Mas havia também quem a princípio pensasse que existia um novo assassino à solta. Os corpos anteriores tinham sido localizados perto do ramal da ferrovia em Modderdam; os mais recentes estavam mais ao sul, na área de Weltevreden. Quase todas as crianças haviam desaparecido em uma segunda-feira.

Entre 1986 e o fim de 1993, acredita-se que o Estrangulador da Estação tenha raptado, sodomizado e estrangulado nove meninos "de cor", que eram então enterrados em covas rasas. A maior parte dos crimes, porém, ocorreu no final dos anos 1980, e nos primeiros anos da década seguinte ele se manteve em relativa inatividade.

A cada corpo encontrado, o medo da população crescia. Em 23 de janeiro, alunos de uma escola de ensino primário viram um homem com modos suspeitos rondando o local perto da hora do almoço. Um grupo de crianças, acompanhado de alguns adultos, perseguiu o sujeito, que correu para um matagal em um terreno baldio e escapou. Vasculhando os arredores, no entanto, as pessoas encontraram mais dois corpos em decomposição de meninos que eram moradores locais.

Ressler dando consultoria a membros da força-tarefa contra o homicida em série do ABC na África do Sul.

Além de chamar a atenção da polícia, essa descoberta macabra também mobilizou a comunidade. Moradores furiosos, alguns armados com porretes, se reuniram na cena do crime e se comprometeram a fazer uma expedição até uma área de preservação natural chamada Wolfgat em busca do assassino. As pessoas só se acalmaram quando, além de policiais, tropas das Forças Armadas foram trazidas para passar um pente-fino na região. Moradores, policiais e militares trabalharam juntos — e encontraram mais corpos, elevando o total de vítimas recentes a onze. Um porta-voz do Congresso Pan-Africano expressou a ira da comunidade denunciando à imprensa a lentidão das investigações policiais e afirmando que todos ali achavam que o assassino "já teria sido preso se as crianças [mortas] fossem brancas".

Quando ouvi isso me senti incomodado, porque afirmações similares foram feitas em muitos crimes ocorridos nos Estados Unidos, em especial no caso dos assassinatos de crianças em Atlanta e no caso Dahmer. Mas isso não era verdadeiro para casos de assassinatos em série, nem nos Estados Unidos, nem na África do Sul. A verdade era que, em todas as situações, a polícia a princípio não sabia como lidar com esses casos, e não dispunha de elementos para descobrir qual indivíduo ou grupo poderia estar envolvido nos crimes.

Na África do Sul, nos dias e semanas que se seguiram aos primeiros assassinatos, quando surgia um suspeito, grupos de moradores, às vezes compostos de centenas de pessoas, apareciam nos lugares que o indivíduo frequentava e cometia atos como tombar carros, incendiar trailers e arrebentar galerias de canos subterrâneos em busca do responsável pelas mortes das crianças da comunidade.

Na segunda onda de crimes foram encontradas duas pistas. Uma foi um bilhete no bolso de uma vítima com os dizeres: "Um a mais, muitos outros a caminho". A segunda foi uma dentadura. Ninguém tirou conclusão nenhuma a partir da dentadura, mas o bilhete foi considerado uma evidência importante. Os jornais vinham informando de forma equivocada o total de vítimas, mas a anotação apontava corretamente que aquela era a décima quarta. Apenas alguém

que participou dos assassinatos saberia esse número. Além disso, o então ex-detetive Reggie Schilder recebeu uma ligação em seu telefone pessoal, que não constava na lista telefônica, com a ameaça de que mais catorze meninos seriam mortos, e que os corpos seriam deixados na frente da casa dele. O telefonema praticamente confirmou que os assassinatos cometidos entre 1986-88 e os mais recentes eram obras do mesmo criminoso.

Houve também outros telefonemas provocadores, como os recebidos pelo coronel Leonard Knipe e pelas mães de algumas das vítimas. O assassino descobrira os números das mulheres em pedaços de papel guardados nos bolsos dos meninos.

Logo após a descoberta do mais recente esconderijo de cadáveres, moradores enfurecidos colocaram fogo em parte da reserva natural a fim de impedir que o assassino continuasse a usar o lugar como cenário de crimes. O incêndio pode ter destruído algumas pistas, porém moradores mais vigilantes vasculharam a área e encontraram uma delas: um pedaço de corda de nylon laranja amarrada em um laço, que poderia ter sido utilizada pelo criminoso. Embora uma das vítimas tivesse sido estrangulada com uma corda, o perpetrador costumava usar as roupas dos meninos, amarrando as mãos às costas deles, para imobilizá-los.

A descoberta de tantos corpos em um período tão curto chamou a atenção da mídia até de lugares distantes, como o Reino Unido e a Europa continental. A lista de vítimas, conforme escreveu um jornal, "era quase suficiente para encher uma sala de aula". A polícia sul-africana considerou o caso o maior desafio já encarado pela instituição. Acreditava-se que o assassino poderia ser um professor, um advogado ou até um policial que sabia como atrair um garoto para seu carro em estações ferroviárias, shopping centers ou fliperamas. Mais de seiscentos suspeitos e centenas de testemunhas foram ouvidos, mas o comandante policial regional, o major-general Nic Acker, que estava a cargo da investigação, achava que a única forma de pegar o estrangulador era surpreendê-lo enquanto enterrava uma vítima, porque ele parecia agir sozinho, não costumava deixar pistas e, também, não se gabava sobre seus crimes. Entre as pessoas que trabalhavam na equipe multirracial de Acker estava a psicóloga Micki Pistorius, de Pretória, que estava concluindo sua tese de doutorado sobre assassinos em série. Com base em relatos de testemunhas, foram desenhados quatro retratos falados, mas eram bastante diferentes entre si, e tinham pouca utilidade. Especialistas de outros lugares foram convocados para ajudar. Entre eles estavam o dr. David Canter, da Universidade de Surrey, na Grã-Bretanha, e membros da Interpol.

Em seus estudos para se tornar Ph.D. em psicologia, Micki Pistorius havia lido quase todos os textos disponíveis sobre homicídios múltiplos e em série. Ela convencera as autoridades de que a abordagem comportamental era a única forma de conduzir uma investigação bem-sucedida sobre aqueles assassinatos de crianças. Em vez de manterem os métodos antiquados de sempre — pelos quais eram conhecidos no restante do mundo —, as autoridades policiais sul-africanas abraçaram a ideia de imediato, decidindo correr riscos para tentar esclarecer crimes que não pareciam possíveis de resolver recorrendo aos meios habituais. No entanto, quem estava de fato arriscando sua reputação pessoal ao adotar essa linha de investigação era Micki. Em busca de ajuda, ela procurou Thomas Müller, que trabalhava para a Interpol em Viena e, por meio dele, entrou em contato comigo, nos Estados Unidos. O coronel Knipe ouviu dizer por meio de diversas fontes que o assassino poderia ter escrito para Jeffrey Dahmer na prisão, e queria seguir essa pista. Foi solicitado a mim que entrasse em contato confidencialmente com Dahmer para descobrir se isso era verdade, obter uma cópia da carta, se fosse possível, e requisitar que ele se mantivesse em silêncio a respeito para colaborar com a investigação. Conforme pedido, sondei Dahmer a respeito, e o tiro acabou saindo pela culatra. Dahmer aproveitou a ocasião para procurar a imprensa de Chicago e de Milwaukee e revelar, por intermédio da mídia, que um certo ex-investigador do FBI havia demonstrado a perspicácia de pedir sua opinião sobre o caso, além de alardear que estava interessado em cooperar, mas em troca de um pagamento em dinheiro. Ficou claro que, depois do

Ressler e o psicólogo criminal austríaco Thomas Müller em frente à Nova Scotland Yard.

encarceramento, a postura de Dahmer mudara: em suma, ele havia abraçado seu lado comercial e estava vendendo tudo que era capaz por meio de seus advogados — inclusive os pratos e talheres que usara para consumir partes dos corpos de suas vítimas. Chegou ao ponto de pensar em começar a pintar, como John Gacy, para comercializar o que produzisse. Dahmer não citara meu nome na imprensa ao falar sobre o caso na África do Sul, mas os repórteres entenderam que ele estava se referindo a mim, e fui bombardeado com telefonemas sobre o assunto, que foram respondidos com a habitual declaração de "sem comentários" de que sempre me vali em meio a uma investigação ainda em andamento.

No local dos crimes, a caçada continuava. Uma nova pista em potencial aparecera perto do local onde uma vítima fora encontrada: um caderno contendo versos obscenos e trechos distorcidos e sexualizados do romance *O Sol é para Todos*. Não se sabia se o material pertencia ao estrangulador, mas exames foram realizados para constatar se a caligrafia era a mesma do bilhete colocado no bolso do cadáver.

Com esses bilhetes e outros possíveis materiais escritos, os assassinatos pareciam ter entrado em uma nova fase, em que o criminoso se comunicava e provocava a polícia, em vez de apenas tomar medidas para não ser identificado, como fazia no passado. Estratégias como se deslocar a pé e se valer de locais remotos para completar os atos de sodomia e estrangulamento das vítimas o ajudavam a evitar sua captura. O recurso engenhoso de enterrar as vítimas em lugares onde não podiam ser logo encontradas era outra evidência de que o assassino estava tentando impedir que rastreassem os crimes até ele. Com tais comunicados à polícia, porém, ele parecia estar inaugurando uma nova forma de atuação.

Também havia informações das cenas dos crimes que a polícia preferiu não revelar ao público na época. Foram encontradas evidências de que o assassino vinha revisitando os locais onde os cadáveres eram enterrados muito tempo depois dos crimes: garrafas de vinho e cerveja com rótulos ainda em bom estado estavam posicionadas perto de corpos em estado avançado de decomposição.

O padrão dos 21 homicídios revelava que os crimes haviam começado e parado, sendo interrompidos por curtos períodos e então retomados. Entre fevereiro de 1988 e março de 1989 não houve vítimas, e outras pausas ocorreram por um intervalo mais longo, entre abril de 1989 e outubro de 1992 e por mais de um ano entre outubro de 1992 e dezembro de 1993. O assassino poderia estar em outra parte do país e ter cometido crimes ainda não descobertos, ou então ter passado esses períodos na cadeia.

Micki Pistorius e sua equipe de experientes investigadores, consultando referências como meu livro *Sexual Homicide* e outras fontes, esboçaram um perfil do assassino e me pediram para avaliá-lo e ampliá-lo. O resultado de nossa ampla colaboração por fax e telefone foi um extenso perfil psicológico do possível criminoso. Quando o documento foi concluído, fiquei impressionado com sua abrangência e profundidade. Pistorius classificou o assassino — e eu concordei plenamente — como um psicopata organizado que escolhia

de forma deliberada vítimas "limpas", jovens estudantes, em vez de garotos que viviam nas ruas e poderiam estar dispostos a trocar sexo por dinheiro.

Ela argumentou que o criminoso devia ser um homem negro entre 25 e 37 anos, solteiro e talvez divorciado. Era provável que vivesse com outras pessoas, ocupando um quarto de aluguel na residência de um amigo ou parentes. Caso vivesse sozinho, não seria em uma região remota, e sim em uma área populosa onde os vizinhos o conhecessem.

Era um homem inteligente, bilíngue — capaz de se expressar em africâner e em algum idioma tribal — e bem-vestido, o tipo de homem que usa gravata por opção, mas, acima de tudo, uma pessoa que não chamava a atenção pela aparência. Caso trabalhasse, seria em um emprego típico da classe média, como policial, professor ou pregador religioso — ou então posaria como voluntário de alguma instituição de caridade. Como tinha liberdade de deslocamento na parte da tarde, poderia ser um frequentador de fliperamas e estações ferroviárias. Tinha também um carro à disposição, de sua propriedade ou emprestado. Era provável que tivesse passagens pela polícia por sodomia, furto e roubo.

Apesar de viver cercado de gente, o estrangulador devia ser alguém solitário que preferia falar com crianças em vez de adultos, e que guardava um ressentimento pesado contra figuras de autoridades. Inclusive, poderia ter recrutado um cúmplice, que seria incapaz de perceber que estava ajudando um assassino ou tinha medo demais para servir como fonte de informações. O criminoso devia se gabar de seus feitos, ou dar pistas de que fizera coisas de que ninguém tinha conhecimento, ou de que sabia mais sobre o caso do que a própria polícia.

Era possível também que mantivesse um álbum de recortes com notícias sobre o caso, além de fitas de vídeo com gravações das reportagens de televisão. Ele gostava da atenção da mídia e, àquela altura, também de fazer um jogo de gato e rato com a polícia.

Quanto a relações pessoais, o indivíduo provavelmente tinha uma relação no mínimo insatisfatória com algum homem ou mulher adulta, mas preferia pornografia ou masturbação. Provavelmente fora sodomizado quando menor por uma figura paterna; as vítimas o faziam lembrar de sua própria experiência traumática, e ele estava punindo a comunidade por não ter vindo ao seu auxílio quando tinha a idade das vítimas.

Em uma atitude bem pouco comum, um perfil psicológico parcial foi divulgado ao público. O principal objetivo por trás disso era impedir que futuras vítimas caíssem nas garras do criminoso. O documento vinha acompanhado de uma lista de datas em que nenhum corpo fora encontrado, na esperança de despertar a memória de alguma testemunha que pudesse associar a informação a alguém que conhecesse. As autoridades não demonstraram temor de que o próprio assassino lesse o perfil, percebesse que estava prestes a ser pego e, então, se escondesse em algum lugar remoto. Afinal de contas, a comunidade local já estava em alerta, e as condições vinham se tornando cada vez menos favoráveis para novos crimes.

A pedido das autoridades sul-africanas, em fevereiro e março me programei para viajar até o país no início de maio; eu não tinha como sair dos Estados Unidos antes disso, porque tinha depoimentos programados como testemunha em processos judiciais em andamento. Ao mesmo tempo, Pistorius me perguntou se, como o assassino estava começando a provocar a polícia e fazer joguinhos com a mídia, havia a possibilidade de usar esses canais de comunicação para atraí-lo para uma armadilha. Pouco tempo antes o assassino, ou alguém fingindo ser ele, tinha mandado diversos bilhetes e cartas para a polícia. Um deles foi encontrado em um supermercado e avisava que "faltam catorze meninos para". As demais palavras foram apagadas. Em um telefonema para as autoridades, a mensagem foi repetida; a pessoa que ligou disse: "Vinte corpos, mais catorze por vir". Mais tarde, outras duas cartas foram mandadas a um jornal, mas endereçadas para o coronel Leonard Knipe, chefe da investigação dos estrangulamentos. A caligrafia usada era em letras de forma, e as assinaturas nas mensagens diziam "Filho de Sam", o apelido escolhido pelo assassino em série David Berkowitz. Em uma das cartas, foi avisado que "vou garantir que a memória de Wesley Dodd, John

Micki Pistorius, psicóloga criminal sul-africana, conduz os investigadores ao local onde a vítima foi desovada.

Gacy e Wayne Williams viva para sempre. Não dançamos conforme a música de vocês. Se todos fossem como nós, Sodoma e Gomorra seriam um bom lugar para viver". E havia um pós-escrito: "Não é necessário lamentar por eles estarem mortos. A terra vai esconder a vergonha e a dor em seus olhos".

De um ponto de vista psicológico, havia muito o que explorar nessa carta: as indicações de sofrimento e vergonha na infância, as referências bíblicas, a citação de assassinos em série norte-americanos, a óbvia inteligência por trás do encadeamento correto das frases. Esses bilhetes pareciam razoavelmente autênticos, pelo menos em termos dos padrões que podiam ser usados por um criminoso para justificar ou arrumar um pretexto para suas ações e, ao mesmo tempo, fornecer à polícia pistas e denúncias para detê-lo e impedi--lo de cometer mais homicídios.

Mas a disposição do assassino para se comunicar poderia ser usada a fim de atraí-lo para uma armadilha? Sugeri a Pistorius que manter contato com o assassino poderia ser uma forma de atraí-lo mais para perto, mas a polícia deveria levar em conta se, nesse processo, não poderia instigá-lo a voltar a matar, e mais cedo do que aconteceria caso ele não tivesse sido provocado. A publicidade por si só poderia não ser o que o criminoso buscava, apesar de parecer que sim. Como a imprensa ficou sabendo de minha visita programada, fiquei me perguntando se poderia ser armado um contexto, usando minha presença como pretexto, para conduzir o assassino a determinado local onde sua identidade fosse revelada. Uma aparição pública poderia despertar certa reação. Um estratagema similar, com a participação da mídia, havia levado Wayne Williams a vir a público no caso dos assassinatos de crianças em Atlanta. O fato de o criminoso ter citado outros assassinos em série em seus bilhetes me fazia acreditar que ele poderia reagir favoravelmente a um estímulo desse tipo.

O plano não foi posto em prática, e ainda faltavam semanas até a data planejada para minha visita quando, então, outro corpo foi encontrado, assim como uma testemunha importantíssima. Um garoto que havia tentado impedir seu amigo — que mais tarde foi encontrado assassinado — de descer do trem com um desconhecido forneceu à polícia uma boa descrição do homem: pele escura, corte de cabelo em estilo afro, uma cicatriz na bochecha e outra cicatriz do outro lado do rosto abaixo do olho e uma gagueira pronunciada ao se expressar em africâner e xhosa. Um retrato extremamente realista composto a partir de diferentes fotografias foi divulgado para os jornais. A população se mobilizou para ir atrás de vários homens que se encaixavam na descrição, mas, depois de serem duramente interrogados pela polícia, acabaram todos liberados. Centenas de moradores enfurecidos se reuniram diante da sede de um distrito policial em que um suspeito estava detido, ameaçando destruir o prédio e linchar o sujeito; foi necessário usar gás lacrimogêneo para dispersar a multidão. Era uma indicação clara do estado de ânimo da comunidade.

Cerca de três semanas depois da publicação do retrato, surgiu uma pista. Um psiquiatra clínico da Cidade do Cabo forneceu informações sobre um homem que se encaixava na descrição e que fora

internado na instituição para doentes mentais onde trabalhava em épocas que coincidiam com as datas em que corpos foram encontrados. Outra dica veio de um morador de Mitchell's Plains que revelou desconfiança em relação a um vizinho. O homem em questão era Norman "Afzal" Simons, um professor de ensino básico de 29 anos que também trabalhava em meio período nas filiais da cadeia de lojas Woolworth. A polícia o seguiu por várias horas depois que ele saiu de uma clínica médica, e então o prendeu. O suspeito não ofereceu resistência.

Os detalhes a respeito da vida de Simons eram uma comprovação do nível de acerto do perfil psicológico elaborado por Micki Pistorius, com uma pequena ajuda minha. Ele morava com os pais na região; sua mãe o descrevia como um menino "frágil" e católico devoto, e o pai era motorista profissional; a família vivera na pobreza extrema quando ele era pequeno. Havia também uma alegação de que Simons fora abusado sexualmente pelo irmão. Seu emprego era típico de classe média; ele era uma pessoa de modos cordatos e que se comunicava bem com crianças; era asseado e bem-vestido; estava dentro da idade prevista; e estava fazendo cursos de especialização durante a época em que nenhum corpo foi encontrado. Uma vizinha que era mãe de três filhos o reconheceu por meio do retrato falado, mas, conforme previmos, acabou por protegê-lo, em parte porque não conseguia aceitar a ideia de que o monstruoso estrangulador era o homem gentil que ajudava seus pequenos com os deveres de casa. "Todos os meninos do bairro adoravam ele", a mulher declarou a um jornal; ela o conhecia desde a adolescência, e o considerava um "perfeito cavalheiro com um lugar especial [no coração] para as crianças."

A investigação revelou que Simons era um membro respeitado da comunidade, um professor amado pelos alunos e um homem a quem diversos amigos confiavam os cuidados dos filhos. Na verdade, levava uma vida dupla, se dedicando com afinco às crianças que estava oficialmente sob sua responsabilidade, mas matando outras da mesma faixa etária que pegava nas ruas.

Os jornais conseguiram mais informações que corroboravam as impressões dos especialistas em comportamento humano: Simons falava várias línguas, trabalhava com grupos de jovens, mas desaparecia de tempos em tempos e se queixava de surtos de depressão profunda. Não mantinha relacionamentos afetivos com adultos, nem mulheres nem homens. Assim como outros assassinos em série, chegou a se candidatar para entrar na polícia durante o auge das buscas pelo estrangulador. As pessoas que o conheceram quando criança relatavam ataques de raiva. Ele era provocado e humilhado na juventude por ser mestiço. "Todo mundo gostava dele, mas ele não acreditava, sentia que não era aceito pela comunidade. Mesmo quando estava com amigos, se sentia distante de todos", revelou um de seus colegas de infância.

> "...vou garantir que a memória de Wesley Dodd, John Gacy e Wayne Williams viva para sempre. Não dançamos conforme a música de vocês. Se todos fossem como nós, Sodoma e Gomorra seriam um bom lugar para viver."

Micki Pistorius escreveu para mim logo após a prisão, agradecendo pela ajuda que dei à distância. "Sinto que tive muita sorte por ter lido seus livros e conversado com você", afirmou a psicóloga, pois as leituras e os diálogos lhe permitiram produzir um perfil bastante preciso do assassino; ela também tinha autocrítica suficiente para reconhecer tudo o que estava "errado" em seu trabalho e não era condizente com os detalhes específicos da história de vida e dos crimes de Norman "Afzal" Simons — por exemplo, ele não havia voltado à cena dos crimes, não se valeu de nenhum cúmplice, nunca tinha sido preso e fora molestado na adolescência pelo irmão, não pelo pai.

Esse último fato foi revelado em um longo depoimento que Simons ofereceu voluntariamente à polícia entre 12 e 13 de abril de 1994, depois de sua prisão. No documento, ele escreveu sobre sentimentos de "solidão/vazio [...] um ódio que considero responsabilidade de meu falecido irmão. Desde então, meu padrão de comportamento mudou. Me tornei solitário/vazio e sujo por dentro". Ele se referiu ao irmão como falecido porque o jovem, que o molestou em 1982, morreu tempos depois. Simons declarou ter recebido tratamento para depressão em vários hospitais e clínicas. Admitiu ser homossexual, "sem experiência sexual com mulheres, mas tenho namorada". Indiretamente, revelou que vinha acompanhando a cobertura da mídia e se incomodou com algumas coisas que a polícia dissera sobre o estrangulador, já que se considerava utilíssimo para a comunidade, e não um assassino cujas ações eram prejudiciais à sociedade.

Em seu depoimento escrito, Simons não admitia ser o estrangulador, mas "lamentava muito por uma pessoa provocar tamanho dano à comunidade. Acredito firmemente que o Estrangulador seja uma pessoa eloquente que saiba lidar com crianças".

Mas isso se limitava ao depoimento escrito. Em interações verbais com os policiais ao longo de vários dias, Simons foi bem mais sincero. Afirmou que havia sido reprovado em exames acadêmicos em 1986 por causa do "*amafufunyana*/destruidor da minha vida. Ninguém sabia nem acreditava que fui reprovado. Nesse momento os assassinatos começaram. Um momento em que os desejos/vozes/espíritos me mandaram ir até Johannesburgo para os assassinatos".

Para mim, esse tipo de retórica era familiar; é o que no mundo da psiquiatria se define como *salada verbal*. Um doente mental, em especial um esquizofrênico paranoico, muitas vezes recorre a termos bizarros ou não convencionais e a frases que só fazem sentido em sua cabeça.

Como a salada verbal de Simons comprovava, de fato os assassinatos começaram em 1986. Simons também relatou ouvir vozes nos ouvidos e dentro da barriga, que lhe proporcionavam um "inferno, não alegria" e eram "muito dominantes e sérias". Apesar de alegar que sua memória havia se degenerado desde a década de 1980, afirmou que: "Eu sabia que o que estava fazendo era errado, maligno e inaceitável. Eu jamais poderia ter cedido a essas forças/emoções".

Suas dificuldades foram relacionadas por ele à infância, quando uma mulher idosa que não pertencia a sua família "controlava" sua vida. Durante os assassinatos, havia duas "forças em operação [...] a sodomia e a praga xhosa dentro de mim". Os assassinatos se agravaram, segundo ele, depois de 1991, quando seu irmão morreu. Foi quando as "duas forças me tomaram por inteiro, perto do fim de 1993. Eu parecia uma pessoa feliz, mas de feliz não tinha nada". Em dezembro de 1993, o ritmo dos crimes se acentuou, passando a ocorrer a cada poucos dias.

"Agora que confessei", ele falou, "não sei se essas forças vão me abandonar, se vão descansar." Mais tarde, acrescentou que "o procedimento prático dos assassinatos nunca vai sair da minha mente. O choro das crianças e o meu. A luta para sair daquela situação. Para ser livre. Causei muitos estragos. A maneira como os corpos ficavam depois. Não aguento nem pensar. É um horror, eu lamento demais. [...] É difícil, é muito difícil ser possuído por forças desconhecidas".

Não visitei a África do Sul pessoalmente para esse caso. Minha viagem foi adiada por várias razões, entre elas as eleições que se aproximavam na África do Sul. Então Simons foi capturado, e não havia mais necessidade de minha presença.

Apesar da confissão, Simons se declarou inocente das acusações relacionadas à morte de sua última vítima. (Talvez tenha concordado em se colocar como inocente porque separava mentalmente o depoimento escrito, no qual negava qualquer culpa, das declarações orais, em que assumia a responsabilidade pelos assassinatos.) Nenhuma acusação foi feita em relação às vítimas anteriores porque havia pouquíssimas evidências para dar suporte ao indiciamento. No tribunal, psicólogos afirmaram que Simons era mentalmente

Micki Pistorius, protegida pelas forças de segurança sul-africanas, instrui os investigadores sobre o cenário em que um dos corpos das várias vítimas do estrangulador foi encontrado.

capaz no momento dos delitos, a confissão à polícia foi admitida como prova e as testemunhas oculares do rapto da última vítima o identificaram como o responsável. O juiz W. A. Van Deventer declarou que a acusação comprovara sua tese, e considerou Simons culpado. Como a pena de morte já fora abolida na África do Sul, Simons foi condenado a 25 anos de prisão. Os demais assassinatos foram arquivados como não resolvidos, mas nenhum outro rapto seguido de estrangulamento voltou a acontecer na região depois que Simons foi preso.

Apresentei esse caso em detalhes aqui, reproduzindo partes da confissão do assassino, para demonstrar como os padrões mentais dos assassinos em série são parecidos, independentemente do histórico sociocultural de cada um. Os lamentos de Norman Simons ao reconhecer os crimes e a impotência diante das "forças" que governavam sua vida eram parecidos com coisas que li a respeito de assassinos em série nos Estados Unidos por anos a fio, e constituíam um reflexo de delírios psicóticos e alucinações. A similaridade chama muito a atenção, mas talvez seja previsível. Ao que parece, quando a vida normal se torna obscura, as diferenças culturais também se esvaem, e os extremos dos comportamentos e os padrões desviantes são os mesmos em qualquer lugar do mundo.

Isso nos dá muito o que pensar, mas também pode ser motivo para esperança — a esperança de que no fim das contas crimes "inexplicáveis" podem ser esclarecidos e entendidos, e que se pudermos compreendê-los podemos tomar medidas para solucioná-los e, mais adiante, preveni-los.

Foi esse tipo de compreensão que levou Micki Pistorius a criar uma unidade especial de detetives especialistas na investigação de assassinos e estupradores em série como parte da recém-fundada Força Policial Nacional da África do Sul, equivalente à Unidade de Ciência Comportamental do FBI. O sucesso da polícia sul-africana na elaboração do perfil psicológico do Estrangulador da Estação, que colaborou para a prisão dele, foi um argumento poderoso para o estabelecimento dessa nova unidade e para a manutenção do uso de técnicas de investigação comportamental para as forças de aplicação da lei.

Havia uma necessidade urgente para criar uma unidade como essa também porque, na época do julgamento de Norman Simons, a África do Sul tinha pelo menos mais um assassino em série à solta: entre julho e outubro de 1994, quinze mulheres negras foram encontradas mortas e abandonadas seminuas em uma área de mineração industrial.

OS ASSASSINATOS DO ABC

A cena era macabramente parecida com aquilo que a polícia encontrou quando vieram à tona as vítimas de Norman Simons: corpos seminus sobre areia ou terra em um local remoto. Os cadáveres encontrados perto de Cleveland, um subúrbio de Pretória e Johannesburgo, em outubro de 1994, eram de mulheres negras na casa dos vinte e poucos anos. Conforme os exames determinaram, algumas estavam lá desde maio, mas outras haviam falecido mais recentemente. A investigação forense nos corpos em decomposição foi difícil, mas graças aos esforços dos profissionais envolvidos foi possível identificar algumas e obter informação a respeito de outras com as famílias de mulheres desaparecidas. Dessa forma, concluiu-se que as mulheres mortas estavam a caminho do trabalho, procurando emprego ou eram estudantes. As vítimas foram estupradas antes da morte por estrangulamento com as próprias roupas íntimas ou com as alças de suas bolsas. Foram feitos saques da conta bancária de pelo menos duas delas depois da morte, e era provável que o assassino também tivesse levado bolsas e outros pertences pessoais que facilitassem a identificação das vítimas. Ele também ligou para as famílias de duas delas depois dos crimes. Uma das mulheres foi vista entrando no carro do perpetrador em Pretória.

A mídia divulgou esses detalhes com alarde, e a polícia acreditava que toda a publicidade em torno das mortes levaria o assassino, no mínimo, a trocar o lugar de desova.

Trabalhando de forma agressiva na região de Cleveland, a polícia chegou a um suspeito, David Selepe, em dezembro de 1994. Selepe foi preso de forma preventiva e, quatro dias depois, quando estava a caminho do local onde alegava ter desovado os corpos, atacou um policial com um cassetete. O sargento Timothy Mngomezulu atirou em Selepe, que morreu. Mais tarde, as autoridades policiais de Cleveland afirmaram que "Selepe foi positivamente vinculado" aos assassinatos e que "temos evidências que comprovam isso", mas não revelavam as provas ao público. Tempos depois, a polícia soltou um relatório segundo o qual o sangue de uma das vítimas fora encontrado no carro de Selepe, e que havia como associá-lo a cinco outras. Um inquérito posterior determinou que o sargento agiu em autodefesa quando foi atacado por Selepe.

Em janeiro de 1995, quando corpos foram encontrados em Atteridgeville, outra área suburbana, a polícia imaginou se tratar da ação de um imitador, e continuou afirmando que Selepe era o responsável pelos crimes de Cleveland. No entanto, com a contagem de corpos subindo e o estabelecimento de um modus operandi, passou a parecer cada vez menos provável que se tratasse de outro assassino e que era possível que, no máximo, Selepe tivesse relações apenas circunstanciais com os assassinatos anteriores. Em Atteridgeville, a polícia descobriu ao todo catorze corpos de mulheres e o de uma criança que, segundo se acreditava, fora morta com a mãe. Essas vítimas também

(Direita) Uma vítima amarrada e morta pelo Estrangulador do ABC.
(Esquerda) Ressler mais uma vez se junta a Thomas Müller, retratado aqui com o policial sul-africano que prendeu Moses Sithole, acusado de matar quase quarenta mulheres entre as cidades de Pretória e Johannesburgo.

haviam sido estupradas e estranguladas; não foi feita nenhuma tentativa de esconder os corpos, embora o local de desova fosse também uma área remota. No novo grupo de vítimas, a maioria estava desempregada, e a polícia acreditava que as mulheres haviam sido atraídas para o carro do assassino por uma promessa de trabalho.

> Foi estrangulada, disse o juiz, isso é mais claro do que água [...] Às duas da manhã o legista deu por terminada a autópsia e foi embora. Um enfermeiro negro, há tempos emigrado de Veracruz para o norte, pegou o cadáver e colocou-o num congelador.
> **Roberto Bolaño,** *2666*

Foram criadas várias teorias sobre a identidade do suspeito ou dos suspeitos, já que não era possível descartar o envolvimento de vários homens, uns imitando a atuação dos outros. O ritmo assustador em que as mulheres estavam sendo mortas parecia sugerir que não se tratava da obra de um único homem. Caso fosse, o matador desconhecido estaria entre os piores criminosos da história documentada dos homicidas em série, chegando ao patamar de Gacy (33 vítimas) e Chikatilo (53 vítimas). Mas, se na África do Sul a preocupação era grande, no restante do mundo o interesse era escasso; talvez o longo histórico de violência do país levasse as pessoas de países mais desenvolvidos a não dedicar grande atenção aos relatos de mortes no sul do continente africano.

O trabalho de investigação continuou, de forma não coordenada, nos vários locais onde os assassinatos aconteceram. Então, em setembro de 1995, mais corpos foram encontrados, perto de uma prisão em Boksburg, outra área suburbana. As mulheres também tinham sido estupradas e estranguladas, despidas de suas roupas e documentos de identificação, e deixadas insepultas em campo aberto. A história de uma delas, Monica V, podia muito bem ser a de todas. Em 12 de setembro, a moça de 31 anos saiu da casa da avó em busca de trabalho, como vinha fazendo quase todos os dias desde janeiro, quando fora morar lá. Pintou as unhas de vermelho, colocou os melhores acessórios e estava cheia de esperança de que aquele se revelasse seu dia de sorte. Ao sair, deixou na residência o filho de 4 anos. Apesar de não ter o costume de ficar muito tempo sem fazer contato, Monica não telefonou para a avó naquela noite nem no dia seguinte, e a família começou a ficar preocupada. Uma tia recordou mais tarde que Monica não era o tipo de mulher que passava mais de um dia com a mesma roupa, e, portanto, mesmo que tivesse encontrado trabalho ou passado a noite com um homem — o que era improvável, pois tinha namorado, o pai da criança —, ela voltaria para casa para se trocar. A família percorreu sem sucesso os hospitais da região e, quando leram nos jornais que corpos haviam sido encontrados em Boksburg, tiveram um pressentimento terrível de que Monica poderia estar entre as vítimas. De fato estava, assim como uma funcionária de 43 anos da alfândega do aeroporto de Johannesburgo, e uma mulher de 29 anos que morava em Soweto.

Os assassinatos haviam atingido proporções epidêmicas. O presidente Nelson Mandela cancelou uma viagem ao exterior e permaneceu no país para lidar com a questão aparente da explosão das taxas de criminalidade como um todo. Desde o fim do *apartheid*, conforme reportou um jornal, um cidadão sul-africano tinha oito vezes mais chances de ser vítima de homicídio do que um norte-americano. Mandela visitou o local de desova dos corpos em Boksburg — acompanhado do Ministro da Segurança Sydney Mufamadi, do Ministro da Justiça Dullah Omar e do comissário da polícia George Fivaz — e fez um apelo para que a população das comunidades prestasse toda a assistência à polícia na busca pelo assassino ou grupo de assassinos.

Segundo os sociólogos, essa onda de assassinatos em série, acompanhada do número crescente de estupros, assaltos à mão armada e crimes afins podia ser atribuída a décadas de *apartheid*, um regime que destruiu famílias inteiras e formas de vida tradicionais. "O tecido de nossa sociedade foi danificado, levando a um colapso da lei e da ordem", explicou Lloyd Vogelman, diretor do Centro de Estudos sobre Violência e Reconciliação da Universidade de Witwatersrand. Ele acreditava que tais circunstâncias criaram um ambiente em que a violência era considerada aceitável e no qual "as pessoas foram dessensibilizadas e psicopatas como assassinos em série podem florescer".

O tenente-general Wouter Grové, chefe do Serviço Nacional de Investigação Criminal, fez inclusive suas tropas consultarem *sangomas*, os tradicionais feiticeiros sul-africanos, a respeito dos crimes. Apesar de isso poder ser visto como absurdo nos Estados Unidos, era absolutamente essencial e recomendável recorrer aos *sangomas* na África do Sul, onde os costumes tribais continuam vigentes e disseminados entre a população. Facas embrulhadas em fitas vermelhas, espelhos, velas, penas de galinha, aves empaladas, Bíblias queimadas e outros artifícios usados em rituais foram encontrados perto dos corpos, e havia o temor de que os assassinatos fizessem parte de algum tipo de rito macabro, possivelmente conduzido por algum grupo nativista. Na África do Sul, sacrifícios animais ainda são frequentes antes de praticar ações mundanas e corriqueiras, como se mudar para uma casa nova, assim como os "assassinatos *muti*", ==casos nos quais uma pessoa é morta e tem o coração ou os olhos comidos pelo assassino para este ganhar mais força==. A possibilidade de ligação com práticas nativistas foi levada em conta, mas logo descartada; o local em questão sempre foi usado para rituais por grupos religiosos, que nunca tinham deparado com corpos de mulheres mortas. Micki Pistorius considerou inclusive a possibilidade de envolvimento de praticantes de satanismo, já que havia alguns na região, porém mais tarde chegou à conclusão de que isso não vinha ao caso.

O general Grové e o comissário Fivaz também autorizaram Micki Pistorius, que já havia compilado um perfil psicológico preliminar do provável assassino, a telefonar para mim nos Estados Unidos e para me levar à África do Sul como consultor para solucionar aqueles terríveis crimes. A essa altura, eu já tinha conhecido pessoalmente Micki, que participara de nossa conferência anual de treinamento na Escócia, onde ela apresentou aos especialistas e estudantes o ótimo trabalho de seu departamento no caso do Estrangulador da Estação.

Apesar de já terem lidado com sucesso em outro caso de assassinato em série, Micki e seus superiores acreditavam que a polícia sul-africana, confrontada com uma situação extraordinária — um enorme número de corpos em diversos locais diferentes —, não deveria se deixar levar pelo ego e pelo orgulho e procurar ajuda de outros especialistas. Ao fazer isso, eles se revelaram mais realistas e menos egocêntricos do que a maioria das autoridades policiais dos Estados Unidos e de vários outros países, que, diante de crimes tão incomuns, preferem seguir seus instintos territoriais e nem sequer pensam em consultar alguém que possa ter mais experiência nesse tipo de contexto.

Segundo os sociólogos, essa onda de assassinatos em série, acompanhada do número crescente de estupros, assaltos à mão armada e crimes afins podia ser atribuída a décadas de apartheid, um regime que destruiu famílias inteiras e formas de vida tradicionais.

Respondi de bom grado à convocação dos sul-africanos, e viajei assim que consegui rearranjar minha agenda e entrar em um avião, no final de setembro. Um pedido similar foi feito à Nova Scotland Yard, mas ninguém de lá foi à África do Sul enquanto eu estava no país.

Quando cheguei a Johannesburgo, em um fim de semana, fui recebido de portas abertas pelo comissário Fivaz, o responsável por muitos avanços e aprimoramentos na força policial sul-africana. Em resumo, ele designou Micki e eu para trabalharmos com a força-tarefa nas três localidades, Atteridgeville, Boksburg e Cleveland — que passaram a ser chamadas pela imprensa como a região do ABC dos assassinatos em série — e nos disponibilizou recursos como um carro com motorista e acesso a um helicóptero. Na segunda-feira eu visitaria os

locais de desova a partir do chão; na terça, veria tudo a partir do ar; na quarta visitaria o laboratório forense e examinaria fotos, relatórios de autópsia e outros documentos relacionados ao caso; na quinta daria um breve treinamento aos detetives que trabalhavam nas investigações, para ampliar sua compreensão e abrir a mente deles sobre como lidar com esse tipo de homicídio. Nesse mesmo dia, Micki e eu também nos reuniríamos com o comissário, a quem apresentaríamos o relatório da força-tarefa contendo as descrições da análise da cena do crime, as estratégias investigativas e nosso perfil psicológico do possível criminoso. A imprensa também estaria presente quando da apresentação formal do documento a Fivaz. Na sexta-feira esse material seria usado como base para uma coletiva de imprensa, conduzida pelo general Grové, por Micki e por mim.

> **Facas embrulhadas em fitas vermelhas, espelhos, velas, penas de galinha, aves empaladas, Bíblias queimadas e outros artifícios usados em rituais foram encontrados perto dos corpos...**

Quando comecei a me inteirar da investigação, diversos fatores organizacionais se tornaram aparentes de imediato. A polícia sul-africana, ao contrário de forças de aplicação da lei em certos lugares dos Estados Unidos e do mundo, havia reconhecido a enormidade daqueles crimes, e se apressara em montar uma força-tarefa para solucioná-lo. Nos Estados Unidos, uma medida como essa só costumava ser tomada depois de meses ou até anos depois de uma série de assassinatos. Por outro lado, as unidades locais das forças de segurança sul-africanas, responsáveis por cada região onde os cadáveres foram encontrados, vinham fazendo investigações de forma um tanto isolada umas das outras.

Visitei os locais de desova de carro, depois de helicóptero. Perto de Boksburg, era possível notar as marcas escuras no chão causadas pelos corpos em decomposição, apesar de os restos mortais das vítimas já terem sido removidos. As cenas dos crimes tinham sido comprometidas em certa medida pela ação de curiosos, mas continuavam, em boa parte, bem preservadas, e conseguimos encontrar e coletar algumas evidências novas ou até então ignoradas, indicando que o assassino — ou grupo de assassinos — tinha visitado essas localidades depois da morte das mulheres.

Uma convicção de que os crimes estavam integralmente relacionados surgiu dentro de mim. Tal conclusão foi reforçada pelas evidências analisadas pelos laboratórios forenses da polícia sul-africana — que aliás eram tão bem equipados quanto qualquer outros que já visitei —, além das fotografias, dos abrangentes relatórios policiais e de outros documentos compilados com o capitão Hennop, com quem trabalhei todos os dias.

Ao longo da semana, jornalistas me ligavam para perguntar a respeito de minhas impressões sobre o caso; cautelosamente, eu evitava os questionamentos avisando que precisava primeiro ceder essas informações às autoridades competentes, que então decidiriam o que revelar ou não ao público por intermédio da mídia. Mesmo assim, a cobertura da imprensa de minha chegada ao país foi extensa, assim como de minhas atividades de visitar as cenas dos crimes etc. Alguns desses relatos chegaram inclusive a outros países.

Em meados daquela semana, as autoridades sul-africanas foram contatadas pelo grupo do qual eu fazia parte no FBI, a Unidade de Ciência Comportamental: eles estavam dispostos a prestar assistência no caso. A oferta foi gentilmente recusada, pois o sr. Ressler já estava trabalhando diretamente no local.

Nossas descobertas foram detalhadas na "análise da cena do crime" que Micki e eu apresentamos ao general Grové e ao comissário Fivaz. Esse documento foi resultado de um esforço de cooperação dos comandantes das polícias das regiões do ABC, do trabalho do laboratório e outras unidades policiais, além de minha atuação e a de Micki.

Equipe da Nippon TV filma a reconstituição do rapto de uma vítima do assassino do ABC (os atores são membros da polícia sul-africana).

Duas questões principais se destacaram: os três casos, o de Atteridgeville, o de Boksburg e o de Cleveland, estavam relacionados; havia a possiblidade da ação de mais de um assassino nas três localidades. As evidências nas quais essas conclusões se basearam vinham das múltiplas facetas do caso.

O modus operandi revelava mais similaridades do que diferenças nas três instâncias de múltiplos homicídios.

Examinando os três locais, detectamos certa continuidade e uma boa dose de evidências de agravamento da violência empregada. Com o passar do tempo, o assassino ou grupo de assassinos foi se especializando em matar. Em Cleveland, o(s) assassino(s) começara(m) se valendo do estrangulamento manual como método para matar, enquanto nos outros lugares passara(m) a usar as roupas das vítimas. Em Boksburg, o(s) assassino(s) avançara(m) ainda mais em sua técnica, usando garrotes com ligadura, se valendo das roupas e de um graveto ou uma caneta para torcer o laço. As quatro vítimas mais recentes, encontradas em Boksburg, mostravam a adição de mais um elemento, a amarração das mãos das vítimas atrás das costas e então ao pescoço.

Acreditávamos que o assassino ou grupo de assassinos conhecia bem as comunidades e os locais onde os corpos foram desovados, e que provavelmente havia feito algum tipo de reconhecimento de terreno antes de descartar os cadáveres por lá. Isso poderia indicar, conforme escrevemos no relatório, "que o(s) indivíduo(s) pode(m) ter sido criado(s) nesses locais, ou então os visitava(m) com frequência no dia a dia por motivos pessoais ou de trabalho". Não eram locais aleatórios, e sim lugares selecionados por razões bem específicas. Pelos menos nos casos mais recentes, havia fortes indicações de que as vítimas foram transportadas para lá vivas e então violadas sexualmente e assassinadas. Era bastante provável que o(s) assassino(s), ao levar a mulher ao local, mostrasse(m) a ela os corpos das demais a fim de assustá-la a ponto de não reagir à violência sexual. Talvez até tivesse(m) dito que, caso consentisse com o sexo, sua vida seria poupada.

Os locais de desova em si contavam parte da história. Eram todos remotos, o que significa que a atividade tinha pouca chance de ser vista; por outro lado eram lugares próximos a ferrovias, que podiam ser facilmente acessados de carro. Sobrevoando esses pontos e observando-os a partir do chão, pudemos constatar que a forma de desova dos corpos foi diferente em cada um. Em Cleveland os cadáveres estavam espalhados por área extensa, em Atteridgeville, mais concentrados e, em Boksburg, condensados em um raio de poucos metros. Isso indicava que o(s) assassino(s) havia(m) se tornado extremamente confiante(s) e arrogante(s), acreditando que ele(s) jamais seria(m) pego(s). Consideramos que Boksburg também refletia a hostilidade do(s) assassino(s) à polícia e à sociedade em geral, pois ele(s) parecia(m) estar mandando mensagens afirmando que não seria(m) capturado(s).

Embora as localidades fossem remotas, os corpos estavam expostos abertamente em vez de escondidos, uma evidência de que o(s) assassino(s) esperava(m) que fossem encontrados e desejava(m) chocar a sociedade com aqueles assassinatos.

Em termos gerais, não havia muitas evidências nas cenas dos crimes. Havia a possibilidade de que o(s) assassino(s) usasse(m) a roupa íntima de uma vítima anterior para matar a seguinte e que trocasse(m)

as peças de vestuário dos corpos, em uma tentativa de confundir a polícia. Isso para nós era uma indicação, junto da falta de provas concretas em si, de que o(s) assassino(s), além de inteligente(s), também conhecia(m) a dinâmica das investigações policiais. Esse conhecimento poderia ser adquirido acompanhando a cobertura de crimes pela imprensa ou lendo revistas e livros sobre "casos verídicos".

A seleção das vítimas também era importante. Eram mulheres de áreas rurais que iam às cidades em busca de trabalho ou empregos melhores. Como havia pouca indicação de resistência, era bem provável que elas tivessem sido atraídas ou enganadas para entrar no veículo do(s) assassino(s), acreditando estarem indo a um local em que teriam uma oportunidade empregatícia.

Caso os responsáveis fossem mais de um, um deles seria o líder, um assassino dominante, agressivo e organizado, e o outro um seguidor pacífico e provavelmente desorganizado. O cúmplice participaria dos crimes em razão da orientação do líder, mas os atos serviriam para satisfazer as fantasias de ambos. ==Quando duplas de criminosos são capturadas, na maioria dos casos o líder se encarrega do estupro; e o seguidor, do assassinato.== Seria mais provável que o seguidor, o assassino, apenas se masturbasse na cena. Consideramos possível que, fosse apenas um indivíduo ou dois, o(s) assassino(s) voltava(m) à cena do crime depois da morte da vítima e continuava(m) a viver a fantasia em um ritual envolvendo masturbação.

Além de avaliar as evidências, também fizemos recomendações investigativas à polícia. Algumas devem ser mantidas em sigilo, por se tratarem de técnicas que poderiam ser usadas em outros casos e sua revelação comprometeria uma futura eficácia. Outras, porém, podem ser resumidas aqui. Por exemplo, nos Estados Unidos a polícia se baseia fortemente nas informações passadas pelas comunidades onde ocorrem os crimes, que muitas vezes chegam em denúncias anônimas por telefone; como havia pouquíssimas linhas naquelas áreas pobres, sugerimos que a polícia disponibilizasse telefones móveis nas localidades, para que os cidadãos pudessem transmitir pistas ou outros fatos úteis às autoridades. Também afirmamos a necessidade

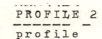

de maior atenção à coleta e ao processamento das evidências — como o recolhimento de amostras de solo dos pontos de desova, por exemplo, que mais tarde poderiam ser comparadas ao tipo de terra encontrada dentro do veículo de um eventual suspeito. ==Em termos gerais, queríamos que todas as cenas de crimes fossem seguras e preservadas de intervenções externas, para proteger todas as provas em potencial.== Caso suspeitos fossem interrogados, aconselhamos que um psicólogo da polícia conduzisse o processo, ou pelo menos estivesse presente no local.

> **A seleção das vítimas também era importante. Eram mulheres de áreas rurais que iam às cidades em busca de trabalho ou empregos melhores.**

A última parte do relatório entregue ao comissário era o perfil psicológico do provável criminoso. É importante enfatizar que essa foi a última parte, porque um perfil deve ser o resultado de deduções baseadas na análise de todos os fatos disponíveis até então, e não um julgamento instantâneo ou um palpite com base em algumas poucas informações. Um perfil é uma conclusão lógica surgida de uma boa avaliação das evidências.

Meu perfil nesse caso foi uma continuação do trabalho já iniciado por Micki Pistorius.

O assassino devia ser um homem negro de vinte e tantos ou trinta e poucos anos, provavelmente um trabalhador autônomo pertencente à classe média alta, com veículo próprio ou acesso regular a um carro — com toda a probabilidade um automóvel caro — e a uma boa quantidade de dinheiro, pelo menos o suficiente para ostentar roupas e joias elegantes.

Em termos intelectuais, o indivíduo estaria acima da média, além de saber falar a linguagem das ruas, ser uma pessoa sofisticada e orgulhosa de sua capacidade de manipular facilmente os demais. Arrogante,

se considerava alguém que se fez sozinho na vida, e por isso superior aos outros homens. Provavelmente falava vários idiomas e, por sua habilidade para a persuasão, no passado devia ter se envolvido com furto ou estelionato. Por ser extrovertido, sabia como exercer seu charme sobre as mulheres e devia se considerar um conquistador ou um playboy que sabia apreciar os prazeres da vida. Também devia ser casado ou divorciado.

Atualizado em relação a notícias e acontecimentos, lia jornais e via o noticiário da televisão, em especial a parte relacionada aos assassinatos. Devia ter lido livros ou outros materiais a respeito de assassinos em série, e sabia muito a respeito. Desafiava a polícia a tentar capturá-lo, e em conversas com outras pessoas devia se gabar de ser um assassino em série, ou se referir ao criminoso em terceira pessoa.

Tinha um desejo sexual acima do normal e consumia pornografia. Suas fantasias, durante as quais se masturbava, eram agressivas, e ele via as mulheres como meros objetos de abuso. Gostava de conquistá-las e controlá-las. Quando abordava uma vítima, era de forma calculista, e ele estava consciente de que no fim a acabaria matando, e saboreava essa ideia enquanto vencia a resistência por parte da mulher.

Ele era motivado pelo poder e pelas sensações. Planejava um assassinato, escolhia um alvo específico, convencia a pessoa a acompanhá-lo e então a violava sexualmente e a matava, deixando pouquíssimas provas na cena do crime. Mais tarde, se deleitava com a atenção que o caso recebia da mídia.

Tratava-se de um homem exposto à violência e ao sexo desde tenra idade, e que associava a sexualidade à agressão. Tinha uma relação ambivalente com a mãe e foi abusado pelo pai, que talvez fizesse o mesmo com a mãe. O pai, embora abusivo, era ausente em termos emocionais, e o filho sentia sua falta e continuava a idolatrá-lo em segredo. Ele gostaria de mostrar ao pai que era capaz de se sustentar em termos financeiros e que era um verdadeiro garanhão. Para a mãe, queria provar que não era mais um garotinho, que era sexualmente ativo e capaz. Suas fantasias eram repletas de sentimento de vingança, e direcionadas aos pais.

Os assassinatos provavelmente foram motivados por experiências negativas com alguma outra mulher, que ele sentia tê-lo prejudicado. Devia haver similaridades marcantes na aparência física entre essa mulher, sua mãe e suas vítimas.

Sugeri também que, àquela altura, o assassino estava provocando a polícia, e em breve começaria a fazer contato com as linhas diretas abertas para o caso.

O assassino demonstrava sinais inconscientes de remorso em relação a algumas vítimas — as primeiras — e, quando questionado, poderia se lembrar do nome de algumas, embora as mais recentes fossem tratadas apenas como números. Os assassinatos lhe proporcionavam satisfação imediata de curto prazo, mas nunca eram capazes de preencher o imenso vazio que se desenvolveu dentro dele desde a infância, nem de compensar o mal que julgava ter sofrido mais tarde pelas mãos de uma mulher adulta.

Na coletiva de imprensa, me perguntaram se a psique africana não parecia impenetrável para um especialista na mente de criminosos norte-americanos, e respondi que os psicopatas de todos os lugares se mostravam notavelmente parecidos. "A esquizofrenia", expliquei aos repórteres, "é a mesma em Nova York ou em uma tribo zulu — a mesma dinâmica, as mesmas ideias paranoicas." Para cometer crimes como os assassinatos do ABC, acrescentei, "é preciso estar completamente apartado da humanidade. Ele [o assassino] pode ser um africano não convencional".

Depois de cinco dias na África do Sul, voltei aos Estados Unidos no fim de setembro. Dez dias depois, um homem afirmando ser o assassino em série começou a ligar para o jornal *Star*, dizendo ser "esse homem tão procurado" e contando à repórter Tamsen de Beer que estava cansado de matar. Afirmou ter sido preso em 1978 por "um crime que não cometi", um estupro, pelo qual foi "torturado", além de "abusado" por outros prisioneiros durante os catorze anos que passou atrás das grades. Ele alegou que estava cometendo aqueles homicídios em reação àquilo que percebia como um mau uso do sistema judicial, e acrescentou que a mãe, o pai e a irmã morreram enquanto ele estava preso. Citando meu nome, o homem garantiu que "Ressler deu informações erradas". Também tinha críticas à "psicóloga", embora ao mesmo tempo em que renegava os perfis tenha dito: "Ninguém imagina que estou fazendo isso, sou uma pessoa comum". Sua principal razão para discordar do perfil — e por consequência de mim e de Micki Pistorius — era que ele não tinha carro, e se deslocava aos locais dos assassinatos a pé e de táxi.

O homem que fez a ligação insinuou também que a polícia havia falhado na tarefa de trabalhar em conjunto com a comunidade. Ele argumentou que não tinha nada a ver com os assassinatos de Cleveland, que havia imitadores agindo por lá e que não poderia jamais ter matado a criança cujo corpo foi encontrado junto ao da mãe. "Eu forço a mulher a ir para onde quero e aí digo: 'Quer saber? Fui atacado, então vou fazer o mesmo agora'. Aí mato elas." Ele revelou que, se um corpo era encontrado vestido, foi porque a vítima foi morta com a alça da bolsa, e se estava sem roupa ou coberto apenas em parte é porque suas peças íntimas foram usadas. O assassino descartava as bolsas e as roupas íntimas, segundo argumentou, para não ser identificado por impressões digitais. Ele também fez outras declarações similares a respeito do posicionamento dos corpos, da localização, do número de vítimas e da identificação delas — afirmou que alguns nomes e sobrenomes tinham sido confundidos — e, quando as informações foram verificadas, a polícia foi levada a acreditar que se tratava mesmo do assassino. O homem também contou à repórter sobre "uma moça que acho que a polícia não encontrou" e informou onde estava essa vítima. Quando perguntado sobre o total de assassinatos, ele respondeu que foram 76 — um número muito maior que o de cadáveres localizados — e revelou que escolhia vítimas fisicamente parecidas com a mulher que (em seu ponto de vista) o acusara falsamente de estupro e o mandara para a prisão.

O *Star* entrou em contato com a polícia, que por sua vez solicitou que, em caso de novo telefonema, a repórter pedisse "provas", questionando com mais detalhes algum aspecto da vida ou dos atos do sujeito, e tentasse prolongar o contato por tempo suficiente para que os agentes da lei se dirigissem ao jornal. E assim foi feito. Na terceira ligação, a polícia conseguiu rastrear a origem do autor do telefonema: um telefone público perto da estação ferroviária de Germiston. Policiais foram despachados às pressas para lá, mas não o encontraram.

No dia seguinte, as autoridades sul-africanas divulgaram a fotografia de um suspeito, Moses Sithole, de 31 anos, um assistente social que estava sendo procurado pela polícia. Os investigadores estavam no rastro do sujeito fazia algum tempo, e vinham visitando a família dele e outros contatos. Sithole usava pelo menos seis pseudônimos conhecidos, e se encaixava no perfil psicológico elaborado em diversos aspectos importantes, como a idade, a profissão, o nível de inteligência, os antecedentes criminais e os hábitos de viagem. As informações que a polícia usou para considerar Sithole suspeito não eram vinculadas aos telefonemas, e chegou a ser dito que não era ele que ligava para o jornal. Na verdade, os investigadores sabiam que era ele, e inclusive perceberam que algumas informações foram passadas apenas como uma tentativa de despistá-los.

No dia 18 de outubro, uma quarta-feira, a polícia recebeu uma denúncia de que Sithole poderia estar a caminho de uma favela perto de uma tecelagem no distrito de Benoni, a leste de Johannesburgo, para buscar uma arma na casa de um parente. Em meio a uma chuva torrencial, dois investigadores o abordaram em um beco se identificando como seguranças particulares. O suspeito avançou com um machado na mão, e o detetive disparou dois tiros para o alto. Como Sithole continuou indo para cima deles, o policial teve que atirar, acertando-o no pé e na barriga. Seu parceiro ficou levemente ferido ao ser atingido pelo machado. Para o bem da investigação, os ferimentos não foram fatais, e depois de receber os primeiros socorros Sithole foi transferido para um hospital militar.

A imprensa entrevistou várias pessoas que conheceram Sithole em sua atuação profissional prestando assistência a jovens, ou então na prisão — onde foi membro do coral dos detentos. Surgiram relatos dele "sentado em um banco com malas caríssimas" enquanto conversava com alguma mulher, enquanto outros mencionavam seu "trabalho social" com jovens mulheres dispostas a serem levadas de volta à terra natal e descrevendo-o como "muito perspicaz e esperto". A irmã de Sithole revelou que ele usava o telefone da casa dela para receber ligações de mulheres à procura de trabalho, e só parou porque ela desconfiou. Depois disso, ele deixou de frequentar a casa. A cena dos crimes de Boksburg ficava bem perto da cadeia onde Sithole cumpriu pena por estupro.

O comissário Fivaz revelou que os interrogatórios preliminares de Sithole confirmavam que ele se aproveitava de sua posição como assistente social para abordar as vítimas, chegando a fazer contato direto por telefone ou carta. "Ele demonstrava uma disposição psicológica muito, muito aceitável quando abordava as pessoas", Fivaz declarou aos jornalistas.

Quando da finalização da escrita deste livro, Sithole estava sendo indiciado por 36 homicídios, à espera do julgamento.[1]

---

[1] Em dezembro de 1997, Moses Sithole foi condenado a cinquenta anos de prisão para cada um dos 38 assassinatos cometidos, e mais doze anos para cada um dos quarenta estupros, além de mais cinco anos para cada um dos seis roubos — sentença que previa um total de 2140 anos de encarceramento. Por recomendação judicial, ele só teria direito a pedir liberdade condicional depois de cumprir 930 anos de pena. (N. T.)

```
PROFILE 2
---------   302
profile
```

AumShinrikyo
GÁS NO METRÔ

E os congregaram no lugar que em hebreu se chama Armagedom. E o sétimo anjo derramou a sua taça no ar, e saiu grande voz do templo do céu, do trono, dizendo: Está feito.
Apocalipse 16:16,17

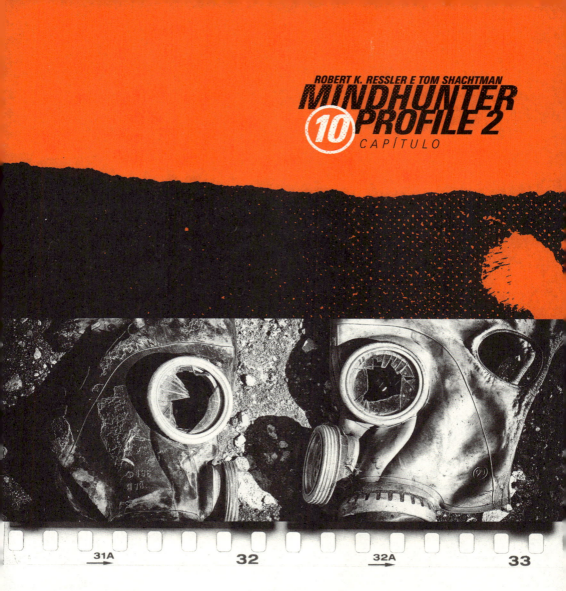

CAPÍTULO 10
MINDHUNTER PROFILE 2
ROBERT K. RESSLER E TOM SHACHTMAN

HISTÓRICO PRÉVIO: O GÁS SARIN E INCIDENTES ANTERIORES

O gás venenoso conhecido como sarin foi desenvolvido por cientistas nazistas durante a Segunda Guerra Mundial. Inodoro e incolor, é quinhentas vezes mais forte que o cianeto; uma única gota é capaz de matar um ser humano que a tenha inalado ou tocado. O sarin se

PROFILE 2
profile

mantém em estado líquido à temperatura ambiente, mas é diluído com facilidade em água e desprende vapores letais. Afeta o sistema nervoso, primeiro produz visão borrada ou estreitamento do campo visual, depois dificuldade para respirar e, por fim, paralisia nervosa, o que faz os pulmões pararem. A substância foi fabricada para fins militares em diversos países, e acredita-se que tenha sido usada durante a Guerra Irã-Iraque. Havia evidências também de que o Iraque estava se preparando para fazer uso militar do gás durante a Guerra do Golfo de 1991.

O Japão não é produtor oficial de sarin, e sua comercialização no país é ilegal. No entanto, os ingredientes para sua fabricação estão disponíveis no mercado.

Na noite de 27 de junho de 1994, um homem de Matsumoto, cidade da província de Nagano, 240 quilômetros a oeste de Tóquio, denunciou à polícia ter sentido odores fortes, e ficou tão doente que precisou ser internado. Em questão de horas, mais de duzentas pessoas dessa região residencial se dirigiram a hospitais com queixas de náuseas, enjoo e problemas nas vistas. O primeiro denunciante se recuperou, porém sete pessoas morreram. Para surpresa e perplexidade do país, a polícia identificou que o agente responsável pelas mortes foi o gás sarin. Vestígios da substância foram encontrados no ar, em uma lagoa e na água de um balde no quintal do homem que fora o primeiro a alertar as autoridades sobre o problema. Também foi descoberta a presença de sarin em um apartamento vizinho, usado como dormitório para os empregados de uma seguradora.

O ataque, aparentemente sem motivação, que matou sete pessoas era um mistério total para as autoridades. Quem poderia ter feito aquilo? Quem teria o conhecimento necessário para produzir um gás tão letal? Qual seria o motivo para atacar uma vizinhança inteira? Por sorte, os vapores se espalharam apenas por uma área bem pequena, de mais ou menos 150 metros.

Mais de duas dezenas de produtos químicos foram encontrados na casa do homem que denunciou a presença do gás, e ele foi interrogado pela polícia por várias horas, mas investigações posteriores constataram que, embora alguns daqueles elementos pudessem ser

combinados para formar o sarin, o indivíduo não dispunha do equipamento necessário para sua fabricação e usava as substâncias para outros propósitos, como revelar filmes. A mídia então passou a se referir ao acontecido como um "acidente" ou "vazamento" do gás letal.

Em 9 de julho de 1994, à 1h da manhã, sintomas similares — dificuldades para respirar, dores no peito — foram reportados no vilarejo montanhoso rural de Kamikuishiki, na província de Yamanashi, 480 quilômetros ao norte de Tóquio. Dezenas de pessoas manifestaram os sintomas e, ainda que ninguém tenha morrido, um cheiro terrível ficou pairando no ar durante dias. A polícia apurou que o agente não era o sarin em si, mas um subproduto criado durante a fabricação do gás. O fato de dois ataques com gás terem acontecido em tão pouco tempo e estarem ambos ligados ao sarin causou espanto, mas ninguém foi capaz de relacionar os dois locais e incidentes.

Os moradores do vilarejo rural tinham certeza de que os vapores tóxicos vinham da sede local de uma seita religiosa conhecida como Aum Shinrikyo, com quem estavam em conflito por questões de uso do terreno e de assédio. Alguns residentes tinham visto membros da Aum usando máscaras antigás ao deixarem uma das construções da sede da seita. Quando a questão da participação da Aum foi levantada, algumas pessoas perceberam que uma outra sede do culto tinha questões judiciais pendentes em um tribunal em Matsumoto. Também foi trazido à tona que havia reclamações desde julho de 1993 sobre vapores tóxicos exalados de uma sede da Aum no distrito de Koto, em Tóquio.

Vários meses depois de Matsumoto e Kamikuishiki, a polícia não tinha chegado nem perto de esclarecer os incidentes. Da mesma forma, não havia nenhuma explicação disponível para outros sete incidentes relatados em setembro na província de Nara, no oeste do país, onde diversas pessoas se queixaram de irritações nos olhos e erupções na pele.

Em 4 de janeiro de 1995, a seita Aum registrou queixa acusando o presidente de uma indústria química de espalhar sarin na sede religiosa em Kamikuishiki. A Aum não só negava ser a fonte dos vapores venenosos, mas também afirmava ser vítima de um ataque com sarin.

Em fevereiro de 1995, um especialista norte-americano em armas químicas levado ao Japão para investigar o incidente em Matsumoto advertiu que aquele poderia ter sido o ensaio para um ataque terrorista de maiores dimensões.

Em 5 de março de 1995, diversos passageiros da linha de trem Keihin Kyuoko a caminho de Yokohama se queixaram de irritação nos olhos e náuseas e foram parar no hospital. Dez dias depois, perto da bilheteria da estação de Kasumigaseki da linha ferroviária Marunouchi — pertíssimo do prédio que funciona como sede do governo em Tóquio e não muito distante do Palácio Imperial —, três maletas aparentemente sem dono foram encontradas. Todas continham um líquido misterioso, pequenos ventiladores, uma ventoinha e uma bateria. Uma delas chegou a emitir vapor.

Afeta o sistema nervoso, primeiro produz visão borrada ou estreitamento do campo visual, depois dificuldade para respirar e, por fim, paralisia nervosa, o que faz os pulmões pararem.

Os dois últimos incidentes, embora não letais, eram sinais de um perigo tão grave que a polícia encomendou milhares de máscaras antigás e roupas de proteção e deu início a um treinamento secreto sobre como usar esse equipamento. As suspeitas recaíam cada vez mais sobre a Aum, e o treinamento policial incluía incursões planejadas a várias sedes da seita no país. Um enorme exercício de treinamento foi executado no dia 19 de março, um domingo, na base militar de Asaka, ao norte de Tóquio. Ao mesmo tempo, autoridades policiais da cidade de Osaka invadiram uma sede local da Aum após denúncias de familiares de um universitário que relatou ser mantido lá contra a vontade. Em Tóquio, um coquetel molotov foi arremessado contra a sede da Aum no distrito de Aoyama.

O ATENTADO NO METRÔ

Às 8h da manhã de 20 de março de 1995, no auge do horário de pico em uma segunda-feira, passageiros de dezesseis estações de cinco linhas de metrô em Tóquio e arredores começaram a sufocar, engasgar e se queixar de irritação nos olhos. O agente responsável em todos os casos parecia ser o líquido que vazava de pacotes embrulhados em jornal que foram deixados no chão dos vagões lotados. Centenas de pessoas até então espremidas dentro dos trens começaram a fugir correndo, esmagando as demais que estavam no caminho. Houve centenas de desmaios, e milhares de cidadãos saíram das estações tossindo e engasgando, com dificuldade para respirar e em alguns casos tendo que subir rastejando as escadas para a rua. A polícia recebeu o primeiro chamado às 8h17. Policiais, bombeiros e socorristas de ambulâncias se deslocaram às pressas para as estações atingidas, e as unidades militares foram alertadas. O funcionamento de várias linhas de metrô foi suspenso.

Uma das estações mais afetadas foi a de Kasumigaseki, onde três linhas de metrô se cruzavam. Kasumasa Tatahashi, subchefe da estação, foi investigar o que os passageiros descreveram como uma marmita bentô que estava exalando vapores. Tatahashi pegou o recipiente e levou-o para fora do vagão, mas desmaiou e morreu logo depois — foi a primeira vítima reconhecida do ataque e, sem dúvida, o primeiro herói, já que seu ato de remover o dispositivo que espalhava o gás salvou milhares de pessoas do desastre. A segunda vítima foi um policial que também foi um dos primeiros a se aproximar de outra marmita que exalava vapores.

Tropas militares especializadas em guerra química, vestidas com trajes cor de laranja ao estilo espacial, adentraram as estações borrifando uma substância neutralizadora no ar e procurando pelas fontes do gás. Do lado de fora, milhares de pessoas lotavam mais de trinta hospitais da região, e o pânico se espalhava pela cidade. Os passageiros que estavam a caminho do trabalho narravam uns aos outros como a cena havia sido assustadora — gente sofrendo espasmos por toda parte, tombando, vomitando sangue.

Doze pessoas morreram, quinhentas ficaram em estado grave nos hospitais e outras 5 mil sofreram sequelas em razão do ataque com gás. Uma das pessoas evacuadas da estação de Ginza, a uma parada de Kasumigaseki, declarou à imprensa: "Ouvimos falar de casos de violência aleatória nos Estados Unidos, gente atirando em estranhos, e ouvimos falar de terrorismo no Oriente Médio, mas ninguém espera que aconteça aqui em Tóquio. Estou começando a achar que podemos não estar mais em segurança no Japão".

A reação no país ao ataque com gás sarin foi de uma profundidade e de uma força colossais. Muita gente ficou apavorada. Onde seria o ataque seguinte? Seria um prelúdio para bombardeios destinados a matar milhares? A população deveria alterar sua rotina e permanecer em casa em vez de ir ao trabalho? Era melhor comprar máscaras antigás? Havia motivos para acreditar na capacidade da polícia e das forças militares de encontrar os responsáveis e impedi-los de cometer mais atos de violência?

O pânico poderia ter sido pior, e ter feito os cidadãos duvidarem seriamente da capacidade do governo e de toda a estrutura social de garantir sua sobrevivência, caso as autoridades não tivessem agido depressa na identificação e no cerco aos prováveis perpetradores do ataque com sarin.

Robert Ressler diante da sede principal da seita Aum, em Tóquio. O grupo foi responsável pelo ataque com gás sarin na estação de metrô Kasumigaseki, na capital japonesa. Abaixo, Ressler em um local pertencente à seita Aum que foi usado para a fabricação do gás letal sarin.

A SEITA AUM

Os suspeitos de serem os perpetradores eram membros da Aum Shinrikyo, ou Verdade Suprema, uma seita budista cujo líder era o místico semicego Shoko Asahara. O grupo existia há mais ou menos dez anos e tinha conseguido acumular uma quantidade considerável de propriedades e seguidores no Japão e na Rússia, além de estabelecer núcleos na Austrália, nos Estados Unidos e em alguns outros lugares do mundo. No dia do ataque ao metrô, a polícia invadiu a sede da Aum em Tóquio e em outros lugares no Japão — mas sem conectar as ações ao atentado com sarin, afirmando se tratar da apuração de denúncias de cárcere privado e do desaparecimento de um funcionário público ligado ao grupo. Foram encontradas evidências de fabricação de sarin, além de três fábricas capazes de produzir versões do fuzil de assalto russo AK-47.

Eram artefatos incomuns para serem encontrados na sede de uma seita que se definia como um grupo não violento de budistas, mas as atividades da Aum estavam tão distantes da não violência quanto do budismo. Conforme apurado posteriormente, Asahara pretendia que o ataque ao metrô fosse a primeira ação de uma guerra contra o Estado japonês, que seria seguida por ataques mais diretos a prédios governamentais e que ao fim levariam ao Armagedom. Na época do atentado, a seita dispunha de instalações para fabricar não apenas sarin e outras substâncias químicas letais, mas também fuzis, bombas, granadas e outros dispositivos mortais.

Embora os membros da Aum se identificassem como seguidores de Buda, não eram nada disso — de acordo com o Dalai Lama, líder dos budistas tibetanos, que os caracterizou como devotos de uma única pessoa, e não dos ensinamentos de uma religião. A base religiosa da Aum era na verdade uma mistura de hinduísmo, ioga, misticismo vago e o culto à figura de Asahara. Batizado como Chizuo Matsumoto e sexto filho de um fabricante de tatames da ilha de Kyushu, ele foi enviado a uma instituição de ensino para deficientes visuais. Como ainda conseguia enxergar parcialmente, acabou se tornando um líder — o verdadeiro rei de um olho só em uma terra de cegos. Depois de sair da instituição, estudou acupuntura e foi morar em Tóquio, na esperança de entrar em uma universidade e se formar em medicina. Não foi aceito e não aceitou bem a rejeição. Foi quando começou sua vida profissional como uma espécie de vigarista, um vendedor de ervas medicinais chinesas que acabou preso e multado pelo governo por exercer essas atividades sem licença. Depois de uma viagem ao Himalaia em 1986, anunciou ter atingido o nirvana e começou a atrair seguidores. Escreveu em uma publicação chamada *Twilight Zone* que seus "experimentos antigravidade" o mantiveram "no ar" por três segundos, e que esperava ser capaz de "voar à vontade" dentro de um ano. Em 1989, o anúncio de um livro publicado por ele sobre desenvolver poderes sobrenaturais afirmava que Asahara podia ensinar às pessoas coisas como "prever o futuro, ler a mente, realizar seus desejos, ter visão de raios

X, fazer viagens à quarta dimensão, reconhecer a voz de Deus etc". Pouco depois, Asahara declarou que, além de ser um místico budista supremo, era também "o Cristo".

No fim dos anos 1980, quando a seita foi reconhecida oficialmente como uma religião minoritária pelo governo, milhares de seguidores já acreditavam no caminho de Asahara para o nirvana, baseado na maior parte em ioga, mas que também se valia de elementos como beber um chá feito com os cabelos do líder ou usar a água de seu banho para cozinhar.

Embora os membros da Aum se identificassem como seguidores de Buda, não eram nada disso — de acordo com o Dalai Lama, líder dos budistas tibetanos, que os caracterizou como devotos de uma única pessoa, e não dos ensinamentos de uma religião.

Induzindo os membros a doar todas as suas posses mundanas e fontes de renda à seita — já que as pessoas que faziam isso subiam na hierarquia da organização —, o grupo conseguiu acumular riqueza e propriedades. A organização fundou inclusive clínicas médicas e outros tipos de instalações essenciais para que as pessoas que fizessem parte da Aum não precisassem sair ao mundo exterior para nada. Seus membros mantinham negócios como restaurantes de *ramen* e agências de viagem para gerar caixa, e criavam empresas de fachada na intenção de poderem adquirir produtos químicos, a princípio para uso na fertilização do solo.

Apesar de extravagante pelos padrões normais, e até mesmo dentro dos parâmetros de religiões pouco ortodoxas, a seita parecia funcionar dentro da legalidade — pelo menos até o assassinato da família

Sakamoto, em 1989. Um "distintivo" da Aum foi deixado no local do rapto, o que associou a seita ao desaparecimento dessas pessoas, apesar das negativas. Após o assassinato, a Aum foi se tornando cada vez mais fora da lei. É importante assinalar que o alvo do homicídio era um homem que prestava assistência a familiares de gente que havia aderido à seita. A atuação da vítima, portanto, alimentava a paranoia de Asahara; era tido como alguém que trabalhava ativamente contra a Aum, logo era um inimigo a ser eliminado.

Um segundo evento transformador aparentemente foi o processo eleitoral de fevereiro de 1990. Asahara e outros 24 membros da seita saíram candidatos a cadeiras no Congresso do Japão, e todos perderam por margens massacrantes. Asahara pôs a culpa pela derrota na manipulação dos resultados eleitorais. A reverberação psicológica do fato era profunda: o inimigo a ser combatido e que prejudicava a seita não era mais um único indivíduo — era o país inteiro, que rejeitava os ensinamentos da Aum e de Asahara. A paranoia se intensificou. Em uma reunião especial, Asahara comunicou aos seguidores que eles precisavam doar tudo o que tinham à seita, porque o dia do juízo final estava próximo. Foi nessa ocasião que se tornou claro que o líder estava determinado a seguir por um caminho pelo qual a Aum se municiaria com armamentos sofisticados e perseguiria de forma agressiva o objetivo de causar a derrocada do Estado japonês por vários meios, inclusive atos terroristas. Asahara criou um simulacro de governo dentro da Aum, com departamentos dedicados a inteligência, armamentos, desenvolvimento científico e tecnológicos e atividades afins. Estava se preparando para a guerra enquanto discursava a seus seguidores sobre o Armagedom, cuja chegada previu para 1997, como desdobramento de uma guerra nuclear entre Japão e Estados Unidos. Em meio a esses acontecimentos, os habitantes da Terra se tornariam ingovernáveis e se esqueceriam dos ensinamentos de Buda. Apenas os membros da Aum, que sobreviveriam ao holocausto nuclear, conseguiriam capacitar as pessoas a viver na era de *shoho*, quando a sociedade passaria a conviver em harmonia de acordo com os preceitos budistas.

Robert Ressler em um momento de descontração ao lado de uma impressão em tamanho real da foto de um fugitivo da Aum conhecido como "a máquina de matar" da seita (ele foi preso mais tarde).

INVESTIGAÇÃO E PRISÃO

Existem evidências de que a informação sobre as invasões iminentes às sedes da Aum tinha sido vazada a membros da seita na esperança de que esse tipo de ameaça desencorajasse os ataques. Houve inclusive quem argumentasse que, como a polícia sabia da possibilidade de atentado com sarin, parte da responsabilidade recaía sobre as autoridades.

Embora a acusação não seja provada, a cautela com que a polícia agiu nos meses subsequentes ao atentado no metrô provocou reações adversas. As primeiras invasões às sedes da Aum aconteceram no mesmo dia dos ataques, mas não resultaram na localização nem na detenção de Asahara ou algum membro de seu círculo mais próximo de pseudoministros. Por querer ver garantidos os direitos constitucionais dos participantes da seita, a polícia agiu sem pressa na apuração de provas do envolvimento dessas figuras mais eminentes no ataque com gás e outros crimes.

Como a investigação seguia em um ritmo deliberadamente moderado, Asahara, embora escondido, conseguiu inclusive dar declarações a alguns veículos de mídia selecionados, e seu porta-voz, Murayama, aparecia no noticiário televisivo quase todos os dias, afirmando que a Aum não tinha colocado sarin em vagões do metrô e que tudo se resumia a uma tentativa de incriminação por parte da polícia. Além disso, houve outros atentados em locais públicos, entre eles uma loja de departamentos e a estação ferroviária de Yokohama, mas sem o uso do gás letal. Os ataques deixaram feridos, mas nenhum morto. Em outro incidente, produtos químicos que, se combinados, produziriam um gás de cianeto mortal foram incendiados em um banheiro na estação de Shinjuku; os quatro funcionários do local que apagaram o fogo acabaram adoecendo. Dispositivos similares contendo cianeto foram encontrados e neutralizados em outros locais e estações; em razão dessas ações afortunadas e rápidas, desastres em potencial que poderiam ter matado até 10 mil pessoas foram evitados por muito pouco. Em um outro incidente, uma carta-bomba foi mandada para o gabinete do governador de Tóquio, e deixou um secretário gravemente ferido.

==Os cabeças da organização Aum foram detidos para interrogatório, e alguns começaram a fazer confissões — no fim, dez membros importantes na hierarquia da seita admitiram seus crimes.== Talvez a pessoa mais importante entre os capturados nos primeiros meses de investigação tenha sido Hideo Murai, o ministro da "ciência e tecnologia". No entanto, ele foi assassinado em plena rua, diante da polícia e das câmeras de televisão. Um homem armado com uma faca abriu caminho pela multidão e cravou a lâmina em Murai. O crime lembrou o assassinato de Lee Harvey Oswald por Jack Ruby após a morte do presidente John F. Kennedy em 1963, porque o criminoso alegou ter agido em prol do interesse nacional e tinha envolvimento com o crime organizado. Mas havia quem acreditasse que a Aum queria silenciar Murai porque ele havia cometido uma grande gafe em uma entrevista televisiva e parecia prestes a confessar, o que implicaria diretamente Asahara nos atentados mais graves, como o ataque com gás sarin ao metrô.

Depois de quase dois meses reunindo evidências, caçando peixes pequenos e obtendo confissões, a polícia invadiu o complexo de Kamikuishiki e, seguindo uma trilha de passagens subterrâneas e paredes falsas, enfim localizou Asahara em um pequeno cômodo revestido em aço entre o segundo e o terceiro andar, vestido com seu uniforme de seda roxa da Aum e cercado de livros, fitas cassete, um gravador e o equivalente a 117 mil dólares em dinheiro. Ele foi preso e acusado de ser o mandante do atentado do dia 20 de março. "Como um cego poderia ter cometido esses crimes?", foi sua resposta à polícia.

Pouco antes da prisão de Asahara, vários ministros importantes haviam se entregado à polícia, e outros foram detidos enquanto tentavam sair do país.

Gostaria de aproveitar este ponto para comentar a série coordenada de invasões às instalações da Aum organizada pela polícia ao longo de quase dois meses. Como já havia participado de muitas operações similares realizadas pelo FBI e pelo CID do Exército dos Estados Unidos, posso afirmar com admiração que as ações de enorme magnitude contra a Aum foram muito bem executadas. Apesar da inclinação à violência já demonstrada anteriormente pela seita e da quantidade de armamentos que poderia estar armazenada em suas sedes, as incursões foram realizadas sem que um único tiro fosse disparado e sem nenhuma baixa de ambos os lados. Inclusive, as autoridades japonesas conseguiram resgatar algumas pessoas mantidas reféns pela Aum e que estavam prestes a ser mortas. Em Waco, no Texas, o ATF, o FBI e outras agências do governo norte-americano envolvidas no cerco a David Koresh reagiram à possibilidade de resistência violenta com violência — com resultados lamentáveis. Em uma situação bastante similar, os policiais japoneses foram capazes de invadir as instalações de uma seita que já havia matado várias pessoas e sair de lá intactos e realizando prisões que dificilmente poderiam ser revertidas no tribunal em razão de ilegalidades nos procedimentos.

DESVENDANDO OS CRIMES

Após a prisão de Asahara e as confissões de diversos membros da alta hierarquia da Aum, muitos crimes anteriores até então não resolvidos e inexplicados puderam ser esclarecidos. A intoxicação inicial por sarin em Matsumoto foi reconhecida como um ataque ao sistema judicial local, uma tentativa de interromper o processo legal de um caso pendente contra a seita. Uma van refrigerada foi usada no atentado, e o gás venenoso foi lançado através de um buraco na lataria do veículo. Embora os supostos alvos do ataque fossem os três juízes que cuidavam do caso de contestação da aquisição de terrenos e que viviam em um dormitório no local, houve muitas outras vítimas sem nenhuma relação com a batalha judicial.

Da mesma forma, o lançamento do gás no vilarejo rural montanhoso foi direcionado aos moradores por sua colaboração a membros que tentavam fugir da Aum, além do auxílio às famílias dos participantes da seita que tentavam resgatar parentes da sede local da organização.

Entre cinco e dez assassinatos também foram relacionados à seita, inclusive a morte do advogado que representava vítimas da Aum, Tsutsumi Sakamoto, junto da esposa e do filho de 1 ano. Sakamoto virou alvo porque vinha se manifestando publicamente contra a seita, e Asahara temia que isso pudesse levar à revogação de seu status como organização religiosa. Os três foram executados com injeções de cloreto de potássio seguidas de estrangulamento. Houve outros incidentes em que membros da seita borrifaram outro veneno, o gás vx, contra oponentes. Um deles foi Hiroyuki Nagaoka, líder de um grupo de apoio a parentes de seguidores da Aum; Nagaoka entrou em colapso e acabou em coma, mas se recuperou. Um membro da seita que havia feito parte das Forças de Autodefesa do Japão confessou o crime, além de atentados contra outras duas pessoas não relacionadas à Aum. A polícia acreditava que as mortes dessas duas vítimas não eram relacionadas ao envenenamento. O mesmo assassino também afirmou ter sido responsável por matar dois membros fugitivos da seita. A Aum também havia assassinado um contador que fora raptado e torturado para fazê-lo revelar o paradeiro de sua irmã, que

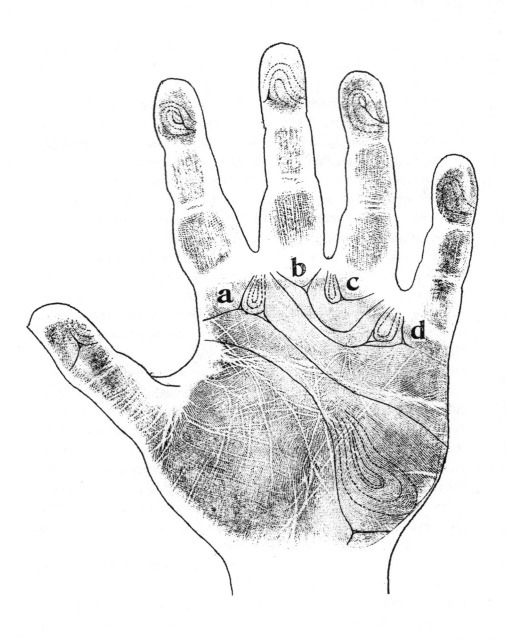

PROFILE 2
profile
318

deixara a organização. Asahara ordenou que o homicídio fosse executado por um homem detido depois de ajudar outros membros a escapar, e que estava algemado. O homem foi obrigado a estrangular o contador para salvar a própria vida. Um outro seguidor admitiu ter matado uma mulher de 80 anos depois que ela concordou em deixar em testamento uma propriedade no valor de 60 milhões de ienes para a Aum. Houve também outras tentativas de homicídios, algumas das quais resultaram em mortes. A Aum tentou matar inclusive um cartunista que fez um desenho não muito simpático à seita.

A lista de crimes só crescia. A Aum furtara veículos para espalhar gás venenoso, invadira prédios governamentais para roubar carteiras de motorista e outros papéis que servissem como identidades falsas, roubara documentos oficiais das Forças Armadas a fim de entender profundamente seus "inimigos", grampeara simpatizantes e opositores, detivera como reféns muita gente que tinha parentes na seita e até simulara ataques contra suas próprias instalações para afirmar que a seita estava sob ataque, em vez de admitir que a Aum estava em guerra contra a sociedade. Diversos membros da alta hierarquia da organização tiveram as impressões digitais removidas cirurgicamente para evitar sua identificação caso fossem presos. Os seguidores da seita eram obrigados de tempos em tempos a superar mergulhos em banheiras de gelo, comer alimentos estragados que causavam diarreia e se submeter a máquinas de eletrochoque e outros dispositivos de tortura. Também eram coagidos a "doar" à seita todas as suas posses mundanas e heranças, além de convencer as próprias famílias a fazer o mesmo. Os membros eram regularmente mantidos dopados e em estado de privação do sono, além de serem forçados a alugar seus "Chapéus da Felicidade" — *headsets* com eletrodos que supostamente reproduziam as ondas cerebrais de Asahara — a um custo de cerca de 11 500 dólares por mês.

As táticas usadas pela Aum para dopar membros da seita e torturá-los com frequência para torná-los obedientes me lembravam dos experimentos nauseantes de Jeffrey Dahmer para tentar transformar suas vítimas em zumbis: a linha que separa o comportamento psicótico individual e coletivo é perturbadoramente tênue.

MINHA VISITA ÀS SEDES DA AUM

Não muito tempo depois do atentado com sarin ao metrô, e bem antes da prisão de Asahara, visitei alguns locais associados à seita e ao ataque com gás. Já dispunha de uma grande quantidade de informações recolhidas por meio da imprensa, todas já reveladas ao público, mas não tinha acesso a nada do que a polícia sabia e não havia divulgado ainda.

Quando passei pela estação de Kasumigaseki, ficou claro para mim que, do ponto de vista de um terrorista, era um ótimo lugar para eleger como alvo, pela possibilidade de provocar o caos em meio à presença de tantos passageiros. Como o número de pessoas que passavam pelo local era imenso, uma supervisão rigorosa do que cada um carrega é impossível, e por isso os terroristas não tiveram dificuldades em transportar seus materiais para onde queriam. Percebi que havia um quartel da polícia pertíssimo da estação, e concluí que também era um alvo visado, que o ataque era simbolicamente dirigido àqueles que Aum percebia como inimigos — as forças policiais e o governo.

Caso tivesse sido bem-sucedido, o ataque poderia ter resultado na morte de 5 mil funcionários públicos. Mas, na verdade, fora muito mal executado, porque o sistema usado para espalhar o gás — para a sorte da população — não foi bem concebido. O gás não se atomizou como deveria, e não havia um sistema disponível para colocá-lo em circulação. Caso esses problemas tivessem sido resolvidos, é provável que tivesse ocorrido um desastre de enormes proporções, com dezenas de milhares de mortes.

Havia diversas evidências de que o atentado fora feito um tanto às pressas, porque a Aum percebera que a polícia estava prestes a invadir as instalações do grupo. Caso as operações acontecessem, os materiais para fabricação do sarin seriam descobertos e confiscados. O atentado ao metrô, portanto, foi realizado antes que o sistema de dispersão do gás fosse aperfeiçoado em detalhes.

O ataque ao metrô foi fundamentalmente um ato terrorista, e deve ser entendido como tal. Uma definição de terrorismo que torna isso bem claro foi proposta em uma publicação técnica na década de 1970, mas ainda é aplicável ao incidente em questão:

A ameaça de violência, ações individuais de violência ou uma campanha de violência planejadas principalmente para disseminar o medo — para aterrorizar — devem ser classificadas como terrorismo. O terrorismo é a violência que busca um efeito: e não só, e às vezes de forma alguma, um efeito que se limite às verdadeiras vítimas dos terroristas. De fato, a vítima pode não ter relação nenhuma com a causa terrorista. O terrorismo é uma violência que tem como alvo suas testemunhas. O medo é o efeito desejado e não o subproduto do terrorismo. É isso o que distingue as táticas terroristas de assaltos e outras formas de crimes violentos que podem ser assustadoras, mas não são terrorismo.

Também fui levado para visitar a sede principal da Aum em Tóquio. Nesse caso, os membros da seita ainda estavam escondidos lá e não pudemos entrar. Do lado de fora, parecia um lugar normal, mas com um aparato de segurança pesado demais. As janelas estavam todas cobertas, seguranças vasculhavam o perímetro etc. Caso as atividades realizadas no local fossem inofensivas, não haveria necessidade para tamanha dificuldade de acesso. A presença de tantos vigias, cercas e alarmes assinalava claramente a presença de algo nefasto por trás da fachada de normalidade. O mesmo cenário era visto no hospital/clínica da Aum, que tinha sido usado para fazer lavagem cerebral nas pessoas, em especial as que se mostravam resistentes aos ensinamentos da seita.

Fiquei surpreso ao descobrir como a Aum havia se disseminado, enriquecido e se tornado influente no Japão antes do atentado com o gás sarin. Com certeza uma seita do tipo poderia ter se tornado grande e poderosa nos Estados Unidos, mas acredito que poderia ter se deparado com mais impedimentos e contestações legais antes de crescer tanto. No Japão, por outro lado, as seitas desfrutam de mais legitimidade e são consideradas quase em pé de igualdade com as religiões organizadas, que são controladas e supervisionadas

apenas à distância pelo governo. Em minha opinião, existe uma diferença fundamental entre uma seita e uma religião de verdade: enquanto a religião congrega as pessoas com o propósito de cultuar algo que vai além de si mesma, uma seita reúne seguidores para idolatrar um líder.

O status da Aum como uma espécie de religião permitiu à seita acumular riquezas, por não ser obrigada a pagar impostos sobre suas operações. A Aum, em certo sentido, tomou o cuidado de estabelecer uma fachada de operações legítimas — hospitais, fábricas, fazendas, centros educacionais, restaurantes de *ramen*, agências de viagens —, mas usava a renda gerada com esses negócios para outros fins, e os usava como uma forma de esconder atividades ilegais.

> **As táticas usadas pela Aum para dopar membros da seita e torturá-los com frequência para torná-los obedientes me lembravam dos experimentos nauseantes de Jeffrey Dahmer para tentar transformar suas vítimas em zumbis...**

Também viajei até a sede da Aum perto do vilarejo rural ao pé do monte Fuji. Fiquei impressionado com as dimensões do local, que dispunha de dormitórios, fábricas e instalações afins. Ali também nossa entrada não foi permitida, e os dispositivos de segurança eram desproporcionais ao tamanho das construções e das supostas atividades que ocorriam lá dentro. Um vigia do lado de fora estava usando fones de ouvido, ouvindo uma gravação. Quando perguntado a respeito, explicou que estava ouvindo uma fita com preces de Asahara.

TERRORISMO DE CLASSE MÉDIA

No Japão, muito se escreveu sobre Asahara e a Aum como fenômenos intrinsecamente japoneses, e atribuiu-se a diversos aspectos da sociedade local os fatores que deram origem tanto ao homem quanto a sua seita.

Embora seja inegável que houvesse certos aspectos especificamente japoneses relacionados à seita e a Asahara, para mim essa afirmação de se tratar de algo que aconteceria "só no Japão" é absurda. E explico por quê.

Analisando as histórias pessoais de vários líderes de seitas, encontrei diversas dinâmicas psicológicas em comum entre Asahara e figuras como o cultuado norte-americano Charles Manson e sua "família", o líder do Ramo Davidiano David Koresh, o ditador da Líbia Muammar Gaddafi e o chefe de Estado deposto de Uganda Idi Amin. Todos vinham de uma infância passada na pobreza e em meio a dificuldades. Todos começaram suas trajetórias conquistando a confiança das pessoas e convencendo-as a lhes conceder dinheiro e lealdade. A cada ação bem-sucedida, seu ego inflava mais um pouco, e eles começaram a acreditar que eram capazes de tudo, e que as leis vigentes para o restante da humanidade não se aplicavam a suas atividades. As tendências paranoicas de cada um se intensificaram, assumindo proporções quase psicóticas, até se tornarem um perigo para a sociedade, pessoas que poderiam — e em certos casos conseguiram — tomar um país inteiro e usar povos e recursos locais para fins próprios.

Voltando à ação extremada da Aum, o atentado ao metrô, um dos fenômenos de mais difícil compreensão da era moderna é o terrorismo dirigido às sociedades mais permissivas, como as democracias vigentes nos Estados Unidos, na Europa Ocidental e no Japão. Um aspecto muito intrigante desses atos de terrorismo é que os perpetradores não são párias sociais ou agentes estrangeiros, e sim filhos e filhas da classe média, pessoas privilegiadas e que são as maiores beneficiárias das sociedades que desejam destruir.

Um motivo convincente para esses filhos e filhas da classe média se envolverem voluntariamente com o terrorismo diz respeito ao ritmo acelerado das transformações sociais. Em períodos em que o chão parece se mover rápida e constantemente sob os pés das pessoas, alguns jovens acabam rejeitando os padrões culturais e as instituições estabelecidas e passam a acreditar que sua missão é derrubar essas normas de convívio e os mecanismos institucionais que as sustentam. Conforme publicado em um artigo de um periódico de ciência policial dos anos 1970: "Jovens inteligentes e idealistas podem ver os esforços dos pais como um desperdício de tempo e energia e serem levados a reavaliar os objetivos de seus familiares e da sociedade em si".

Em períodos nos quais os valores tradicionais são ameaçados por transformações aceleradas, duas reações psicológicas bem documentadas podem ocorrer, conforme escreveu o futurista Alvin Toffler, cada uma motivando uma parcela diferente da população. Um dos grupos se apega às formas arcaicas e estabelecidas e se transforma em reacionário. O segundo grupo tende a perder seu norte moral e passa a agir de forma confusa, distante e alienada, às vezes recorrendo à violência irracional.

Entre os jovens, um determinado padrão é observado. A maioria dos estudantes passa por um período normal de rebelião juvenil contra os ideais de seus pais. Eles acabam superando essa fase, e no fim adotam uma versão menos radical desses ideais, reconhecendo que podem gerar mais mudanças operando de dentro do sistema do que de fora. No entanto, alguns nunca superam essa época de rebeldia, e parecem estar intelectualmente estancados nela. O psiquiatra Erich Fromm sugeriu que jovens como esses, diante do fracasso no cumprimento de seu objetivo, transformam a frustração em agressividade, que então é dirigida à sociedade e suas instituições.

Embora a Aum não possa ser categorizada exclusivamente como uma organização terrorista, tinha muitas afinidades com grupos desse tipo — entre elas, o perfil dos indivíduos no topo da hierarquia e os papéis que desempenhavam. Três desses papéis são associados tradicionalmente ao terrorismo: o do líder, o do operador-ativista e o do idealista.

O *líder* em geral é aquele que se dedica por inteiro, uma pessoa que domina o aspecto teórico da causa e tem uma personalidade forte. No caso das seitas, sem considerar apenas os grupos terroristas, o perfil do líder costuma ser o de alguém paranoico. Em todos os casos, os líderes demonstram características de uma mente rígida, dedicada e desconfiada em excesso; com frequência projetam defeitos e inadequações pessoais em outros indivíduos e atribuem motivações malignas a quem discorda de suas ações. Os líderes criam um sistema de crença intricado que gira ao redor dele e os considera únicos e insubstituíveis.

Um líder por si só é capaz de fazer muito pouco. É fundamental para o avanço da "missão" do líder que tenha seguidores — e não qualquer tipo de seguidores, mas principalmente os das duas próximas categorias.

O *ativista-operador* é um oportunista com personalidade antissocial, que vê a seita ou o grupo terrorista como um caminho para a riqueza e o poder. Muitas vezes, em grupos terroristas, esse papel é assumido por uma pessoa com antecedentes criminais. Ele é a "força bruta" da organização, aquele que faz com que as ordens e os desejos do líder sejam cumpridos, embora possa não fazer isso pessoalmente, e sim delegando a outras. Ele é o comandante de campo, mas também a figura que inspira confiança — o estelionatário que é capaz de convencer qualquer um a fazer o que quer que seja. Na seita Aum, vários ministros da alta hierarquia cumpriam a função do ativista-operador; embora nenhum deles tivesse passagens pela polícia, todos eram oportunistas que viram na seita uma forma de angariar poder muito maior do que conseguiriam conquistar como indivíduos. Inoue, um alto ministro que, segundo dizem, foi responsável por recrutar e treinar 10% dos membros da seita no Japão, era um entre vários dos ativistas-operadores da Aum.

Oportunistas desse tipo não são doentes mentais nem loucos, mas em geral ignoram as necessidades das outras pessoas e têm capacidade reduzida de sentir culpa ou empatia. Conforme a conclusão de um estudo encomendado pelo FBI sobre essa personalidade e esse papel, o oportunista "não se intimida pela violência; na verdade, tem interesse na excitação que causa. Ao contrário dos parceiros de classe média, seu foco na vida está em encrenca, aspereza, astúcia e excitação, não um comportamento ordeiro, trabalho duro e gratificação de longo prazo".

O idealista é o eterno adolescente, em geral um ex-universitário que não conseguiu se formar e cujo padrão de vida inclui uma busca contínua por algo que seja "a verdade". Dentro do grupo, esse indivíduo em geral cumpre o papel de subalterno, cujos talentos e especialidades — que não costumam ser dos maiores — são requisitados com frequência, mas sem permitir que ele exerça o mesmo nível de poder que o operador ou o líder. Ele é o soldado raso que cumpre ordens sem questionamentos, que se dispõe prontamente a colocar recipientes com sarin em vagões de metrô, desde que isso seja visto como um ato de lealdade ao líder e que colabore com os objetivos da seita. Na Aum, vários médicos, advogados e outras pessoas de boa formação técnica cumpriam sem hesitação ordens dos ministros, e às vezes do próprio Asahara, para executar ações que sabiam ser ilegais. Em um livro clássico a respeito do tema, *The True Believer* [O Verdadeiro Crédulo], Eric Hoffer caracteriza a personalidade do idealista-seguidor como "um caronista atormentado pela culpa que embarca em qualquer causa, desde o cristianismo até o comunismo. Ele é um fanático, precisa de um Stálin ou de um Cristo para idolatrar até a morte. É um inimigo mortal das coisas como são, e insiste em fazer sacrifícios em nome de um sonho impossível de realizar". Uma das formas como o idealista expressa sua culpa é por meio de um estilo de vida marcado pela pobreza e pelo ascetismo. Seguidores desse tipo têm autoestima baixa e, sem o apoio emocional do grupo, sentem-se perdidos. Eles tendem a permanecer na seita por considerarem que é apenas por meio dessas atividades que suas vidas têm algum significado e propósito.

Uma mulher que se identificava como Kayoko, uma ex-pianista clássica que fez parte da Aum durante anos, falou em nome de muitas outras pessoas bem formadas como ela quando revelou suas razões para acreditar na seita. No nível pessoal, ela sentia que faltava algo em sua vida, que era incapaz de desenvolver um "som perfeito", que sua técnica ao piano não se aprimorava ao nível máximo porque "não tinha aquela energia essencial". Ela decidiu acreditar que o regime de treinamento espiritual de Asahara a ajudaria a evoluir como musicista. Como cidadã, Kayoko também sentia que havia alguma coisa faltando no Japão: "A criminalidade e o bullying estão fora de controle, e as pessoas estão se comportando de forma egocêntrica, sem se preocupar com os outros. Existe muita ênfase nas posses materiais". Ela descobriu no misticismo de Asahara, e nas previsões por parte dele de que o fim do mundo estava próximo, o antídoto para o que faltava na sociedade japonesa.

Diversos membros da seita tinham formação acadêmica qualificadíssima. Havia médicos, advogados, militares e outros tipos de profissionais em suas fileiras, inclusive muita gente com título de doutorado. No entanto, muitos haviam fracassado nas tentativas de chegar ao topo de suas possibilidades educacionais e, portanto, eram em maior ou menor grau inelegíveis para cargos de cúpula em grandes corporações, que costumam ser a rota mais comum para o sucesso material na sociedade japonesa.

Os japoneses também costumam ser criticados, dentro e fora do país, pelo comprometimento excessivo com o trabalho, pela indiferença em relação aos outros, pela falta de comunicação entre as diferentes gerações e pelo distanciamento dentro das próprias famílias. São exatamente características que criam nos indivíduos mais vulneráveis um desejo de mudança que pode ser reconhecido — ainda que não exatamente satisfeito — por uma sociedade fechada, autossuficiente e isolada como a Aum Shinrikyo. A seita também se valia da vontade, por parte desses indivíduos mais vulneráveis, de reviver antigas virtudes japonesas consideradas esquecidas, como a disciplina, o esforço, a humildade, a simplicidade e a prudência.

Foi o fato de a Aum ter conseguido atrair tantos filhos e filhas da classe média com sólida formação acadêmica que deixou a opinião pública japonesa tão alarmada e entristecida; mas, como a análise feita aqui revela, a presença dessas pessoas nesse tipo de seita, e sua disponibilidade para executar o trabalho sujo, era algo previsível e até evitável.

Após a prisão de Asahara e da revelação dos crimes da seita, a Agência de Investigação de Segurança Pública do Ministério da Justiça do Japão interrogou cerca de 6 mil pessoas, entre membros japoneses da seita e seus familiares, e descobriu que uma grande proporção dos seguidores continuava a acreditar na inocência de Asahara e estava determinada a não abandonar seus ensinamentos. Eles também recebiam mensagens enviadas a partir da prisão avisando que Asahara queria que os membros da seita mantivessem sua colaboração para a organização com dinheiro e trabalho. Asahara continuava pregando com convicção que o Armagedom chegaria em breve.

Em nossos tempos, conforme relatado neste livro, o espectro da violência interpessoal se estende desde atos isolados e individuais de abuso de crianças e homicídio como os de Miyazaki, passando por uma grande variedade de assassinos em série como Colin Ireland, Andrei Chikatilo, Jeffrey Dahmer e Norman Somons, até chegar às ações mais abrangentes de grupos como a Aum contra opositores e antigos membros, mas também contra um grande número de cidadãos comuns. O fato de a quantidade e a intensidade de acontecimentos como esse estarem crescendo no mundo inteiro é uma prova de que a sociedade vem desenvolvendo uma tendência a agir de forma cada vez mais violenta e aberrante.

O crescimento dos casos de abuso infantil e do número e da proporção de lares desfeitos e famílias desintegradas são fatores que contribuem para essa tendência. Por exemplo, quase todo molestador de crianças tem em seu histórico um ou mais incidentes em que foi vítima desse crime. E, na história de vida de diversos assassinos em série, há um padrão de um pai ausente e de uma mãe que se comporta de forma fria ou distante. Hoje, muito mais do que no passado, garotos chegam à idade adulta em contextos em que uma figura paterna é inexistente ou inacessível, o que os leva a desenvolver traços de comportamento antissocial agressivo. Com frequência esses traços se expressam na forma da adesão a gangues de rua, ou a alguma seita que na prática se comporta como uma. Da ação dessas gangues decorre o aumento de mortes causadas pela polícia, tiroteios entre facções rivais que inevitavelmente causam a morte de inocentes e assim por diante.

Em outros casos em que esses traços de personalidade são incutidos em um jovem por um ambiente doméstico pouco saudável, ele parte para a "rota da introversão", na qual a agressividade e o comportamento antissocial se transmutam em fantasias que se tornam a base para ataques a outros indivíduos.

Tais impulsos psicológicos na direção da violência interpessoal ainda são exacerbados em nossos jovens pela forma como a violência é retratada tanto pela imprensa como por representações ficcionais, passando a ser aceita como parte da vida. Nos programas de "entretenimento" transmitidos pela MTV, pelas tevês abertas, pelos canais a cabo e pelas telas de cinema, vemos uma constante mistura de sexo e violência que acaba servindo para legitimar atos violentos com motivação sexual. Muitas vezes relatos jornalísticos sobre jovens que usam armas de fogo para eliminar inimigos são apresentadas sem um comentário ressaltando que se trata de uma forma inaceitável de resolver uma situação de dificuldade. Os videoclipes, que têm como público-alvo em especial adolescentes e jovens, são especialmente carregados de sexo e violência; de acordo com estudos a respeito do conteúdo televisivo, esses vídeos apresentam a taxa mais alta de representação de ameaças e atos violentos por minuto, excedendo até mesmo a violência expressa nos desenhos infantis, que fica em segundo lugar.

Se no passado a violência era retratada em preto e branco nas telas como algo romântico — como nos filmes de caubóis ambientados no Velho Oeste —, hoje essa versão mais amena foi substituída por thrillers repletos de ação e cenas de sexo. Essa tendência pode ser constatada em longas-metragens de terror como *Halloween* e *A Hora do Pesadelo* e em dramas como *Atração Fatal* e *Instinto Selvagem*.

Nos filmes de terror, com frequência há cenas em que jovens se envolvem em atos sexuais pouco antes de serem atacados pelos vilões assassinos. Os adolescentes na plateia, ao ver essa conjunção entre

sexo e violência em uma época em que estão descobrindo sua sexualidade, são condicionados a esperar que o sexo venha naturalmente acompanhado da violência.

No material especificamente concebido para ser pornográfico — hoje muito mais disseminado do que na era pré-videocassete —, o problema é o aumento da violência. Cada novo lançamento precisa ser mais extravagante e transmitir uma maior sensação de perigo que o anterior, caso contrário não vai vender. Nesses vídeos pornográficos, assim como em muitos outros produtos voltados para o grande público, o conceito transmitido é que fazer sexo significa *usar* outra pessoa, e não *compartilhar* algo com ela. Isso também serve para aproximar o ato sexual da violência. Todas essas formas de entretenimento acabam por aumentar o catálogo de experiências sensoriais disponíveis, atraindo as pessoas comuns cada vez mais para o extremo da violência.

Diante da existência — e do lucro — de uma cultura que incentiva a violência interpessoal e que ultrapassou as fronteiras nacionais e está afetando todos os países prósperos, ocidentalizados e tecnologicamente avançados do mundo, nos resta apenas torcer para que os casos violentos narrados neste livro, dos homicídios cometidos em segredo por um abusador de crianças aos assassinatos em público perpetrados por grupos numerosos como a seita Aum, não sejam repetidos ou imitados com tanta frequência.

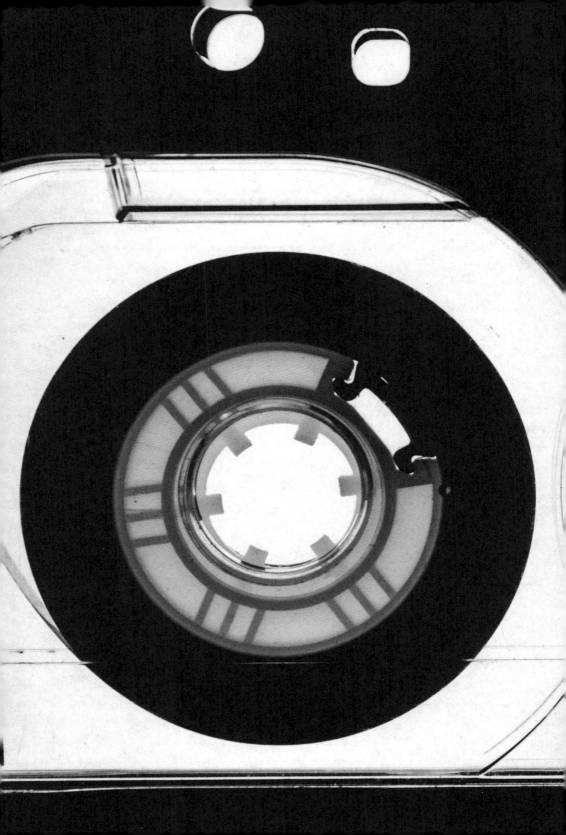

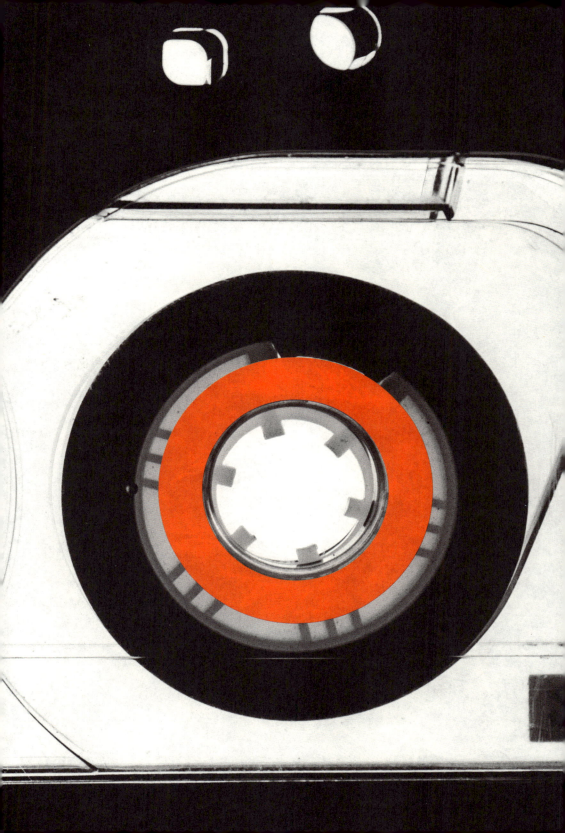

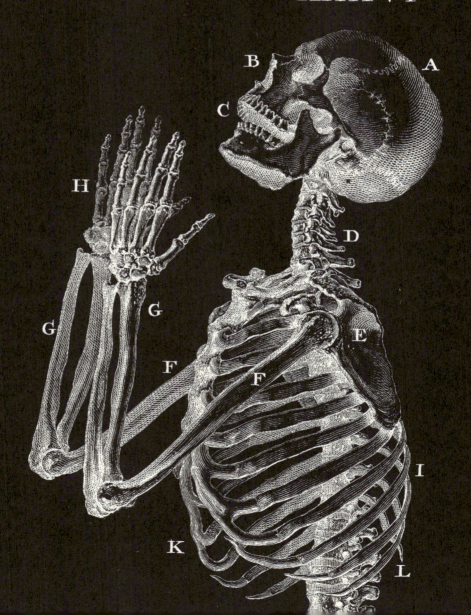

Índice Remissivo
XXXVI

A

abuso de crianças 120, 121, 122
Acker, Nic 270, 271
África do Sul
   assassinos em série 263
agulhas como substitutos para pênis (em homicídios em série) 103
alcoolismo
   Jeffrey Dahmer 213
Alemanha
   Esfaqueador de Berlim 103
   Espetador de Quadris de Metz 103
   Estripador Tirolês 103
   homicídios em série na 103
algemas, uso por parte de Gacy 149
Allitt, Beverly 109, 110, 111, 112, 113
Alton (homicida em série britânico) 105
Amin, Idi 323
Amour (mangá) 99
Asahara (Chizuo Matsumoto) 310, 311, 312, 313
assassinato de Hideo Murai 315
assassinato de Tsutsumi Sakamoto e 317
assassinatos atribuídos a 317, 319
atentado com gás sarin ao metrô de Tóquio 308, 309
atentado com gás vx contra Hiroyuki Nagaoka 317
atentado com sarin em Kamikuishiki 306
atentado com sarin em Matsumoto 305
   história da seita Aum 310, 311, 312, 313
   incidentes causados pela seita Aum 306
   investigação e prisão de 315, 316
   paranoia da seita Aum 313
   propriedades da seita Aum 310, 311, 312
   uso do gás vx por 317
assassinato de policial
   transtorno de estresse pós-traumático e 57, 58, 59, 61
assassinatos de gays em Kesington 231, 232, 233, 234, 236, 237, 240, 241
assassinatos do ABC (África do Sul) 284, 285, 287, 288, 289, 291, 292, 293, 294, 295, 296, 297, 298, 300
   análises das cenas do crime 286, 291, 292, 293
   coletiva de imprensa com Ressler 297
assassinatos do Estrangulador da Estação (África do Sul)
   e O Sol é para Todos 272

assassinos em série
   abuso infantil e 105, 120
   armas como substitutos para o pênis 103
   canibalismo e 116
   crianças molestadas 119
   cunhagem do termo 99
   e pessoas prostituídas 62, 107
   fantasias e 106, 107
   fatores genéticos e de infância 101
   genitália, desfiguração de 105
   incêndios criminosos e 105
   métodos preferidos para matar 103
   troféus e suvenires 162, 163, 173, 199
assassinos organizados 33
atentado ao metrô (Tóquio) 308, 309, 323
   gás vx, uso de 317
   Hideo Murai, assassinato de 315
   incidentes variados 317
   investigação e prisão 315, 316
   Kamikuishiki, atentado com sarin em 306
   Matsumoto, atentado com sarin em 305
   metrô de Tóqui no horário de pico, atentado com sarin no 308
   seita Aum, história da 310, 311, 312, 313
   seita Aum, paranoia da 313
   seita Aum, propriedades da 310, 311, 312
   seita Aum, visita de Ressler às sedes da 321
Ayako N. (vítima de Miyazaki) 115

B

Baker (funcionário de Gacy) 137, 138, 141, 142, 143, 145, 146, 152, 160, 161
Barlow, Richard A. 57, 58, 61
Bassett, John 245, 246, 247, 249, 250, 251
Beer, Tamsen de 297
Berdella, Robert 203
Berkowitz, David (Filho de Sam) 105
Bertrand, Sargento 106
Bowley, Craig 132
Boyle, Gerald P. 170, 171, 173, 225
Bradley III, Perry (vítima dos assassinatos de Kensington) 233
Branca de Neve e os Sete Anões (desenho da Disney), Gacy e 160
Britton, Paul 236, 247, 250, 251, 254, 259, 260
Brown, Bill 93, 94
Bundy, Ted 108

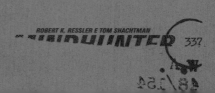

C

canibalismo
   e assassinos em série 116
   Jeffrey Dahmer e o 171
Canter, David 260, 271
Centro Nacional de Análise de Crimes Violentos (FBI) 132
Centro Nacional de Crianças Desaparecidas e Exploradas 119
cerco a Koresh (Waco, Texas) 316
Chandler (funcionário de Gacy) 143, 161
Chase, Richard Trenton 106, 244
   como assassino 249
Chikatilo, Andrei
   assassino em série soviético 328
   vítimas de 286
Chikushi, Tetsuya 79
China, homicida em série na 108
choque de campo de batalha 52
Clinton, Bill 82
CNN (canal de notícias) 164
Collier, Andrew (vítima dos assassinatos de Kensington) 237
   e o gato 237, 240
Condon, sir Paul 260
cordas, uso por Gacy de 149
crianças abusadas 119, 120, 121, 122, 123, 278

D

Dahmer, Jeffrey 328
   abuso de drogas e álcool 212
   agência funerária, visita à 185
   assassinato de 225
   canibalismo e 171, 204
   centro de poder/templo 191, 216
   círculo de cabeças de cães 177
   entrevista de Ressler com 20
   entrevista de Ressler, desconstrução deliberada por Dahmer de 189
   e os assassinatos do Estrangulador da Estação 271
   estresses da infância e fatores genéticos 101
   fantasia, papel da 190, 199, 221
   homossexualidade de 108, 179, 180, 182, 183, 185
   manequim, uso de 184, 185
   mídia e 129
   postura de onipotência 202
   primeiro assassinato (caronista) 177, 178, 179
   racismo por parte de 206, 207
   Ressler como perito da defesa de 169, 170
   sanidade de 169, 170, 224, 225, 226
   seleção de vítimas 217, 218, 219, 220
   sistema de segurança de 207, 208, 209, 211
   tortura (perfuração de crânios/injeção de ácido) 173, 194, 195, 203, 204
   violência, primeiras lembranças de 173, 174, 175
   vítimas 62, 169, 177
   vítimas, desova das 180, 181, 186, 187, 192, 202, 203
   vítimas, dopagem (como zumbis) 183, 184, 194, 319
Dalai Lama 311
Dietz, Park Elliot 68, 70, 120, 169, 194, 224
Divisão de Investigações Criminais (CID) 49
Dodd, Wesley 275
Douglas, John 163
DSM-II (Manual Diagnóstico e Estatístico de Transtornos Mentais II) 226
DSM-III (Manual Diagnóstico e Estatístico de Transtornos Mentais III) 50
DSM-IV (Manual Diagnóstico e Estatístico de Transtornos Mentais IV) 153
Dunn, Christopher (vítima dos assassinatos de Kensington) 231

E

Edwards, Edwin 80
Edwards, Tracy 171
Eiko, Nomoto (esposa) 29, 31, 43
Erwin, Michael 81
Escudo do Deserto (Guerra do Golfo) 49
Esfaqueador de Berlim 103
Espetador de Quadris de Metz 103
Estripador Tirolês 103

F

facas como substitutos para pênis (em homicídios em série) 102, 103
família Nomoto (assassinato da) 27, 29, 31, 36, 37, 39
  análise da cena do crime 32, 33, 34, 35, 36
  confissão de Nomoto 41, 42
  corpos, descoberta dos 30, 31
  entrevista de Ressler a respeito do 27, 32, 37, 39
  reconstituição 36, 37, 43
FBI
  e Waco (Texas), invasão em 316
  Manual de Classificação de Crimes 110
Filho de Sam (David Berkowitz) 105, 275
filmes de terror e violência 329
Fish, Albert 102, 107
fotos de vítimas (como troféus)
  Jeffrey Dahmer 173
  John Wayne Gacy 162, 163
Fromm, Erich 324
Fundação Yoshi 82

G

Gacy, John Wayne
  abuso de drogas 161, 162
  abuso na infância (por empreiteiro) 157
  algemas, uso de 149
  a mídia e 129, 132, 134, 135
  aparência de 131
  Branca de Neve e os Sete Anões 160
  como ativista comunitário 130
  como pintor 160
  cordas, uso de 149, 150
  corpos, desova de 130, 136
  e a tortura 120
  entrevista de Ressler com 20, 133
  execução de 164
  homossexualidade de 108, 140, 141
  infância de 155
  o Estrangulador da Estação e 276
  oportunidades aproveitadas por 153
  pai, relação com 157, 159, 161
  Ressler sobre a investigação da polícia de Des Plaines 132
  sanidade de 151, 152, 153
  vítimas de 62, 137, 141, 286
  vítimas, fotos de 162, 163
Gaddafi, Muammar 323

gás sarin 303, 305, 315, 321
gás venenoso 303, 317, 319
genitália, desfiguração de 105
Grã-Bretanha
  assassinatos no Wimbledon Common 242, 243, 245, 246, 247, 248, 249, 250, 251, 252, 253, 254, 255, 256, 257, 258, 259, 260, 261
  Frederick e Rosemary West 113
  Jack, o Estripador 100, 101, 102
Grant, Eddie 68
Greg G (vítima de Gacy) 147
Grieve, John 101
Groth, Nicholas A. 120
Grové, Wouter 288, 290, 291
Gruyo, o Estripador 105
Guerra da Coreia 52
Guerra do Golfo (1991) 49
  o gás sarin e a 305
Guerra do Vietnã
  medalhas militares, apropriação indébita de 53, 54, 56
  popularidade da 49
  prisioneiros de guerra 55
  transtorno de estresse pós-traumático (TEPT) 53

H

Haarmann, Fritz 105, 107
Haigh, John George 107
Hamada, Yasuhiro 80
Hattori, Masaichi (pai) 75
  e a Fundação Yoshi 82, 94
Hattori, Mieko (mãe) 75
  e a Fundação Yoshi 82, 94
Hattori, Yoshihiro (morte injusta de) 75, 79, 83, 84, 85, 87, 89, 90, 91, 92, 94
  imprensa (japonesa) 79, 81
Haymaker, Dick (pai) 77
Haymaker, Holley (mãe) 77
Haymaker, Webb 77, 87
Hazelwood, Roy 70, 251
Heirens, Williams 35
Hoffer, Eric 326
Homem Gorila (Earle Leonard Nelson) 103
homicídios em série
  como fenômeno urbano 104
  Frederick e Rosemary West 113
  história dos 97, 99, 100, 101, 102, 104, 105

na África do Sul 263, 265, 266, 267, 269, 270, 271, 272, 273, 274, 275, 276, 277, 278, 279, 280, 281, 282, 283, 284, 285, 286, 287, 288, 289, 290, 291, 292, 293, 295, 296, 297, 298, 300
   na Alemanha 103
   na China 108
   na França 106
   na Grã-Bretanha 101
   no Japão 99, 115, 118
   nos Estados Unidos 99, 103
   oportunidades de alvos 109, 111, 113
homossexualidade
   assassinatos de gays em Kensington 231, 232, 233
   e os homicídios em série 105, 108
Hussein, Saddam 49

I

Ireland, Colin (assassinato de gays em Kensington) 238, 239, 240, 241
   e o gato de Collier 237, 240
   vítimas 231, 233

J

Jack, o Estripador 100, 101, 102, 103, 108
Japão
   crimes violentos no 99, 118
   homicídios em série no 99, 118, 123
   uso de armas de fogo 79
John, Ken 232, 233, 236, 241, 245
Justice Is Served (Ressler/Shachtman) 39

K

Kayoko (membro da seita Aum) 326, 327
Kemper, Edmund 106, 226
Knipe, Leonard 270, 271
Koresh, David 316
Kozenczack, Joe 130, 163
Krafft-Ebing, Richard 102
Kürten, Peter 105, 106

L

Lanning, Ken 120, 167
Lei Brady 82
Liga Nacional das Famílias de Prisioneiros de Guerra e Mortos em Combate 55
lobisomens 100
Lupo, Michael 233

M

Mandela, Nelson 263, 287
Manual de Classificação de Crimes (FBI) 110, 234
Manual Diagnóstico e Estatístico de Transtornos Mentais (DSM-II) 226
Manual Diagnóstico e Estatístico de Transtornos Mentais (DSM-III) 50
Manual Diagnóstico e Estatístico de Transtornos Mentais (DSM-IV) 153
Martí, José 41
McCann, E. Michael 169, 224
medalhas militares, apropriação indébita de 53, 54, 56, 61
Menesclou (homicida em série romeno) 105
Metz, Espetador de Quadris de 103
Mindhunter Profile (Ressler/Shachtman) 20, 29, 49, 129, 133, 163, 234, 235, 242, 243, 244, 251
Miyazaki, Tsutomu 115, 116, 117, 118, 119, 121, 122, 123, 328
   canibalismo de 116
   sob o pseudônimo Yuko Imada 116, 118
Mngomezulu, Timothy 284
Monica V (vítima dos assassinatos do ABC) 286
Moore, Charles 83
Moreau, Doug 81
Mudget, Herman 103
Mufamadi, Sydney 287
Müller, Thomas 271
Murai, Hideo, assassinato de 315
Murphy, Audie 68

Nagaoka, Hiroyuki, ataque com gás vx
   por parte da seita Aum 317
Nelson, Earle Leonard 103
New York Times 81
Nickell, Rachel (vítima do assassinato em
   Wimbledon Common) 242, 243, 244,
   249, 252, 253, 256, 257, 259, 261
Nilsen, Dennis 109, 182, 203, 233
Nippon Television (NTV) 27
   entrevista de Ressler 27, 32
Nomoto, dr. Iwao 29, 30, 31, 32, 38, 41, 47
   a polícia e 41
   confissão de 41, 42
Nomoto, Eiko (esposa) 29
Nomoto, Manami (filha) 31
Nomoto, Yusaku (filho) 31
Norris, Joel 65
NTV Wide (programa de TV) 41

O

Omar, Dullah 287
Otnow Lewis, Dorothy 66, 70, 71

P

Palermo (psicólogo da promotoria no caso
   Dahmer) 223
Peairs, Bonnie 78
   Yoshihiro Hattori, assassinato de 77, 85,
   87, 88, 89, 90
Peairs, Rodney 77, 78, 80, 82, 85, 87, 90
   formação do júri 80
   imprensa (americana) 81
   imprensa (japonesa) 81
   julgamento na esfera cível 83, 94
   julgamento por homicídio culposo 80,
   81, 84
   testemunho contraditório 85
   uso do termo 82, 90
   Yoshihiro Hattori, assassinato de 78, 84,
   85, 87, 88, 89, 91
pessoas prostituídas como vítimas de
   homicídio em série 62, 63, 108
Piest, Robert (vítima de Gacy) 137, 138
Pistorius, Micki 271, 273, 275, 276, 278,
   279, 283, 288, 295, 298
Pomeroy, Jesse 103
pornografia e violência 330
pub Coleherne (assassinatos de gays em
   Kensington) 233, 234, 237, 238

R

racismo
   e os homicídios em série 206
Raczkoski, Richard 57
Ramo Davidiano, invasão do 316
Rape-Man (mangá) 99
Reaves, William 57, 58, 59, 61

S

Sakamoto, Tsutsumi, assassinato de
   pela seita Aum 313
Sandler (funcionário de Gacy) 143
Scarver, Christopher J. 226
Schilder, Reggie 266, 267, 270
Segunda Guerra Mundial 52, 58, 80,
   107, 303
seita Aum Shirinkyo (Japão) 310, 311,
   312, 313
   assassinato de Hideo Murai 315
   assassinatos atribuídos à 317, 319
   atentado com gás vx contra Hiroyuki
   Nagaoka 317
   atentado com sarin ao metrô de
   Tóquio 308, 309
   atentado com sarin em
   Kamikuishiki 306
   atentado com sarin em
   Matsumoto 305
   história da 310, 311, 312, 313
   incidentes causados pela 306
   investigação e prisão da 315, 316
   paranoia da 313
   propriedades da 310, 311, 312
   uso de gás vx por parte da 317
   visita de Ressler às sedes da 321
Selepe, David 284, 285
Sexual Homicide: Patterns and Motives
   (livro teórico de Ressler) 102, 234
Shawcross, Arthur 62, 63, 64, 65, 66,
   67, 68, 69, 70, 71, 72
Simon, Robert L. 53
Simons, Norman 272, 275, 278, 279,
   280, 281, 282, 283, 284
Simpson, O. J. 21
síndrome de Münchhausen 110
Siragusa, Charles 70
Spiteri, Emanuel (vítima dos assassinatos
   de Kensington) 237, 238

Stagg, Colin (suspeito do caso de Wimbledon Common) 252, 253, 254, 255, 256, 257, 258, 259, 261
   julgamento e absolvição de 259
Star (jornal da África do Sul) 297, 299
substitutos para o pênis e assassinos em série 102, 103
suvenires (de assassinos em séries)
   fotos das vítimas de Jeffrey Dahmer 173
   fotos das vítimas de John Wayne Gacy 162, 163

T

Taubert, Bob 83
Tempestade no Deserto (Guerra do Golfo) 49
terrorismo
   ativistas-operadores 325
   de classe média 323, 324
   idealistas 324
terrorismo de classe média 323, 324
The Sun (tabloide londrino) 231
   Ressler e o assassinato em Wimbledon Common 242, 243, 244, 245, 246, 251, 258
The True Believer (Hoffer) 326
Tim M (vítima de Gacy) 144, 147, 148
Toffler, Alvin 324
tráfico de drogas
transtorno de estresse pós-traumático e 53, 54, 55, 56
tranquilizantes para animais
   assassinos em série e 194
transtorno de estresse pós-traumático (TEPT) 50, 51, 53, 54, 56, 65, 68, 70
   e assassinos em série 65, 68
   e o assassinato de policial 57, 58, 59, 61
troféus (de assassinos em série)
   fotos de vítimas de Jeffrey Dahmer 173
   fotos de vítimas de John Wayne Gacy 162, 163
Twilight Zone (publicação) 311

U

Unglesby, Lewis 80, 81
uso de armas de fogo (Estados Unidos) e a violência 124
   Fundação Yoshi 82
   Lei Brady 82
   mortes por 79
uso de armas de fogo (Japão) 79

V

Vacher 104, 105
Vampiro de Düsseldorf (Peter Kürten) 105
vampiros 100
Van Deventer, W. A. 282
Verzeni, Vincenzo 102
videoclipes e violência 329
violência e desenhos infantis 329
violência (interpessoal)
   desenhos infantis e 329
   filmes de terror/thrillers e 329
   pornografia e 330
   videoclipes e 329
Vogelman, Lloyd 287

W

Waco, no Texas, cerco a Koresh 316
Wada, Takashi 79
Walker, Peter (vítima dos assassinatos de Kensington) 231
Walter, Dick 236
West, Frederick e Rosemary 113
Williams, Wayne 111
   o Estrangulador da Estação e 276

Y

Yasunaga, Yuko
   entrevista de Ressler com 32, 35, 37, 38, 39

342 PROFILE 2
profile

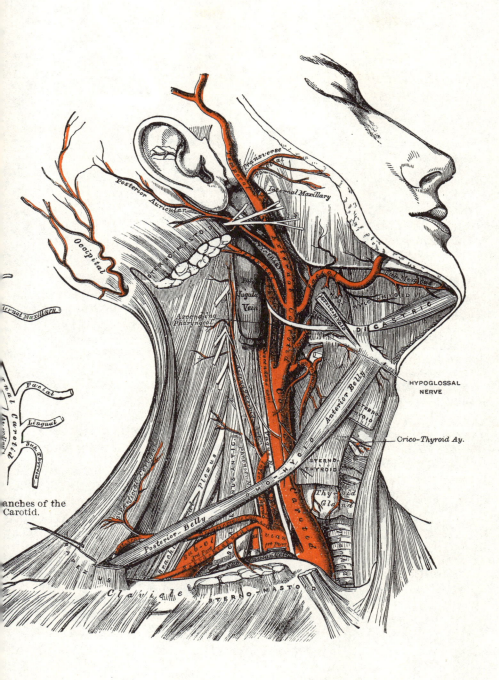

ROBERT K. RESSLER E TOM SHACHTMAN

REFERÊNCIA DAS CITAÇÕES

302. **Bíblia** Versão Almeida revista e atualizada.

286. **Bolaño, Roberto.** *2666* (Companhia das Letras). Tradução: Eduardo Brandão.

074. **Burroughs, William.** *Almoço Nu* (Companhia das Letras). Tradução: Daniel Pellizzari.

262. **Coetzee, J.M.** *Disgrace* (Penguin). Tradução do editor.

069. **Conrad, Joseph.** *Coração das Trevas* (DarkSide Books). Tradução: Paulo Raviere.

046. **Guibert, Emmanuel.** *A Guerra de Alan* (Zarabatana Books). Tradução: Claudio R. Martini.

166. **Harris, Thomas.** *Hannibal* (Record). Tradução: Alves Calado.

198. **Harris, Thomas.** *O Silêncio dos Inocentes* (Record). Tradução: Antônio Gonçalves Penna.

126. **Moore, Alan ; Bolland, Brian.** *The Killing Joke* (DC). Tradução do editor.

110. **Nietzsche, Friedrich.** *Além do Bem e do Mal.* (Hemus) Tradução: Márcio Pugliesi.

105. **Poe, Edgar Allan.** "Homem na Multidão" em *Edgar Allan Poe v.2* (DarkSide Books). Tradução: Marcia Heloisa.

083. **Siegel, Don.** *Perseguidor implacável.* Filme. Tradução do editor.

026. **Stevenson, Robert L.** *O Médico e o Monstro e Outros Experimentos* (DarkSide Books). Tradução: Paulo Raviere.

228. **Stoker, Bram.** *Drácula* (DarkSide Books). Tradução: Marcia Heloisa.

096. **Thompson, Jim.** *Killer Inside Me* (Mulholland). Tradução: Paulo Cecconi.

052. **Vonnegut, Kurt.** *Slaughterhouse-Five* (Dial Press). Tradução do editor.

034. **Wilde, Oscar.** "O Crime de Lorde Arthur Savile". Tradução: Paulo Cecconi.

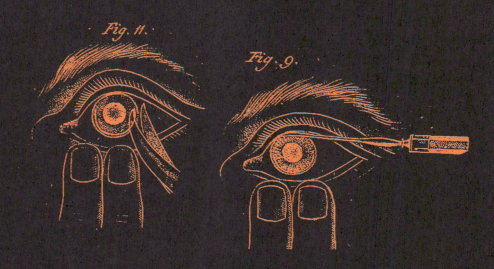

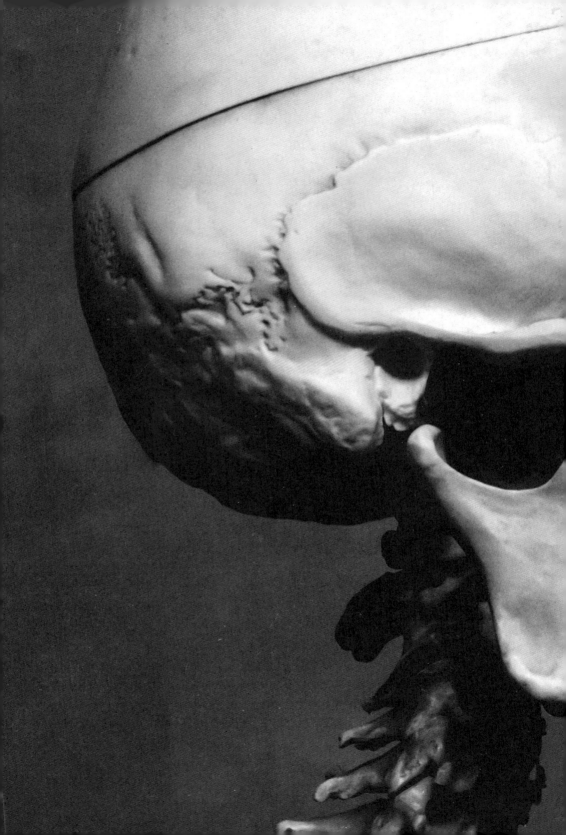

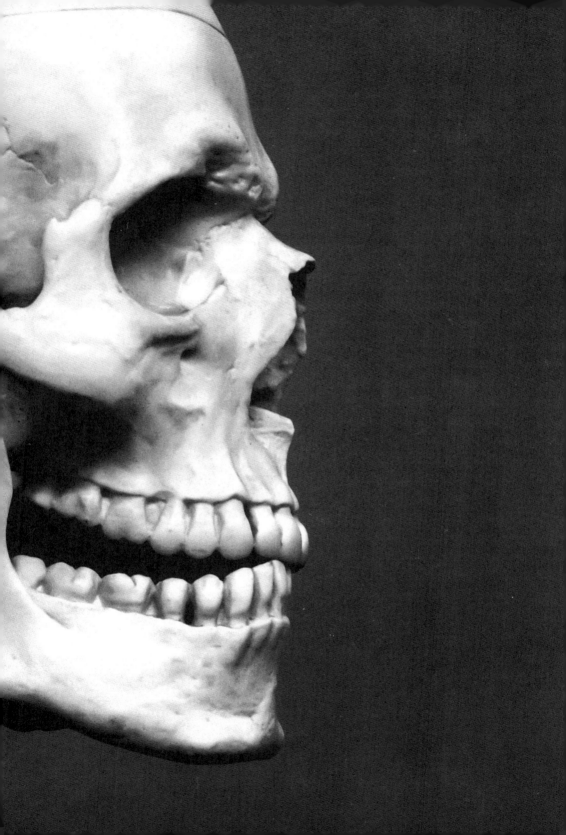

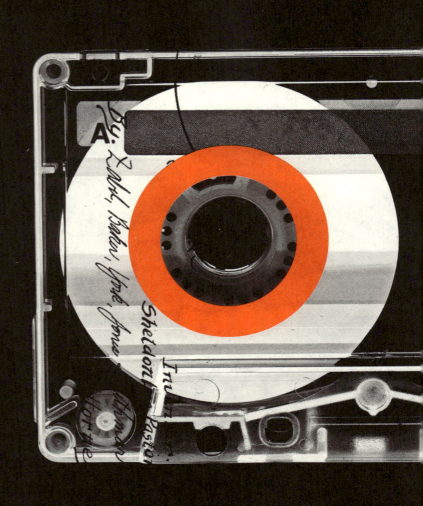

ROBERT KENNETH RESSLER foi criminólogo e escritor. Seu trabalho no FBI foi determinante para a criação de perfis psicológicos de assassinos violentos na década de 1970, além de ser considerado o criador do termo "serial killer". Foi também consultor de Thomas Harris para a redação de *O Silêncio dos Inocentes*. O personagem Bill Tench, interpretado na série de TV *Mindhunter* por Holt McCallany, é baseado nele, assim como o detetive Kessler do romance *2666* de Roberto Bolaño. Ressler morreu em 2013 em decorrência do Mal de Parkinson.

TOM SHACHTMAN é cineasta e prolífico autor de mais de trinta livros, entre infantis e de não ficção, sobre os mais diversos temas. Vive em Connecticut. Saiba mais em tomshachtman.com

ROBERT K. RESSLER E TOM SHACHTMAN

MINDHUNTER 2
MUNDO SERIAL KILLERS
PROFILE

I can't control / this other self /
The enemy, the enemy, the enemy
inside of me-------SIX FEET UNDER

CRIME SCENE
DARKSIDE

DARKSIDEBOOKS.COM